CRUZE ESTA LINHA

SALMAN RUSHDIE

Cruze esta linha

Ensaios e artigos (1992–2002)

Tradução
José Rubens Siqueira

Copyright © 2002 by Salman Rushdie

Esta edição brasileira é uma seleção dos textos reunidos em *Step across this line: Collected non-fiction* (*1992-2002*), publicado originalmente na Grã-Bretanha, em 2002, pela editora Jonathan Cape.

Capa
Victor Burton

Imagem de capa
Saul Steinberg, desenho sem título, tinta sobre papel. Publicado no livro *The Labyrinth* (1960), de Saul Steinberg. © The Saul Steinberg Foundation/Artists Rights Society (ARS), Nova York/ AUTVIS

Imagem da p. 114
Salman Rushdie, Londres, 26 de setembro de 1994. Fotografia de Richard Avedon. (© 1994 by The Richard Avedon Foundation)

Preparação
Mirtes Leal

Índice onomástico
Luciano Marchiori

Revisão
Isabel Jorge Cury
Ana Maria Barbosa

Dados Internacionais de Catalogação na Publicação (CIP)
Câmara Brasileira do Livro, SP, Brasil

Rushdie, Salman
   Cruze esta linha : ensaios e artigos (1992-2002) / Salman Rushdie ; tradução José Rubens Siqueira. — São Paulo : Companhia das Letras, 2007.

   Título original: Step across this line : collected non-fiction (1992-2002).
   ISBN 978-85-359-1026-1

   1. Ensaios ingleses I. Título.

07-2626 CDD-824

Índice para catálogo sistemático:
1. Ensaios e artigos : Literatura inglesa   824

[2007]
Todos os direitos desta edição reservados à
EDITORA SCHWARCZ LTDA.
Rua Bandeira Paulista 702 cj. 32
04532-002 — São Paulo — SP
Telefone (11) 3707-3500
Fax (11) 3707-3501
www.companhiadasletras.com.br

Para Christopher Hitchens

Sumário

PARTE I – ENSAIOS

Lá em Kansas 11

Angela Carter 51

Beirut blues 61

Arthur Miller aos oitenta anos 65

Em defesa do romance, mais uma vez 69

Notas sobre escritura e sobre a nação 81

Influência 87

Fios pesados — Primeiras aventuras na indústria
de confecção 97

Rock — Uma nota para capa 103

U2 106

Sobre ser fotografado 113

Desastre — A morte da princesa Diana 120

Criação de avestruzes 125

Droga, é este o panorama oriental para você! 135

O qüinquagésimo aniversário da Índia 155

Gandhi, agora 163
O Taj Mahal 171
The Baburnama 174
Um sonho do glorioso retorno 183

PARTE II – MENSAGENS DOS ANOS DA PESTE 225

PARTE III – COLUNAS

Três líderes 269
O milênio 272
Dez anos da fatwa 276
Rock-and-roll 279
O babaca do ano 283
Caxemira 287
Kosovo 291
Edward Said 295
Paquistão 299
O islã e o Ocidente 303
Jörg Haider 307
J. M. Coetzee 311
Esporte 315
O aborto na Índia 319
Reality show 323
Arundhati Roy 327
Deus em Gujarat 331

PARTE IV – CRUZE ESTA LINHA 335

Agradecimentos 383
Índice remissivo 385

PARTE I
ENSAIOS

Lá em Kansas

Escrevi meu primeiro conto em Bombaim, com dez anos de idade. O título era "Over the rainbow" [Além do arco-íris]. Não passava de uma dúzia de páginas, aplicadamente datilografadas pela secretária de meu pai em papel fino, que acabaram perdidas em algum ponto dos labirínticos deslocamentos de minha família entre a Índia, a Inglaterra e o Paquistão. Pouco antes da morte de meu pai, em 1987, ele me informou ter encontrado uma cópia embolorando em um velho arquivo, mas apesar de meus pedidos nunca me mostrou. Esse incidente sempre me intrigou. Talvez ele nunca tenha encontrado de fato o conto e nesse caso teria sucumbido à tentação da fantasia, e esse foi o último dos muitos contos de fadas que me contou. Ou então ele realmente encontrou o conto e guardou-o para si como um talismã e lembrete de tempos mais simples, considerando-o um tesouro dele, não meu — seu pote de ouro nostálgico e paternal.

Não me lembro de muita coisa do conto. Era sobre um menino bombainense de dez anos de idade que um dia se vê no começo de um arco-íris, um lugar tão ilusório quanto qualquer final com pote de ouro e igualmente tão promissor. O arco-íris é largo, tão largo quanto uma calçada, e construído como uma escadaria grandiosa. Naturalmente, o menino começa a subir. Esqueci quase todas as suas aventuras, exceto um encontro com uma pianola falante cuja personalidade era um improvável híbrido de Judy Garland, Elvis Presley e os "cantores de fundo" dos filmes indianos, muitos dos quais faziam *O Mágico de Oz* parecer realismo de vida cotidiana.

Minha fraca memória — que minha mãe chamava de "esqueçória" — é, provavelmente, uma bênção. Enfim, me lembro do que é importante. Lembro que *O Mágico de Oz* (o filme, não o livro, que não li em criança) foi minha primeiríssima influência literária. Mais que isso: lembro que quando foi mencionada a possibilidade de eu ir para a escola na Inglaterra, isso me soou tão excitante quanto qualquer viagem além do arco-íris. A Inglaterra parecia uma perspectiva tão maravilhosa quanto Oz.

O mágico, porém, estava bem ali, em Bombaim. Meu pai, Anis Ahmed Rushdie, era um pai mágico para filhos jovens, mas tendia também a ter explosões, ataques de raiva trovejantes, relâmpagos de faíscas emocionais, baforadas de fumaça de dragão e outras ameaças do tipo das também praticadas por Oz, o grande e terrível, o primeiro Mago De Luxe. E quando a cortina se abriu e nós, seus filhos em crescimento, descobrimos (como Dorothy) a verdade sobre a impostura adulta, foi fácil para nós pensar, como ela, que nosso homem devia ser um homem muito mau mesmo. Levei metade da vida para entender que a grande *apologia pro vita sua* do Grande Oz cabia igualmente bem para meu pai; que ele também era um homem bom, mas um mago muito ruim.

Comecei por essas reminiscências pessoais porque *O Mágico de Oz* é um filme cuja força motriz é a inadequação dos adultos, mesmo dos adultos bons. No início do filme, a fraqueza deles força uma criança a assumir o controle do próprio destino (e do de seu cachorro). Assim, ironicamente, ela começa o processo de se tornar adulta também. A jornada de Kansas a Oz é um rito de passagem de um mundo em que os pais substitutos de Dorothy, tia Em e tio Henry, não têm a capacidade de ajudá-la a salvar seu cachorro, Totó, da saqueadora Miss Gulch para um mundo onde as pessoas são do seu tamanho e no qual ela nunca é tratada como criança, mas sempre como heroína. Ela conquista esse status por acaso, é verdade, não tendo desempenhado papel algum na determinação com que sua casa esmaga a Bruxa Má do Leste; porém, ao final da aventura ela, sem dúvida, cresceu o suficiente para calçar aqueles sapatos — aqueles famosos sapatos de rubi. "Quem haveria de dizer que uma menina como você iria destruir a minha bela perversidade?", lamenta a Bruxa Má do Oeste enquanto derrete — um adulto que se torna menor que uma criança e deixa seu lugar para ela. Enquanto a Bruxa Má do Oeste "diminui", vê-se Dorothy crescer. A meu ver, é muito mais satisfatória essa explicação do poder recém-conquistado de Dorothy sobre os sapatos de rubi do que as razões sentimentais fornecidas pela inefavelmente chocha Bruxa Boa Glinda, e depois pela própria Dorothy, naquele final enjoativo que considero pouco fiel ao espírito anárquico do filme. (Falaremos disso mais adiante.)

O desamparo de tia Em e de tio Henry diante do desejo de Miss Gulch de aniquilar o cachorro Totó leva Dorothy a pensar, infantilmente, em fugir de casa — em escapar. E é por isso, quando vem o tornado, que ela não está junto com os outros no abrigo e, conseqüentemente, é arrebatada em uma escapada que vai muito além de todos os seus mais loucos sonhos. Depois, porém, quando se vê diante da fraqueza do Mágico de Oz, ela não foge, mas põe-se em batalha — primeiro contra a Bruxa, depois contra o próprio Mágico. A ineficiência do Mágico é uma das muitas simetrias do filme, uma vez que rima com a debilidade dos parentes de Dorothy; mas a questão é a maneira diferente de Dorothy reagir.

O menino de dez anos que assistiu a *O Mágico de Oz* no cine Metro de Bombaim sabia muito pouco sobre terras estrangeiras e menos ainda sobre crescimento. Sabia, porém, muito mais sobre o cinema fantástico do que qualquer criança ocidental da mesma idade. No Ocidente, *O Mágico de Oz* era uma esquisitice, uma tentativa de fazer uma versão ao vivo de um desenho de Disney, apesar da noção corrente na indústria cinematográfica (como os tempos mudam!) de que filmes de fantasia geralmente fracassam. Não há dúvida de que a excitação gerada por *Branca de Neve e os sete anões* foi responsável pela decisão da MGM de dar tratamento prioritário ao livro de 39 anos antes. Não era, porém, a primeira versão cinematográfica. Nunca vi o filme mudo de 1925, mas não tem boa fama. Mesmo contando com Oliver Hardy no papel do Homem de Lata.

O Mágico de Oz nunca fez dinheiro de verdade até se tornar um sucesso da televisão muitos anos depois de seu lançamento original nos cinemas, embora se possa dizer, à guisa de consolo, que o lançamento duas semanas antes do início da Segunda Guerra Mundial não aumentou muito suas possibilidades. Na Índia, porém, encaixou-se no que era então, e continua até hoje, uma das principais correntes da produção cinematográfica de "Bollywood".

É fácil ridicularizar a produção do cinema comercial indiano. No filme de James Ivory *Bombay talkie*, uma jornalista (a comovente Jennifer Kendal, que morreu em 1984) visita um estúdio e assiste a um incrível número de dança com bailarinas *nautch* com pouca roupa saltando em cima das teclas de uma gigantesca máquina de escrever. O diretor explica que aquilo é nada mais, nada menos que a Máquina de Escrever a Vida e que estamos todos dançando a "história de nosso destino" em cima da poderosa máquina. "É muito simbólico", sugere a jornalista. O diretor responde, com um sorriso afetado: "Obrigado".

Máquinas de Escrever a Vida, deusas do sexo com saris molhados (o equivalente indiano a camisetas molhadas), deuses descendo do céu para interferir em questões humanas, poções mágicas, super-heróis, vilões demoníacos e assim por diante sempre foram o prato principal do freqüentador de cinemas indiano. A Loira Glinda chegando à Terra dos Munchkins em sua bolha mágica pode levar Dorothy a se admirar com a velocidade e a estranheza do transporte local de Oz, mas para uma platéia indiana Glinda chega exatamente como um deus deve chegar: *ex machina*, saída de sua máquina divina. As serpentinas de fumaça alaranjada da Bruxa Má do Oeste são igualmente adequadas a seu status de supermá. Apesar de todas as semelhanças, existem importantes diferenças entre o cinema de Bombaim e um filme como *O Mágico de Oz*. Fadas boas e bruxas más podem se assemelhar superficialmente com divindades e demônios do panteão hindu, mas na verdade um dos aspectos mais notáveis da visão de mundo de *O Mágico de Oz* é o seu alegre e quase completo secularismo. A religião é mencionada apenas uma vez no filme. Tia Em espuma de raiva por causa da sinistra Miss Gulch e revela que esperou anos para dizer o que pensa dela, "mas, como sou boa cristã, não posso". A não ser por esse momento, em que a caridade cristã impede uma boa franqueza de outros tempos, o filme é jovialmente desprovido de Deus. Não existe nenhum traço de religião no próprio Oz. Bruxas más são temidas, as boas são prezadas, mas nenhuma é santificada; e embora o Mágico de Oz seja considerado algo muito próximo de um ser todo-poderoso, ninguém pensa em venerá-lo. Essa ausência de valores superiores aumenta enormemente o encanto do filme e constitui um importante aspecto de seu sucesso em criar um mundo no qual nada é considerado mais importante que os amores, os cuidados e as necessidades dos seres humanos (e, é claro, dos seres de lata, de palha, leões e cachorros).

A outra grande diferença é mais difícil de definir, porque é, afinal, uma questão de qualidade. A maioria dos filmes indianos era na época, e ainda hoje, o que só se pode chamar de chanchada. O prazer que se pode ter com esses filmes (e alguns são extremamente prazerosos) é algo como o divertimento que se tem comendo *junk food*. O clássico filme de Bombaim usa roteiro de horrenda cafonice, sua estética é berrante e de mau gosto e ele se apóia no apelo popular de suas estrelas e nos números musicais para fornecer um pouco de energia. *O Mágico de Oz* também tem estrelas e números musicais, mas é também, muito definitivamente, um bom filme. Ele pega a fantasia de Bombaim e acrescenta a ela um alto padrão de produção e algo mais. Chamemos de verdade imaginativa. Chamemos de (podem sacar os revólveres agora) arte.

Mas, se *O Mágico de Oz* é uma obra de arte, é extremamente difícil dizer quem foi o artista. O nascimento do próprio Oz já passou para a lenda: o autor, L. Frank Baum, batizou seu mundo mágico a partir das letras O-Z da gaveta de baixo de seu arquivo. Baum levava uma vida estranha, de montanha-russa. Nascido rico, herdou de seu pai uma cadeia de pequenos teatros e perdeu-os por má administração. Escreveu uma peça de sucesso e diversos fracassos. Os livros de Oz fizeram dele um dos principais autores infantis de sua época, mas seus outros romances de fantasia malograram. *O incrível Mágico de Oz* e uma adaptação musical do livro para o palco restauraram as finanças de Baum, mas uma tentativa financeiramente desastrosa de fazer um *tour* pelos Estados Unidos promovendo seus livros com um "fadólogo" de slides e filmes o levou a solicitar falência em 1911. Ele se tornou uma figura ligeiramente surrada, apesar de bem vestido, que vivia com o dinheiro da mulher na propriedade "Ozcot", em Hollywood, onde criava galinhas e ganhava prêmios em exposições de flores. O pequeno sucesso de outro musical, *The tik-tok man of Oz* [O tik-tok de Oz], melhorou suas finanças, mas ele se arruinou de novo ao fundar sua própria companhia cinematográfica, a Oz Film Company, que tentou, sem sucesso, filmar e distribuir os livros de Oz. Depois de dois anos acamado, e, pelo que dizem, ainda otimista, ele morreu em maio de 1919. Porém, como veremos, sua roupa elegante sobreviveu para uma estranha imortalidade.

O incrível Mágico de Oz, publicado em 1900, contém muitos dos ingredientes da poção mágica — todos os personagens principais e acontecimentos estão lá, assim como as locações mais importantes, a Estrada de Tijolos Amarelos, o Campo de Papoulas Assassinas, a Cidade das Esmeraldas. Mas *O Mágico de Oz* é uma daquelas grandes raridades, um filme que melhora o bom livro no qual foi baseado. Uma das modificações é a ampliação da parte do Kansas, que no livro ocupa exatamente duas páginas antes da chegada do tornado e apenas nove linhas no final. A linha dramática da parte de Oz também é simplificada, com a eliminação de diversas subtramas, como a visita às Árvores Assustadoras, ao País da Porcelana Elegante e aos Quadlings que, no livro, vêm logo depois do auge dramático da destruição da Bruxa e desperdiçam o impulso narrativo da história. E há duas outras alterações ainda mais importantes: nas cores da cidade do Mágico e nos sapatos de Dorothy.

A Cidade das Esmeraldas de Frank Baum só era verde porque todo mundo que vivia nela tinha de usar óculos de lentes cor de esmeralda, enquanto no filme ela é realmente de um futurista verde-clorofila — a não ser, é claro, pelo Cavalo de Cor Diferente de que Você Ouviu Falar. O cavalo muda de cor a cada plano, mudanças conseguidas com o recurso de se cobrir o animal com variadas tonalidades de gelatina em pó.*

Frank Baum não inventou os sapatos de rubi. Ele os chamou de Sapatos de Prata. Baum acreditava que a estabilidade da América exigia a mudança do padrão ouro para o padrão prata e os Sapatos seriam uma metáfora das vantagens mágicas da Prata. Noel Langley, o primeiro nome dos três autores do roteiro, aceitou originalmente a idéia de Baum. Mas na quarta versão do roteiro, de 14 de maio de 1938, chamada de ROTEIRO INALTERÁVEL, o calçado desajeitado, metálico e não mítico foi jogado fora e introduziu-se o imortal sapato-jóia, provavelmente como resposta à exigência de cor. (Na tomada 114 "os sapatos de rubi aparecem nos pés de Dorothy, brilhando cintilantes ao sol".)

Outros autores contribuíram com importantes detalhes para o roteiro final. Florence Ryerson e Edgar Allan Woolf são provavelmente os responsáveis por "There's no place like home" [Não há lugar como o lar], que, para mim, é a idéia menos convincente do filme (uma coisa é Dorothy querer voltar para casa, coisa bem diferente é ela só poder fazê-lo elogiando o estado ideal, que Kansas evidentemente não é).** Mas também isso é objeto de alguma controvérsia. Um memorando do estúdio insinua que pode ter sido o produtor associado Arthur Freed quem apareceu com o slogan engraçadinho. E, depois de muita briga entre Langley e Ryerson-Woolf, foi o autor das letras das músicas do filme, Yip Harburg, quem finalizou o roteiro e acrescentou a crucial cena em que o Mágico, incapaz de atender às solicitações dos compa-

---

* Veja o livro definitivo de Aljean Harmetz, *The making of* The Wizard of Oz (Pavilion Books, 1989).

** Quando publiquei este ensaio pela primeira vez, em 1992, a idéia de "lar" havia se tornado problemática para mim, por razões que não interessam explicitar aqui. (Veja a parte II, "Mensagens dos Anos da Peste".) Não vou negar que naqueles dias pensei muito nas vantagens de um bom par de sapatos de cristal.

nheiros de Dorothy, em vez disso entrega-lhes medalhas e, para nossa satisfação, esses símbolos cumprem a função. O nome da rosa acaba sendo a rosa afinal.

Então, quem foi o autor de *O Mágico de Oz*? Nenhum autor pode pleitear individualmente essa honra, nem mesmo o autor do livro original. Os produtores, Mervyn Leroy e Arthur Freed, ambos têm seus paladinos. Pelo menos quatro diretores trabalharam no filme, mais destacadamente Victor Fleming; mas ele foi embora pouco antes de terminarem as filmagens (King Vidor o substituiu sem ter o nome nos créditos) para fazer ... *E o vento levou*, ironicamente o filme que abocanhou os Oscar, enquanto *O Mágico de Oz* ganhou apenas três: melhor canção ("Over the rainbow"), melhor trilha sonora e um prêmio especial para Judy Garland. A verdade é que esse grande filme, em que as disputas, demissões e trabalhos malfeitos de todos os envolvidos produziram o que parece ser uma pura, espontânea e, de alguma forma, inevitável felicidade, está muito perto de ser aquela quimera da moderna teoria crítica: o texto sem autor.

O Kansas descrito por L. Frank Baum é um lugar deprimente, onde tudo é cinzento até onde a vista alcança — a pradaria é cinzenta, assim como a casa em que Dorothy mora. Quanto a tia Em, "O sol e o vento [...] haviam apagado o brilho dos olhos dela e os deixado com um sóbrio tom de cinza; haviam tirado o vermelho de suas faces e lábios, que eram cinzentos também. Ela ficou magra e macilenta e não sorria mais". Enquanto: "O tio Henry nunca sorria. Ele era cinzento também, desde a barba comprida até as botas rústicas". E o céu? "Era ainda mais cinza do que sempre." Totó, porém, escapava da cinzentice. Ele "impedia que Dorothy ficasse cinzenta como seu ambiente". Não era exatamente colorido, embora seus olhos brilhassem e o pêlo fosse sedoso. Totó era preto.

É desse cinza — o cinza abrangente, cumulativo, desse mundo desolado — que vem a calamidade. O tornado é a cinzentice concentrada girando, desencadeado contra si mesmo, por assim dizer. E a tudo isso o filme é surpreendentemente fiel, registrando as cenas do Kansas no que chamamos de preto-e-branco, mas que na realidade é uma multiplicidade de tons de cinza, e escurecendo as imagens até o redemoinho aspirá-las todas e rompê-las em pedaços.

Existe, porém, um outro jeito de entender o tornado. Dorothy tem um sobrenome, Gale [Vendaval]. E, de muitas formas, Dorothy é o vendaval que sopra por esse cantinho de lugar nenhum. Ela exige justiça para seu cachorrinho, enquanto os adultos cedem resignadamente à poderosa Miss Gulch. Ao fugir, ela está pronta para interromper a inevitabilidade cinzenta de sua vida, mas tem o coração tão bom que volta correndo quando o professor Marvel lhe diz que tia Em está aflita por causa de sua fuga. Dorothy é a força vital desse Kansas, assim como Miss Gulch é a força da morte; e talvez seja o torvelinho de Dorothy, o ciclone de sentimento desencadeado pelo conflito entre ela e Miss Gulch, que se torna realidade na grande cobra escura de nuvens que serpenteia pela pradaria, devorando o mundo.

O Kansas do filme é um pouco menos radicalmente inóspito que o do livro, mesmo que apenas pela introdução dos três peões da fazenda e do professor Marvel, quatro personagens que encontrarão suas rimas, suas contrapartidas, nos Três Companheiros de Oz e no próprio Mágico. Por outro lado, o Kansas do filme é também mais aterrorizador, porque acrescenta a presença do mal real: a angulosa Miss Gulch, com um perfil capaz de destrinchar um peru, rodando rígida em sua bicicleta com um chapéu que parece um pudim de ameixa ou uma bomba em cima da cabeça, invocando a proteção da Lei em sua campanha contra Totó. Graças a Miss Gulch, esse Kansas cinematográfico é moldado não apenas pela triste pobreza da terra, mas também pela maldade de supostos assassinos de cães.

E *esse* é o lar que não tem igual? Esse é o Paraíso Perdido que nos pedem para preferir (como Dorothy prefere) a Oz? Lembro (ou imagino lembrar) que, quando assisti ao filme pela primeira vez, a casa de Dorothy me pareceu mais uma pocilga. Eu tinha a sorte de ter uma casa boa, confortável e, portanto, pensava comigo mesmo: se *eu* tivesse ido parar em Oz, certamente ia querer voltar para casa. Mas Dorothy? Talvez devêssemos convidá-la para morar conosco. Qualquer lugar parece melhor que *aquilo*.

Tive também uma outra idéia que é melhor confessar agora, uma vez que me deu uma furtiva simpatia por Miss Gulch e sua contrapartida fantasiosa, a Bruxa Má, e, alguns poderão dizer, uma simpatia secreta por todas as pessoas de sua disposição bruxal, que permaneceu comigo desde então: eu não suportava Totó. Ainda não suporto. Como diz Gollum a respeito do hobbit Bilbo Baggins em outra grande fantasia: "*Baggins*: nós odeia ele de estraçalhar".

Totó, aquela bola de pêlos latidora, aquele tapetinho metido! L. Frank Baum, um ótimo sujeito, deu ao cachorro um papel nitidamente menor: mantinha Dorothy feliz, e quando ela não estava feliz tinha uma tendência a "ganir desalentadoramente" — uma ameaça nada enternecedora. Sua única contribuição significativa à história de Baum se dá quando ele acidentalmente remove a cortina atrás da qual se esconde o Mágico de Oz. O Totó do filme puxa a cortina de maneira muito mais deliberada, para revelar o Grande Farsante, e, mesmo assim, achei isso uma travessura irritante. Não foi nenhuma surpresa para mim descobrir que o animal que fazia o papel de Totó era dono de um temperamento de estrela e chegou a provocar a suspensão das filmagens em determinado momento, fingindo um esgotamento nervoso. Sempre me exasperou Totó ser o único verdadeiro objeto de amor no filme. Mas tal protesto é inútil, embora ele me gratifique. Ninguém mais pode me livrar desse turbulento topete postiço.

A primeira vez que assisti a *O Mágico de Oz* fez de mim um escritor. Muitos anos depois, comecei a delinear a trama que acabou se transformando em *Haroun e o mar de histórias*. Sentia com muita força que, se conseguisse tocar a nota certa, devia ser possível escrever a história de maneira a ficar interessante tanto para adultos quanto para crianças. O mundo dos livros é hoje uma área seriamente categorizada e demarcada, na qual a ficção infantil é não apenas uma espécie de gueto, como um gênero subdividido em escrituras para uma série de diferentes grupos etários. Os filmes, porém, foram evoluindo com regularidade para além dessas categorias. De Spielberg a Schwarzenegger, de Disney a Gilliam, o cinema tem oferecido opções diante das quais crianças e adultos se sentam alegremente lado a lado. Assisti a *Uma cilada para Roger Rabbit* numa sessão da tarde em um cinema lotado de crianças excitadas e barulhentas e voltei para assistir de novo no dia seguinte, em um horário impróprio para crianças, de forma a escutar bem todas as *gags*, gozar as piadas particulares e me deslumbrar com o brilhantismo do conceito da Toontown. Mas, de todos os filmes, o que mais me ajudou a encontrar o tom correto para *Haroun* foi *O Mágico de Oz*. A influência do filme está bem visível no texto. Entre os companheiros de Haroun há claros vestígios dos amigos que dançavam com Dorothy pela Estrada de Tijolos Amarelos.

* * *

E agora estou fazendo uma coisa esquisita, algo que deveria destruir meu amor pelo filme, mas não destrói: estou assistindo à fita com um caderno no colo, uma caneta em uma mão e um controle remoto na outra, sujeitando *O Mágico de Oz* às indignidades da câmera lenta, do avanço rápido, da imagem congelada, tentando descobrir o segredo dos truques mágicos; e vendo, sim, coisas que nunca havia notado...

O filme começa. Estamos no mundo "real" monocromático de Kansas. A menina e seu cachorro correm por uma vereda no campo. *Ela ainda não está vindo, Totó. Ela te machucou? Mas tentou, não tentou?* Uma menina de verdade, um cachorro de verdade, e o começo, já na primeira linha de diálogo, de um drama real. Kansas porém não é real, não mais real do que Oz. Kansas é uma pintura. Dorothy e Totó correram por um trechinho de "estrada" nos estúdios da MGM e essa tomada foi feita para dar uma imagem de vazio. O vazio "real" provavelmente não seria tão vazio. Está na medida para não trair o cinza universal da história de Frank Baum, o vazio quebrado apenas por umas cercas e pelas linhas verticais dos postes do telégrafo. Se Oz é *lugar nenhum*, o cenário de estúdio para as cenas de Kansas sugere que *Kansas também é*. Isso é necessário. Uma descrição realista da extrema pobreza das condições de Dorothy Gale criaria um peso, uma carga, que tornaria impossível o salto imaginativo para a Terra das Histórias, o alto vôo para Oz. É verdade que os contos de fadas de Grimm são sempre realistas. Em "O pescador e sua mulher", o casal do título vive, até encontrar o linguado mágico, no que é descrito sucintamente como "um penico". Mas, em muitas versões infantis dos Grimm, o penico é suavizado para "choupana" ou alguma outra palavra mais branda. A visão de Hollywood sempre foi desse tipo mais brando. Dorothy parece extremamente bem alimentada e não é realmente, mas *irrealmente*, pobre.

Ela chega à fazenda e aí vemos (congelando a imagem) o começo do que virá a ser um tema visual recorrente. Na cena congelada, Dorothy e Totó estão ao fundo, vindo para um portão. À esquerda da tela, um tronco de árvore, uma linha vertical que evoca os postes de telégrafo da cena anterior. Pendurado de um galho quase horizontal há um triângulo (que chama os peões para a refeição) e um círculo (na verdade, um pneu de borracha). A meia distância, outros elementos geométricos: as linhas paralelas de uma cerca de madeira, a barra de madeira diagonal do portão. Depois, quando vemos a casa, o tema da geometria simples está de novo presente; ela é toda ângulos retos e triângulos. O mundo de Kansas, aquele grande vazio, assume o caráter de "lar" pelo uso de formas simples, não complicadas; nada de nossa urbanizada complexidade. Ao longo de todo *O Mágico de Oz*, o lar e a segurança são representados por essa simplicidade geométrica, enquanto o perigo e o mal são invariavelmente tortuosos, irregulares e disformes.

O tornado é exatamente uma dessas formas sinuosas, cambiantes, que não merecem confiança. Aleatório, não fixo, ele destrói as formas simples daquela vida sem frescuras.

A seqüência do Kansas evoca não apenas a geometria, mas também a matemática. Quando Dorothy, como a força caótica que é, explode em cima de tia Em e tio Henry com seus medos por Totó, o que estão eles fazendo? Por que a enxotam? "Estamos tentando fazer contas", eles advertem, fazendo o censo dos ovos, metaforicamente contando suas galinhas [seus tostões], com poucas esperanças de lucro, que o tornado logo irá eliminar. Então, com formas simples e números, a família de Dorothy levanta suas defesas contra o imenso, enlouquecedor vazio; e essas defesas são inúteis, claro.

Salte para Oz e fica logo óbvio que essa oposição entre o geométrico e o tortuoso não é acidental. Olhe o começo da Estrada de Tijolos Amarelos: é uma espiral perfeita. Olhe de novo a carruagem de Glinda, aquela esfera luminosa, perfeita. Olhe os movimentos em grupo dos Munchkins ao saudar Dorothy e agradecer por esmagar a Bruxa Má do Leste. Vá para a Cidade das Esmeraldas: veja a cidade a distância, as linhas retas projetando-se para o céu! E agora, em contraste, observe a Bruxa Má do Oeste: seu corpo torto, seu chapéu disforme. Como ela vai embora? Numa nuvem de fumaça sem forma... "Só as bruxas más são feias", Glinda diz a Dorothy, uma observação de alta incorreção política que enfatiza a animosidade do filme com tudo o que é emaranhado, encurvado e estranho. Florestas são invariavelmente assustadoras — os ramos retorcidos das árvores são capazes de ganhar vida —, e o único momento em que a própria Estrada de Tijolos Amarelos confunde Dorothy é quando deixa de ser geométrica (primeiro espiral, depois retilínea) e se separa e se bifurca para todos os lados.

De volta a Kansas, tia Em está passando o pito que é prelúdio para um dos momentos imortais do cinema. *Você está sempre aflita sem razão... encontre um lugar onde não vai arranjar problemas!*

Um lugar onde não haja problemas. Acha que existe um lugar assim, Totó? Deve existir. Se alguém engoliu a idéia dos autores do roteiro de que esse filme é sobre a superioridade do "lar" sobre o "além", que a "moral" de *O Mágico de Oz* é tão melosa quanto um panô bordado — "Lar, doce lar" — devia era ouvir o anseio que há na voz de Judy Garland quando ela levanta o rosto para o céu. O que ela expressa ali, o que ela encarna com a pureza de um arquétipo, é o sonho humano de *ir embora*, um sonho ao menos tão poderoso quanto o sonho contrário de deitar raízes. No coração de *O Mágico de Oz* existe uma tensão entre esses dois sonhos; mas quando a música cresce e aquela voz grande e límpida voeja nos anseios angustiados da canção, será que alguém tem dúvida quanto a qual das mensagens é mais forte? Em seu momento emocionalmente mais potente, esse filme é indiscutivelmente sobre a alegria de ir embora, de deixar o cinza e entrar na cor, de construir uma nova vida no "lugar onde não há problemas". "Over the rainbow" é, ou deveria ser, o hino de todos os migrantes do mundo, todos aqueles que vão em busca de um lugar onde "os sonhos que você ousa sonhar realmente se cumprem". É uma celebração do Escape, uma grande exaltação do eu desenraizado, um hino — *o* hino — do Outro Lugar.

E. Y. Harburg, o letrista de "Brother, can you spare a dime?" [Mano, dá pra dar um tostão?], e Harold Arlen, que havia escrito "It's only a paper moon" [Apenas uma lua de papel] com Harburg, fizeram as canções para *O Mágico de Oz*, e Arlen realmente inventou a linha melódica na frente da drugstore Schwab em Hollywood. Aljean Harmetz registra a decepção de Harburg com a música: complexa demais para uma cantora de dezesseis anos, avançada demais em comparação a sucessos de Disney como "Eu vou, eu vou, pra casa agora eu vou". Harmetz prossegue: "Para agradar Harburg, Arlen escreveu a melodia para a tilintante parte intermediária da canção". *Where troubles melt like lemon drops/ Away above the chimney tops/ That's where you'll find me* [Onde os problemas se dissolvem como gotas de limão/ muito acima das chaminés/ é aí que você vai me encontrar]. Um pouco mais alto, em resumo, que a protagonista daquela outra grande ode à fuga, "Up on the roof" [Em cima do telhado].

É bem sabido que "Over the rainbow" quase foi cortada do filme, o que prova que Hollywood produz suas obras-primas por acaso, porque não sabe realmente o que está fazendo. Outras canções foram cortadas: "The jitter bug" depois de cinco semanas de filmagem e quase toda a "Lions and tigers and bears", que sobrevive apenas no cantarolar dos Companheiros quando atravessam a floresta pela Estrada de Tijolos Amarelos: *Leões e tigres e ursos, ai, ai!* Impossível dizer se o filme teria melhorado ou piorado com o acréscimo dessas canções. Será que *Ardil 22* seria *Ardil 22* se tivesse sido lançado com o título de *Ardil 18*? O que podemos afirmar, porém, é que Yip Harburg (que não era admirador de Judy) estava errado quanto à voz de Garland.

Os atores principais do elenco reclamavam que não havia "representação" no filme e, num sentido convencional, eles têm razão. Mas Garland cantando "Over the rainbow" é algo extraordinário. Naquele momento, ela deu um coração ao filme. A força de sua representação é grande, doce e profunda o suficiente para nos fazer agüentar toda a tolice que vem em seguida, até para atribuir um toque de qualidade a isso, um encanto vulnerável só rivalizado pela igualmente excepcional interpretação de Bert Lahr no papel do Leão Covarde.

O que resta dizer da Dorothy de Garland? Rezam as convenções que o desempenho ganha uma força irônica porque sua inocência contrasta muito intensamente com as dificuldades posteriores na vida da atriz. Não tenho certeza se isso é verdade, embora seja o tipo de comentário que fãs de cinema gostam de fazer. Parece-me que o desempenho de Garland é bem-sucedido em seus próprios termos e nos termos do filme. Por um lado, ela vem a ser a tábula rasa do filme, a lousa em branco sobre a qual a ação da história vai aos poucos se escrevendo — ou melhor, uma vez que se trata de um filme, afinal, a tela branca sobre a qual a ação se desenrola. Armada apenas com os olhos arregalados e seu ar de inocência, ela deve ser o objeto do filme, assim como também seu sujeito, deve se permitir ser o recipiente vazio que o filme aos poucos preenche. E, no entanto, por outro lado, tem de — com uma pequena ajuda do Leão Covarde — carregar todo o peso emocional, toda a força ciclônica do filme. Ela consegue isso não apenas por causa da madura profundidade de sua voz de cantora, mas também pela estranha corpulência, o físico desajeitado que nos enternece justamente porque ela é quase feia, é *jolie-laide*, e não tem aquela graciosidade posada que Shirley Temple teria conferido à personagem — e considerou-se seriamente o nome de Temple para o papel. A assexualidade limpa e escovada, mesmo que ligeiramente curvilínea, com que Garland representa é o que faz o filme funcionar. É possível imaginar a catastrófica coqueteria que a jovem Shirley teria insistido em utilizar, e por isso devemos sentir gratidão aos executivos da MGM, que se deixaram persuadir a escolher Judy.

O tornado que sugeri ser produto do sobrenome Gale de Dorothy foi na verdade feito de musselina armada com arame. Um contra-regra tinha de descer por dentro do túnel de pano para ajudar a puxar as agulhas e empurrá-las para fora outra vez. "Era bem incômodo quando chegávamos à ponta estreita", confessou ele. O desconforto valeu a pena, porque o tornado baixando em cima da casa de Dorothy cria a segunda imagem genuinamente mítica de *O Mágico de Oz*: o mito arquetípico, se poderia dizer, de mudar de casa.

Nessa seqüência de transição do filme, em que a realidade irreal do Kansas dá lugar ao surrealismo realista do mundo da magia, existe, como é adequado a um momento de limiar, muito abre-e-fecha de portas e janelas. Primeiro, os peões abrem as portas do abrigo de tempestade e tio Henry, heróico como sempre, convence tia Em de que não podem se permitir esperar Dorothy. Em segundo lugar, Dorothy, voltando com Totó de sua tentativa de fuga, luta contra o vento para abrir a porta de tela da casa principal; essa porta externa é instantaneamente arrancada das dobradiças e soprada para longe. Em terceiro, vemos os outros fechando as portas do abrigo. Em quarto, dentro da casa, Dorothy abre e fecha as portas de vários quartos, chamando desesperadamente por tia Em. Em quinto, Dorothy vai até o abrigo de tempestade, mas as portas estão trancadas para ela. Em sexto, Dorothy volta para a casa principal, grita por tia Em, agora temerosa e sem forças; é quando uma janela, assim como ocorreu com a porta de tela, é arrancada das dobradiças, atinge-a e a deixa desacordada. Ela cai em cima da cama e daí em diante reina a magia. Atravessamos o portal mais importante do filme.

Esse recurso — desacordar Dorothy — é a mais radical e, em certo sentido, a pior de todas as mudanças efetuadas na concepção original de Frank Baum. Porque no livro não há nenhuma dúvida de que Oz é real, de que é um lugar da mesma ordem, embora não do mesmo tipo, que Kansas. O filme, igual à série de televisão *Dallas*, introduz um elemento de má-fé ao permitir a possibilidade de ser um sonho tudo o que se segue. Esse tipo de má-fé custou a *Dallas* o seu sucesso de público e acabou matando a série. O fato de *O Mágico de Oz* ter escapado da sorte do seriado é um testemunho da integridade geral do filme, que permitiu que transcendesse esse velho clichê.

Enquanto a casa está voando no ar, parecendo um brinquedinho no plano geral, Dorothy "acorda". O que ela vê pelas janelas é uma espécie de filme — a janela funciona como uma tela de cinema, uma moldura dentro de uma moldura — que a prepara para o novo tipo de filme dentro do qual está prestes a entrar. Os efeitos especiais, sofisticados para a época, incluem uma senhora tricotando em sua cadeira de balanço enquanto o tornado a faz girar, uma vaca parada placidamente no olho do furacão, dois homens remando um barco no ar turbulento e, a mais importante de todas, a figura de Miss Gulch em sua bicicleta, que se transforma, diante de nossos olhos, na figura da Bruxa Má do Oeste em sua vassoura, a capa voejando atrás dela e uma imensa gargalhada cacarejante soando acima do ruído da tempestade.

* * *

A casa aterrissa. Dorothy sai de seu quarto com Totó nos braços. Chegamos ao momento da cor.

A primeira tomada colorida, na qual Dorothy se afasta da câmera em direção à porta, é deliberadamente baça, para combinar com o tom monocromático precedente. Mas, assim que a porta se abre, a cor inunda a tela. Nesta época saturada de cor é difícil imaginar um tempo em que os filmes coloridos ainda eram relativamente novos. Relembrando uma vez mais minha infância em Bombaim nos anos 1950, quando os filmes indianos eram todos em preto-e-branco, recordo a excitação do advento da cor. Em um épico sobre o Grande Mughal, o imperador Akbar, intitulado *Mughal-e-Azam*, havia apenas um rolo de filmagem colorida, mostrando uma dança na corte da fabulosa Abarkali. No entanto, esse rolo bastou para garantir o sucesso do filme, atraindo uma multidão de milhões de pessoas.

Os realizadores de *O Mágico de Oz* haviam claramente resolvido fazer suas cores o mais vibrantes possível, da mesma forma que Michelangelo Antonioni, um tipo muito diferente de cineasta, fez, muitos anos depois, em seu primeiro filme colorido, *Deserto vermelho*. No filme de Antonioni, a cor é usada para criar efeitos de realce, muitas vezes surrealistas. Da mesma forma, *O Mágico de Oz* procura efeitos expressionistas — o amarelo da Estrada de Tijolos, o vermelho do Campo de Papoulas, o verde da Cidade das Esmeraldas e da pele da bruxa. Essas cores eram tão marcantes que logo depois de ver o filme em criança comecei a sonhar com bruxas de pele verde. Anos depois, atribuí esses sonhos ao narrador de *Os filhos da meia-noite*, tendo esquecido inteiramente a sua fonte: "Nenhuma cor a não ser verde e preto, as paredes verdes, o céu preto [...] a Viúva é verde, mas seu cabelo é mais preto que preto". Nessa seqüência de sonho narrado em fluxo de consciência, um pesadelo de Indira Gandhi se funde com a figura igualmente assustadora de Margaret Hamilton: uma junção das Bruxas Más do Leste e do Oeste.

Ao entrar na cor, Dorothy, emoldurada por folhagens exóticas, com uma fileira de casinhas anãs atrás dela e parecendo uma Branca de Neve vestida de azul, mas longe de lembrar uma princesa, apenas uma boa menina americana comum, está claramente assombrada pela ausência de seu familiar cinza natal. *Totó, tenho a impressão de que não estamos mais em Kansas.* Essa fala clássica da cafonice destacou-se do filme para se tornar uma grande citação americana, infindavelmente reciclada, que aparece até como epígrafe da monumental fantasia paranóica de Thomas Pynchon sobre a Segunda Guerra Mundial, *O arco-íris da gravidade*, em que o destino dos personagens está não "atrás da lua, além da chuva", mas "além do zero" de consciência, onde fica uma terra ao menos tão estranha quanto Oz.

Dorothy fez mais que sair do cinzento para o tecnicólor. Ela ficou *sem casa*, e esse estado sem teto é reforçado pelo fato de que, depois de todo o jogo de portas da seqüência de transição, ela não entrará em nenhum interior até chegar à Cidade das Esmeraldas. Desde o tornado até Oz, Dorothy nunca tem um teto sobre a cabeça.

Lá, entre as imensas malvas-rosa, cujas flores parecem gigantescas trompas iguais ao gramofone de A Voz do Dono; lá, na vulnerabilidade do espaço aberto, mesmo sendo um espaço aberto que não é nada parecido com a pradaria, Dorothy está a ponto de superar Branca de Neve em quase 50%. Pode-se quase ouvir os chefes de estúdio da MGM conspirando para jogar para a sombra o clássico de Disney, não apenas fornecendo ao vivo quase tantos efeitos miraculosos quanto os criados pelos desenhistas de Disney, mas também na questão das pessoas pequenas. Se Branca de Neve tem sete anões, Dorothy Gale, vinda de uma estrela chamada Kansas, teria 350. Reina certa discordância sobre quantos Munchkins teriam sido trazidos a Hollywood e assinado contrato. A versão oficial é que eles foram fornecidos por um empresário chamado Leo Singer. Na biografia de seu pai, Bert, John Lahr conta outra história que eu prefiro, por razões que Roger Rabbit iria entender — isto é, porque é mais engraçada. Lahr cita Bill Grady, diretor de elenco do filme:

> Leo [Singer] só podia me arrumar 150. Fui até um anão que se apresentava sozinho, chamado Major Doyle [...] Disse que só havia conseguido 150 com Singer. "Eu não chamo nenhum para você se fizer negócio com aquele filho-da-puta." "O que é que eu vou fazer?", eu disse. "Eu consigo os 350" [...] Então telefonei para Leo e expliquei a situação [...] Quando contei a Major que havia dispensado Singer, ele dançou na rua bem na frente ao Dinty Moore.
>
> O Major então me consegue esses anões [...] eu trago todos de ônibus para o Oeste [...] Major Doyle pegou os [três primeiros] ônibus e foi até a casa de Singer. O Major foi até o porteiro. "Ligue para cima e diga para Leo Singer olhar pela janela." Demorou dez minutos. Singer olhou pela janela do seu quinto andar. E lá estavam todos aqueles anões nos ônibus parados na frente da casa dele com a bunda nua para fora das janelas.

Esse incidente passou a ser conhecido como a Vingança do Major Doyle.*

O que começou com um strip-tease continuou como desenho animado. Os Munchkins foram maquiados e vestidos exatamente como figuras de desenho animado em 3-D. O Prefeito da Terra dos Munchkins é bem implausivelmente rechonchudo, o

---

* Segundo alguns revisionistas contemporâneos, o Major Doyle nunca conseguiu os 350 Munchkins e o filme teve de se contentar com 124.

Magistrado (*e ela não está apenas morta/ Ela está muito sincera-
mente morta*) lê o atestado de óbito da Bruxa do Leste em um
pergaminho, usando um chapéu que tem uma aba absurdamen-
te parecida com um pergaminho;* os topetes dos Lollipop Kids,
que parecem ter chegado a Oz via Bash Street e Dead End, são
mais espetados que o de Tintim. Mas o que poderia ser uma seqüência grotesca e de mau gosto — trata-se, afinal, de uma celebração da morte — transforma-se, em vez disso, na cena em que
O Mágico de Oz conquista definitivamente a platéia, aliando o
charme natural da história à brilhante coreografia da MGM, que
pontua movimentos de larga escala com pequenas peças, como a
dança da Liga da Canção de Ninar ou a das Cabeças Sonolentas
acordando de touca e saindo, perplexas, das cascas de ovos colo-
cadas em um ninho gigantesco. E é claro que há também a con-
tagiante alegria do excepcionalmente inteligente número coletivo
de Arlen e Harburg "Ding dong, the witch is dead" [Ding dong,
a bruxa morreu].

Arlen desprezava um pouco essa canção e a igualmente memorável "We're off to see the wizard" [Estamos indo ver o mági-
co], dizendo que eram suas "canções gota de limão" — talvez
porque em ambos os casos a verdadeira inventividade esteja na
letra de Harburg. Na introdução de Dorothy para "Ding dong",
Harburg embarca em uma exibição pirotécnica de rimas a-a-a

---

* Depois que uma versão anterior deste ensaio foi publicada na *New Yorker*,
recebi uma carta de congratulações do Magistrado dos Munchkins, Manfred
Raabe, que vivia então em uma Comunidade de Aposentados Pennet, em Fort
Lauderdale, Flórida. Ele gostou tanto do que eu tinha a dizer que me mandou
um presente: uma fotocópia colorida de uma foto de seu grande momento na
escadaria da prefeitura, segurando aquele enorme pergaminho com as letras
góticas dizendo "Atestado de Óbito". Debaixo das letras, ele havia cuidadosamente preenchido o meu nome. Não sei o que significa ter um atestado de
óbito Munchkin, mas eu tenho um.

(*the wind began to switch/ the house to pitch* [o vento começou a soprar/ a casa a balançar]; até que chegamos a encontrar a *witch, to satisfy an itch/ went flying on her broomstick thumbing for a hitch* [bruxa, para satisfazer um desejo/ saiu voando na sua vassoura pedindo uma carona]; e *what happened then was rich* [o que aconteceu então foi rico] [...]). Da mesma forma que, diante das aliterações de um cantor de vaudeville, aplaudimos cada nova rima como uma espécie de triunfo ginástico. O jogo verbal continua caracterizando ambas as canções. Em "Ding dong", Harburg inventa concertinas de palavras trocadilhescas:

> *Ding, dong, the witch is dead!*
> — Whicholwitch?
> — *The wicked witch!*
> [Ding, dong, a bruxa morreu!
> — Qual bruxa velha?
> — *A bruxa má.*]

Essa técnica encontrou expressão muito maior em "We're off to see the wizard", vindo a se transformar no verdadeiro "gancho" da canção:

> *We're off to see the Wizard,*
> *the wonderful* wizzardavoz,
> *we hear he is a* whizzavawiz,
> *If ever a* wizztherwoz.
> *If* everoever *a* wizztherwoz
> *The* Wizzardavoz *is one because* [...]
> [Estamos indo ver o Mágico
> o incrível *Mágicodeoz,*
> dizem que ele é o *magodosmagos,*
> se é que algum dia existiu um *mago.*

Se *nuncajamais* um *mago* existiu

o *Mágicodeoz* é ele porque [...]]

Será exagero sugerir que o uso que Harburg faz de rimas internas e assonâncias é uma referência consciente à "rima" da própria trama, aos paralelos entre os personagens de Kansas com os de Oz, referências de temas que vão e voltam entre os mundos monocromático e em tecnicólor? Poucos Munchkins eram realmente capazes de cantar seus versos, uma vez que a maioria deles não falava inglês. Não se exigiu que fizessem muito no filme, mas eles compensaram isso com suas atividades atrás das câmeras. Alguns historiadores do cinema tentam desmentir as histórias de estrepolias sexuais, brigas de facas e desordem generalizada, mas as lendas sobre hordas de Munchkins mandando ver em Hollywood não são fáceis de descartar. No romance *Wise children*, de Angela Carter, existe um relato de uma versão fictícia de *Sonho de uma noite de verão* que deve muito às atividades dos Munchkins e, na verdade, à Terra dos Munchkins:

> O conceito dessa floresta acompanha a escala do povo das fadas, de forma que tudo era duas vezes maior que na vida real. Maior. Margaridas do tamanho da nossa cabeça e brancas como fantasmas, dedaleiras tão altas como a torre de Pisa que soavam como sinos ao oscilar [...] Até o povo miudinho era de verdade; o estúdio percorreu o país inteiro em busca de anões. Logo, verdadeiras ou não, estranhas histórias começaram a circular — que um coitado de um sujeito caiu dentro da privada e ficou espadanando lá durante meia hora até alguém entrar para mijar e fisgá-lo do vaso; para um outro ofereceram um cadeirão de bebê quando foi comer um hambúrguer no Brown Derby.

Em meio a toda essa munchkinice nos são dados dois retratos muito diferentes dos crescidos. A Bruxa Boa Glinda é uma boniteza (bom, é bonitinha, mesmo que Dorothy a chame de "bonita"). Tem uma voz aguda, carinhosa e um sorriso que parece ter enguiçado. Ela tem uma *gag* excelente. Quando Dorothy diz que não é bruxa, Glinda pergunta, apontando Totó: *Bom, então, essa é que é a bruxa?* A não ser por essa piada, ela passa a cena toda rindo feito boba com um ar vago, benevolente, amoroso e com o rosto empoado demais. É interessante que, embora ela seja a Bruxa Boa, a bondade em Oz não seja inerente a ela. O povo de Oz é naturalmente bom, a menos que esteja sob o poder da Bruxa Má (como é demonstrado pelo comportamento melhorado dos soldados da bruxa depois que ela derrete). No universo moral do filme, só o mal é externo, residindo exclusivamente na figura diabólica dual de Miss Gulch/Bruxa Má.

(Uma preocupação entre parênteses sobre a Terra dos Munchkins: não será ela no final das contas bonitinha demais, arrumadinha demais, melosa demais para um lugar que estava, até a chegada de Dorothy, sob o poder absoluto da Bruxa Má do Leste? Como essa Bruxa esmagada não tinha um castelo? Como o seu despotismo pode ter deixado tão poucas marcas na terra? Por que os Munchkins são relativamente tão destemidos, só se escondendo por curto tempo antes de aparecerem, e rindo enquanto se escondem? Ocorre a idéia herege: talvez a Bruxa do Leste *não fosse assim tão má* — ela evidentemente mantinha as ruas limpas, as casas pintadas e em bom estado e, sem dúvida, se havia trens eles corriam no horário. Além disso, e, uma vez mais, ao contrário da irmã, ela parecia governar sem a ajuda de soldados, policiais ou outras tropas de opressão. Então por que era tão odiada? Estou só perguntando.)

Glinda e a Bruxa do Oeste são os únicos dois símbolos de poder em um filme que é, em grande parte, sobre a impotência, e é instrutivo "desembrulhá-las". São ambas mulheres, e o aspecto notável de *O Mágico de Oz* é a ausência de um herói masculino — porque, apesar de toda a inteligência, o coração e a coragem, é impossível ver o Espantalho, o Homem de Lata e o Leão Covarde como clássicos galãs hollywoodianos. O centro de poder do filme é um triângulo em cujos ângulos estão Dorothy, Glinda e a Bruxa. O quarto ponto, no qual, durante quase todo o filme, se espera que esteja o Mágico, resulta uma ilusão. O poder dos homens é ilusório, sugere o filme. O poder das mulheres é real.

Das duas bruxas, a boa e a má, será que existe alguém que escolheria passar cinco minutos com Glinda? A atriz que faz seu papel, Billie Burke, ex-mulher de Flo Ziegfeld, parece tão frouxa quanto seu papel (ela tendia a reagir a críticas com o lábio tremendo e um grito apertado de "Ah, vocês estão me esnobando!"). Ao contrário, A Bruxa Má do Oeste de Margaret Hamilton toma conta do filme desde o primeiro esgar de sua cara verde. Claro que Glinda é "boa" e a Bruxa Má é "má", mas Glinda é uma chatice, enquanto a Bruxa Má é magra e má. Compare as roupas delas: babados cor-de-rosa *versus* preto esbelto. *Não dá para competir.* Considere as atitudes delas com suas companheiras: Glinda sorri feito boba quando chamada de bonita e denigre todas as suas irmãs não bonitas; enquanto a Bruxa Má tem um ataque de raiva por causa da morte da irmã, demonstrando, pode-se dizer, um recomendável senso de solidariedade. Podemos chiar para ela, e ela pode nos aterrorizar quando crianças, mas pelo menos não nos deixa envergonhados como Glinda. Verdade que Glinda exsuda uma espécie de gasta segurança maternal, enquanto a Bruxa do Oeste parece, nessa cena pelo menos, curiosamente frágil e impotente, obrigada a formular ameaças que soam vazias — *Eu espero. Mas você trate de ficar longe das minhas vistas* —, porém, assim como o feminismo procurou reabilitar velhas palavras pejorativas como "megera", "coroa", "bruxa", também a Bruxa Má do Oeste pode ser considerada a mais positiva das duas imagens de poderosa feminilidade aí em oferta.

Glinda e Bruxa entram em choque com mais ferocidade por causa dos sapatinhos de rubi, que Glinda transfere por mágica dos pés da falecida Bruxa do Leste para os pés de Dorothy e que a Bruxa Má do Oeste parece incapaz de remover. Mas as instruções de Glinda para Dorothy são estranhamente enigmáticas, até contraditórias. Ela diz para Dorothy: 1) "A magia deles deve ser muito poderosa, senão ela não ia querer tanto esses sapatos"; e depois: 2) "Não tire nem por um momento esses sapatinhos dos pés, senão vai ficar à mercê da Bruxa Má do Oeste". A primeira frase indica que Glinda não tem certeza sobre a natureza das capacidades dos sapatinhos de rubi, enquanto a segunda sugere que ela sabe tudo sobre poderes protetores. E nenhuma das duas frases dá indício do futuro papel dos sapatinhos em ajudar Dorothy a voltar para Kansas. Parece provável que essas confusões sejam seqüelas do prolongado e muito conflituado processo de escritura do roteiro, durante o qual a função dos sapatinhos foi objeto de consideráveis desentendimentos. Mas pode-se ver a evasividade de Glinda também como prova de que uma fada ou bruxa boa, quando se põe a ser protetora, nunca lhe revela tudo. Glinda não é diferente de sua própria descrição do Mágico de Oz: *Ah, ele é muito bom, mas muito misterioso.*

Apenas siga a Estrada de Tijolos Amarelos, diz Glinda e borbulha para as montanhas azuis ao longe, e Dorothy, de formação geométrica — quem não a teria depois de uma infância passada entre triângulos, círculos e quadrados? —, começa a sua jornada no ponto exato onde a estrada espirala para fora. E à medida que ela e os Munchkins repetem as instruções de Glinda em tons ao mesmo tempo roucamente agudos e guturalmente baixos, alguma coisa começa a acontecer com os pés de Dorothy. Seu movimento adquire uma síncopa que em estágios lindamente lentos vai ficando mais notável. No momento em que o grupo começa o que será a canção-tema do filme — "You're off to see the wizard" [Você está a caminho de ver o mágico] — vemos, inteiramente desenvolvido, o esperto pulinho arrastado que será o leitmotiv de toda a jornada:

You're off to see the Wizard
(pu-pulinho)
the wonderful wizzardavoz
(pu-pulinho)

Assim, pu-pulando, Dorothy Gale, já Heroína Nacional da Terra dos Munchkins, já (conforme os Munchkins lhe garantiram) parte da História, uma menina destinada a ser um *Busto no Panteão da Fama*, vai andando pela estrada do destino, em direção, como é dever dos americanos, ao oeste.

As anedotas por trás das câmeras sobre a produção do filme podem ser ao mesmo tempo deliciosas e decepcionantes. Por um lado, pode-se ter um inegável prazer de Caça a Trivialidades: você sabia que Buddy Ebsen, depois patriarca dos Beverly Hillbillies, era o Espantalho original, depois trocou de papel com Ray Bolger, que não queria fazer o Homem de Lata? E que Ebsen teve de deixar o filme quando seu figurino de "lata" provocou-lhe envenenamento por alumínio? E você sabia que Margaret Hamilton queimou seriamente a mão durante a filmagem da cena em que a Bruxa escreve RENDA-SE DOROTHY com fumaça no céu acima da Cidade de Esmeralda e que sua dublê Betty Dunko ficou ainda mais queimada durante a refilmagem da cena? Você sabia que Jack Haley (o terceiro e último a ser escolhido para o Homem de Lata) não podia se sentar com o figurino e só podia descansar encostado a uma "prancha reclinada" especialmente projetada para ele? E que os três principais papéis masculinos não podiam comer no refeitório da MGM porque a maquiagem que usavam era considerada muito nojenta? E que Margaret Hamilton recebeu uma tenda rústica em vez de um camarim adequado, como se fosse realmente uma bruxa? E que Totó era uma fêmea e que seu nome era Terry? Acima de tudo, você sabia que o casacão usado por Frank Morgan, que fazia o papel de professor Marvel/ Mágico de Oz, foi comprado em um brechó e tinha o nome de L. Frank Baum costurado pelo lado de dentro? Acontece que o casaco foi realmente feito para o autor; assim, no filme, o Mágico está de fato usando as roupas de seu criador.

Muitas dessas histórias de bastidores nos mostram, tristemente, que um filme que deixou tantas platéias felizes não foi um filme feliz de se fazer. É decerto mentira que Haley, Bolger e Lahr eram grosseiros com Judy Garland, como alguém já disse, mas Margaret Hamilton se sentia efetivamente excluída pelos rapazes. Ela ficava solitária no set, seus dias de estúdio quase não coincidiam com os do único ator que ela realmente conhecia, Frank Morgan, e ela não podia nem fazer um xixi sem ajuda. Na verdade, praticamente ninguém — com toda a certeza não Lahr, Haley e Bolger em sua elaborada maquiagem, que eles detestavam colocar todos os dias — parece ter se divertido fazendo um dos filmes mais divertidos da história do cinema. Isso é uma coisa que na verdade não desejamos saber; e, no entanto, somos tão fatalmente levados a fazer o que pode destruir nossas ilusões que também queremos saber, queremos, queremos.

Quando mergulhei nos segredos dos problemas de bebida do Mágico de Oz e descobri que Morgan era apenas a terceira opção para o papel, depois de W. C. Fields e Ed Wynn, ao me perguntar que desdenhosa loucura Fields poderia ter trazido ao papel, e como seria se sua opositora feminina, a Bruxa, fosse desempenhada pela primeira opção, Gale Sondergaard, não só uma grande beldade, mas também mais uma Gale ao lado de Dorothy e do tornado, me vi observando uma velha foto colorida do Espantalho, do Homem de Lata e de Dorothy posando em um cenário de floresta, cercados de folhas de outono; e me dei conta de que estava vendo não as estrelas, não, mas seus dublês, seus *standins*. Era uma foto nada especial de estúdio, mas me deixou sem fôlego; porque ela também era, ao mesmo tempo, hipnotizante e triste. Parecia uma metáfora perfeita da duplicidade de minhas próprias reações.

Lá estão eles, os gafanhotos de Nathanael West, os imitadores supremos. A sombra de Garland, Bobbie Koshay, com as mãos atrás das costas e um laço branco no cabelo, fazendo o seu valente "melhor sorrir", mas sabendo que é uma falsificação, sim; não há sapatinhos de rubi em seus pés. O falso Espantalho também parece soturno, mesmo tendo conseguido escapar da completa maquiagem de saco de estopa que era o destino diário de Bolger. Se não fosse pelo feixe de palha saindo de sua manga direita, daria para pensar que era algum tipo de vagabundo. Entre eles, em traje metálico completo, está o eco mais magro do Homem de Lata, parecendo miserável. Dublês conhecem seu destino: eles sabem que nós não queremos admitir sua existência. Mesmo quando a razão nos diz que nesta ou naquela tomada difícil — quando a Bruxa voa ou o Leão Covarde mergulha em uma janela de vidro — não estamos vendo as estrelas, mesmo assim uma parte de nós que suspendeu a desconfiança insiste em ver as estrelas, e não seus dublês. Dessa forma, os dublês passam a ser invisíveis mesmo quando estão plenamente visíveis. Eles permanecem por trás da câmera mesmo quando estão na tela.

Essa não é a única razão para a curiosa fascinação da foto dos *stand-ins*. Ela é tão assombrosa porque, no caso de um filme querido, *nós todos somos dublês das estrelas*. A imaginação nos coloca na pele do Leão, calça sapatinhos cintilantes em nossos pés, nos lança às gargalhadas pelo ar em cima de uma vassoura. Olhar essa fotografia é olhar num espelho. Nela vemos a nós mesmos. O mundo de *O Mágico de Oz* nos possuiu. Nós nos tornamos dublês.

Um par de sapatinhos de rubi, encontrado em uma lata de lixo no porão da MGM, foi vendido em um leilão em maio de 1970 pela incrível quantia de 15 mil dólares. O comprador permaneceu anônimo. Quem desejava tão profundamente possuir, talvez até mesmo calçar, os sapatos mágicos de Dorothy? Teria sido, caro leitor, você? Ou terei sido eu?

No mesmo leilão, o segundo preço mais alto foi pago pelo figurino do Leão Covarde (2400 dólares). O dobro do terceiro preço mais alto, 1200 dólares, pela capa de chuva de Clark Gable. Os altos preços conseguidos pelas lembranças de *O Mágico de Oz* atestam o poder do filme sobre seus admiradores — o nosso desejo, quase literal, de nos vestirmos com suas roupas. (Incidentalmente, descobriu-se que os sapatinhos de 15 mil dólares eram grandes demais para os pés de Judy Garland. O mais provável é que tenham sido feitos para sua dublê, Bobbie Koshay, que calçava sapatos dois números maior. Não é mesmo adequado que os sapatos feitos para uma dublê tenham passado a pertencer a outro tipo de substituto, o fã do filme?)

Se nos pedirem para escolher uma imagem definidora de *O Mágico de Oz*, desconfio que a maioria de nós escolheria o Espantalho, o Homem de Lata, o Leão Covarde de Dorothy pupulando pela Estrada de Tijolos Amarelos (na verdade, o pulinho fica mais pronunciado durante a jornada, transformando-se em um exagerado sa-salto). Que estranho que a passagem mais famosa desse filme tão fílmico, cheio de magia técnica e efeitos, seja justamente a menos cinematográfica, a parte mais "palco"! Ou talvez não seja tão estranho, se considerarmos que esse é primordialmente um trecho de comédia surrealista e que as palhaçadas igualmente inspiradas dos Irmãos Marx são filmadas não menos teatralmente. A desordem da palhaçada tornava inútil qualquer técnica de câmera que não a mais simples.

"Onde está o vaudevile?" Em algum ponto a caminho do Mágico, ao que parece. O Espantalho e o Homem de Lata são ambos produtos do teatro burlesco, especializado em exageros pantomímicos de voz e movimento, tombos de bunda (o Espantalho caindo de sua estaca), inclinações improváveis, que desafiam o centro de gravidade (o Homem de Lata durante sua dancinha) e, é claro, as respostas malcriadas da cena de conversa atravessada:

HOMEM DE LATA, *imobilizado de ferrugem*: (grasna)
DOROTHY: Ele disse "*oil can*"!*
ESPANTALHO: Pode o quê?

No ápice de toda essa palhaçada encontra-se aquela obraprima cômica, o Leão Covarde de Bert Lahr, todo vogais prolongadas (*Put'em uuuuuup* [Levaaaaaante]), rimas ridículas (*rhinoceros/imposserous* [rinoceronte/impossibilificonte]), bravatas transparentes e terror operístico, agitador de cauda, borbulhante. Os três, Espantalho, Homem de Lata e Leão, são, na expressão de Eliot, homens ocos. O Espantalho tem efetivamente uma "cabeça cheia de palha, ai, ai"; mas o Homem de Lata não é menos vazio — ele chega a bater no peito para provar que suas vísceras estão ausentes, porque o "ferreiro", seu sombrio construtor, es-

---

* Literalmente "lata de óleo", mas a pronúncia quase soa como "*I can*" [eu posso]. (N. T.)

queceu-se de fornecer-lhe um coração. Ao Leão falta aquela mais leonina das qualidades e ele lamenta:

> *O que faz tão quente o Hotentote,*
> *o que põe o macaco de abricote,*
> *o que eles têm que eu não comporte?*
> *Coragem!*

Talvez por eles serem vazios é que nossa imaginação consiga ocupá-los com tanta facilidade. Isso quer dizer que é o anti-heroísmo deles, sua aparente falta de grandes qualidades, que os faz do nosso tamanho, ou até menores, de forma que podemos estar entre eles como iguais, como Dorothy entre os Munchkins. Gradualmente, porém, descobrimos que, ao lado do "homem correto", Dorothy (que desempenha, nesta parte do filme, o papel do Irmão Marx sem graça, aquele que sabe cantar, fazer ar de gostosão e pouco mais), encarna uma das "mensagens" do filme — que nós já possuímos aquilo que procuramos mais fervorosamente. O Espantalho aparece sempre com idéias brilhantes, que ele formula com desculpas autodepreciativas. O Homem de Lata é capaz de chorar de tristeza muito antes de o Mágico lhe dar um coração. E, ao ser capturada pela Bruxa, Dorothy faz brotar a coragem do Leão, por mais que ele implore a seus amigos que o convençam a não agir.

Para que essa mensagem tenha seu impacto total, porém, temos de aceitar que é inútil procurarmos soluções fora de nós mesmos. Temos de descobrir mais um homem oco: o próprio Mágico de Oz. Assim como o Ferreiro foi o construtor incompetente do Homem de Lata — assim como, nesse filme secular, o deus do Homem de Lata está morto —, deve também perecer a nossa fé no Mágico, para que possamos acreditar em nós mesmos. Temos de sobreviver ao Campo de Papoulas Mortal, ajudados por uma misteriosa nevasca (por que a neve neutraliza o veneno das papoulas?), e então chegar, acompanhados por coros celestiais, aos portões da cidade.

Aqui o filme muda de convenção uma vez mais. Agora é sobre caipiras do interior chegando à metrópole, um dos temas clássicos do cinema americano, que ressoa em *Mr. Deeds vai à cidade* ou mesmo na chegada de Clark Kent de Smallville ao *Planeta Diário* em *Super-Homem*. Dorothy é uma matuta do campo, "Dorothy, pequena e meiga"; seus companheiros são bufões do mato. No entanto — e isso também é um tropo conhecido de Hollywood — são os forasteiros, os ratos do campo, que salvam o dia.

Nunca houve uma metrópole como a Cidade das Esmeraldas. Do lado de fora, ela parece uma Nova York de conto de fadas, uma touceira de torres verdes de arranha-céus. Dentro de seus muros está a própria essência da estranheza. É surpreendente que os cidadãos — muitos dos quais desempenhados por Frank Morgan, que acumula papéis que vão de porteiro, cocheiro da charrete puxada a cavalos e guarda do palácio até os de professor Marvel e Mágico — falem com sotaque inglês capaz de rivalizar com o imortal *cockney* de Dick Van Dyke em *Mary Poppins*. *Tyke yer anyplace in the city, we does* [A gente leva a senhora em qualquer lugar da cidade, leva, sim], diz o cocheiro, e acrescenta: *I'll tyke yer to a place where you can tidy up a bit, what?* [A gente leva a senhora num lugar pra se arrumar um pouquinho, que tal?]. Outros membros da cidadania estão vestidos como atendentes de Grande Hotel e freiras resplandecentes, e dizem, ou melhor, cantam, coisas como *Bom divertimento!* Dorothy se contamina depressa. No Lavar e Escovar, tributo ao gênio tecnológico urbano que não tem nenhuma das sombrias dúvidas de um *Tempos modernos* ou *Luzes da cidade*, nossa heroína chega a ficar um pouquinho inglesa também:

DOROTHY (*canta*): Dá até para tingir meus olhos para combinar com meu vestido?

ATENDENTES (*em uníssono*): A-hã!

DOROTHY: Que lugar mais divertido!

A maioria dos cidadãos é alegre e amiga, e os que parecem não ser — o porteiro, o guarda do palácio — são depressa conquistados. (Sob esse aspecto, uma vez mais, são cidadãos atípicos.) Nossos quatro amigos conseguem entrar no palácio do Mágico porque as lágrimas de frustração de Dorothy liberam um reservatório bastante alarmante de líquido no guarda, cujo rosto fica logo encharcado de lágrimas; e quando se assiste a essa catarata pensa-se na quantidade de vezes em que as pessoas choram nesse filme. Além de Dorothy e do guarda, há o Leão Covarde, que chora quando Dorothy lhe soca o nariz; o Homem de Lata, que quase enferruja de novo por chorar; e Dorothy novamente, capturada pela Bruxa. (Se a Bruxa estivesse presente em alguma dessas ocasiões e se molhasse, o filme teria uma duração muito menor.)

Então: palácio adentro vamos nós, por um corredor em arcos que parece uma versão alongada do logotipo dos Looney Tunes, e por fim nos confrontamos com o Mágico, cujas ilusões — cabeças gigantes, explosões de fogo — escondem, mas apenas por um momento, sua identificação essencial com Dorothy. Ele também é um imigrante em Oz; na verdade, como revelará depois, ele próprio é de Kansas. (No romance, ele é de Omaha.) Esses dois imigrantes, Dorothy e o Mágico, adotaram estratégias de sobrevivência opostas na terra nova e estranha. Dorothy foi decididamente polida, cuidadosa, cortês, "pequena e meiga", enquanto o Mágico foi fogo e fumaça, bravata e grandiloquência e batalhou seu caminho até o topo — flutuou até lá, por assim dizer, em uma corrente de seu próprio vento quente. Mas Dorothy descobre que meiguice não basta, e o Mágico — quando seu balão leva a melhor uma segunda vez — reconhece que o ar de que está repleto não é tudo o que poderia ser. É difícil para um migrante como eu não ver nesses destinos cambiantes uma parábola da condição do migrante.

A determinação do Mágico de não atender nenhum pedido até que os quatro amigos lhe tragam a vassoura da Bruxa precipita o penúltimo e menos instigante (embora mais cheio de ação e "excitação") movimento do filme, que é, nessa fase, simultaneamente um *buddy movie*, uma honesta trama de aventura, e, após a captura de Dorothy, uma história mais ou menos convencional de resgate de princesa. Depois do grande clímax dramático de confronto com o Mágico de Oz, o filme tem certa barriga e não chega a retomar corpo até a igualmente crítica luta final de confronto com a Bruxa Má do Oeste, que termina com ela derretendo e "decrescendo" para o nada. A relativa falta de graça dessa seqüência tem algo a ver com a incapacidade do roteiro de explorar os Macacos Alados, que permanecem uma nulidade o tempo todo, quando podiam ter sido usados (por exemplo) para nos mostrar como os Munchkins oprimidos seriam sob o poder da Bruxa do Leste, antes de sua liberação pela queda da casa de Dorothy.

(Detalhe interessante. Quando a Bruxa despacha os Macacos Alados para capturar Dorothy, ela diz uma frase que não faz nenhum sentido. Ao garantir ao Macaco-chefe que a presa não lhe dará nenhum trabalho, a Bruxa explica: *Mandei um insetinho na frente para tirar a luta deles.* Mas, quando se corta para a floresta, não há nenhuma referência a esse inseto. Ele simplesmente não está no filme. Mas estava. A frase de diálogo é resto de uma versão anterior do filme e refere-se a um fantasma de uma seqüência musical descartada que mencionei antes. O "insetinho" era uma canção inteira, que levou mais de um mês para ser filmada. É o "Jitter bug".)

Avanço rápido. A Bruxa foi embora. O Mágico foi desmascarado e, no momento seguinte, foi bem-sucedido em um gesto de magia verdadeira, dando aos companheiros de Dorothy os dons que eles acreditavam não possuir até aquele instante. O Mágico se vai também, sem Dorothy, os planos deles estragados por (quem mais?) Totó. E lá está Glinda dizendo a Dorothy que ela tem de aprender sozinha o significado dos sapatinhos de rubi...

GLINDA: O que você aprendeu?

DOROTHY: Se eu algum dia procurar o que deseja o meu coração, não vou procurar além do meu quintal. E se não estiver lá, foi porque, para começar, nunca o perdi. Está certo?

GLINDA: É só isso. E agora esses sapatinhos mágicos vão levar você para casa em dois segundos. Feche os olhos [...] bata os calcanhares três vezes [...] e pense consigo mesma [...] não há lugar como [...]

Parado aí. Parado *aí*.

Como é que pode, no fecho desse filme radical e conscientizador, que nos ensina da forma menos didática possível a construir com aquilo que temos, a fazer o máximo de nós mesmos, recebermos essa pequena homilia conservadora? Será que temos de acreditar que Dorothy não aprendeu nada em sua jornada além de que não precisava fazer a jornada? Temos de acreditar que ela agora aceita as limitações de sua vida doméstica e concorda que as coisas que não possui não são uma perda para ela? "*Isso está certo?*" Bem, me desculpe, Glinda, mas não está, não.

De volta para casa em preto-e-branco, com a tia Em e o tio Henry e os rudes mecânicos em torno de sua cama, Dorothy começa sua segunda revolta, lutando não apenas contra a paternalizadora incredulidade de sua própria gente, mas também contra os autores do roteiro e o moralismo sentimental de todo o sistema de estúdio de Hollywood. *Não foi um sonho, foi um lugar,* ela protesta, é de dar pena. *Um lugar real, vivo, de verdade! Ninguém acredita em mim?*

Muita, muita gente acredita nela. Os leitores de Frank Baum acreditam nela, e o interesse deles por Oz levou-o a escrever mais treze livros sobre Oz, inegavelmente de qualidade declinante; a série teve continuidade, ainda mais debilitada, por intermédio de outras mãos depois da morte dele. Dorothy ignorou as "lições" do sapatinho de rubi, voltou a Oz, apesar dos esforços do pessoal de Kansas, inclusive tia Em e tio Henry, de fazer uma lavagem cerebral de seus sonhos (veja a aterrorizante seqüência da terapia eletroconvulsiva no filme de Disney *De volta a Oz*); e, no sexto livro da série, levou tia Em e tio Henry com ela e todos se estabeleceram em Oz, onde Dorothy se tornou uma princesa.

Então Oz, afinal, *tornou-se* o lar; o mundo imaginário tornou-se o mundo real, como acontece com todos nós, porque a verdade é que uma vez que deixamos os lugares de nossa infância e começamos a construir nossa própria vida, armados apenas com o que temos e somos, compreendemos que o verdadeiro segredo dos sapatinhos de rubi não é que "não existe lugar como o lar", mas sim que não existe mais nenhum outro lugar *que seja* o lar; exceto, claro, o lar que construímos, ou os lares que são construídos para nós, em Oz, que é qualquer lugar e todos os lugares, exceto aquele onde começamos.

No lugar onde comecei, afinal, assisti ao filme do ponto de vista da criança — do ponto de vista de Dorothy. Experimentei, com ela, a frustração de ser dispensada por tio Henry e tia Em, ocupados com as contas dos adultos. Como todos os adultos, eles não podiam atentar para o que era realmente importante para Dorothy: especificamente, a ameaça a Totó. Eu fugi com Dorothy e voltei correndo. Mesmo o choque de descobrir que o Mágico era uma farsa foi um choque que senti como criança, um choque da fé infantil nos adultos. Talvez tenha sentido também algo mais profundo, algo que não conseguia articular; talvez alguma semiformada suspeita sobre os adultos que estava sendo confirmada.

Agora, ao assistir ao filme de novo, me transformei em um adulto falível. Agora sou um membro da tribo de pais imperfeitos, que não conseguem escutar a voz de seus filhos. Eu, que não tenho mais pai, me tornei um pai em seu lugar, e agora é meu destino ser incapaz de satisfazer os anseios de uma criança. Esta é a última e mais terrível lição do filme: a de que existe um rito de passagem final e inesperado. No fim, deixando de ser crianças, nos tornamos mágicos sem magia, conjuradores desmascarados, contando apenas com nossa simples humanidade para nos levar adiante.

Agora, somos farsas.

Abril de 1992

Angela Carter

Na última vez em que visitei Angela Carter, poucas semanas antes de sua morte, ela insistiu em se aprontar para o chá, embora estivesse sofrendo dores consideráveis. Sentou-se, de olhos brilhantes, ereta, a cabeça inclinada como a de um papagaio, os lábios satiricamente apertados e partiu para a séria atividade da hora do chá — fornecer e receber as últimas sujeiras —, cortante, boca suja, apaixonada. Era assim que ela era: provocantemente desbocada — uma vez, quando terminei um relacionamento que ela não aprovava, telefonou-me para dizer: "*Bom*. Agora você vai poder me visitar *muito* mais" — e ao mesmo tempo cortês a ponto de enfrentar um sofrimento mortal para ser gentil em um formal chá da tarde.

A morte deixava Angela genuinamente furiosa, mas tinha um consolo. Ela havia feito um "imenso" seguro de vida pouco antes de o câncer se manifestar. A perspectiva de a seguradora ser obrigada, depois de receber tão poucos pagamentos, a entregar uma fortuna aos "seus meninos" (o marido, Mark, e o filho, Alexander) a divertia muito e inspirou uma maligna ária de comédia negra diante da qual era impossível não rir.

Ela planejou cuidadosamente seu funeral. As instruções para mim eram ler o poema de Marvell "Uma gota de orvalho". Isso foi uma surpresa. A Angela que eu conhecia havia sido sempre a mulher mais escatologicamente anti-religiosa, alegremente sem Deus; no entanto, queria a meditação de Marvell sobre a alma imortal — "*aquela gota, aquele raio/ da clara Fonte do Eterno Dia*" — pronunciada diante de seu corpo morto. Seria uma última piada surrealista, do tipo "graças a Deus morri ateu", ou uma reverência à alta linguagem simbólica do metafísico Marvell, da parte de uma escritora cuja linguagem era também de alto tom e repleta de símbolos? Note-se que no poema de Marvell não aparece nenhuma divindade, a não ser "o Todo-Poderoso Sol". Talvez Angela, sempre uma doadora de luz, estivesse nos pedindo, no final, para imaginá-la se dissolvendo nas "glórias" daquela luz maior: o artista simplesmente se tornando parte da arte.

Ela era uma escritora individual demais, feroz demais, para se dissolver assim tão fácil: alternadamente formal e insolente, exótica e vulgar, refinada e grossa, preciosa e vagabunda, fabulista e socialista, púrpura e preta. Seus romances não são iguais aos de ninguém, desde a coloratura transexual de *The passion of New Eve* [A paixão de Nova Eva] à fila de coristas de music-hall de *Wise children* [Crianças espertas]; mas o melhor dela, em minha opinião, são os contos. Às vezes, na dimensão do romance, a voz característica de Carter, aquelas enfumaçadas cadências de comedora de ópio interrompidas por dissonâncias ásperas ou cômicas, aquela mistura da opulência de opala-e-seixo-do-Reno com disparates, pode ser cansativa. Nos contos, ela é capaz de deslumbrar e arrebatar, e terminar enquanto está ganhando.

Carter chegou quase inteiramente formada; um de seus primeiros contos, "A very, very great lady and her son at home" [Uma grande, grande dama e seu filho em casa], já está repleto de temas carterianos. Ali estão seu amor pelo gótico, a linguagem opulenta e a alta cultura; mas também pelos fedores baixos — pétalas de rosa caindo que soam como peidos de pombos, e um pai que tem cheiro de esterco de cavalo, e intestinos que são "grandes niveladores". Aí está o eu enquanto performance: perfumado, decadente, langoroso, erótico, perverso; muito parecido com a mulher alada, Fevvers, heroína de seu penúltimo romance, *Nights at the circus* [Noites no circo].

Outro conto do início, "A victorian fable" [Uma fábula vitoriana], anuncia seu vício por todos os arcanos da linguagem. Esse texto extraordinário, parte "Jabberwocky", parte *Pale fire* [Fogo pálido], exuma o passado como nunca antes, ao exumar palavras mortas: "*In every snickert and ginnel, bone-grubbers, rufflers, shivering-jemmies, anglers, clapperdogeons, peterers, sneeze-lurkers and Whip Jack with their morts, out of the picaroon, fox and flimp and ogle*" [Em todo beco e viela, falsos mendigos, desordeiros, arrombadores, assaltantes, mendigos natos, pescadores, vagabundos, falsos marinheiros com suas mulheres, vindos da pirataria, espreitam, batem carteiras, namoram].

Saibam do seguinte, dizem essas primeiras histórias: esta escritora não é arroz com feijão; ela é um foguete, uma roda de fogos de artifício. Sua primeira coletânea intitula-se *Fireworks* [Fogos de artifício].

Muitos contos de *Fireworks* são a respeito do Japão, país cujo formalismo da cerimônia do chá e erotismo sombrio afetaram e desafiaram a imaginação de Carter. Em "A souvenir of Japan" [Uma lembrança do Japão] ela apresenta imagens polidas daquele país. "The story of Momotaro, who was born from a peach" [A história de Momotaro, que nasceu de um pêssego]. "Mirrors make a room uncosy" [Espelhos tiram o aconchego de um quarto]. A narradora nos apresenta seu amante japonês como um objeto sexual, completo, até com lábios carnudos. "Gostaria de mandar embalsamá-lo [...] para poder olhar sempre para ele e ele não poder afastar-se de mim." O amante é, no mínimo, bonito; a visão da pessoa de ossos grandes da narradora, refletida num espelho, é nitidamente não aconchegante. "Na loja de departamentos, há uma arara identificada assim: 'Apenas para jovens e bonitas'. Quando olhei aquilo, me senti mais gorda que Glumdalclitch."

Em "Flesh and the mirror" [A carne e o espelho], é densa a atmosfera requintada, erótica, que se aproxima do pastiche — pois a literatura japonesa praticamente se especializou nessas perversidades sexuais ardentes — a não ser quando recortada pela constante consciência que Carter tem de si mesma. ("Pois eu não havia viajado 8 mil milhas para encontrar um clima com angústia e histeria suficiente para me satisfazer?", pergunta sua narradora; assim como em "The smile of winter" [O sorriso do inverno] outra narradora sem nome nos adverte: "Não pense que não sei o que estou fazendo" e em seguida analisa sua história com uma perspicácia que resgata — traz à vida — o que poderia ser apenas uma peça estática de música climática. As duchas de água fria da inteligência de Carter muitas vezes a resgatam quando seus caprichos ficam excessivos.)

Nas histórias não japonesas, Carter penetra, pela primeira vez, no mundo fabuloso que tornará seu. Irmão e irmã se perdem em uma floresta sensual e malévola cujas árvores têm seios e mordem. Ali, as macieiras do conhecimento ensinam não o bem e o mal, mas a sexualidade incestuosa. Incesto — tema recorrente em Carter — aparece de novo em "The executioner's beautiful daughter" [A bela filha do carrasco], uma história situada em uma árida aldeia do norte, locação que é a quintessência de Carter, onde, como diz ela na história "The werewolf" [O lobisomem], do livro *The bloody chamber* [Câmara sangrenta] "o clima deles é frio, o coração deles é frio". Lobos uivam em torno dessas aldeias do país-Carter e ocorrem muitas metamorfoses.

Outro país de Carter é a feira de variedades, o mundo do artista sem valor, do hipnotizador, do mágico, do titeriteiro. "The loves of lady Purple" [Os amores de lady Purple] leva o seu fechado mundo do circo para outra aldeia montanhosa, centro-européia, onde suicidas são tratados como vampiros (guirlandas de alho, estacas no coração), enquanto bruxos de verdade "praticavam ritos de imemorial bestialidade nas florestas". Assim como em todas as histórias de feira de Carter, "o grotesco é a ordem do dia". Lady Purple, uma marionete dominadora, é um alerta moralista — ela começa como prostituta e transforma-se em marionete porque é "manipulada apenas pelas cordas da Luxúria". É uma releitura feminina, sexy e mortal de Pinóquio, e, ao lado da metafórica mulher-gato de "Master" [Senhor], uma das muitas damas morenas (e loiras) com "apetites insaciáveis" de que Angela Carter tanto gosta.

Em sua segunda coletânea, *The bloody chamber*, essas damas rebeldes herdam sua terra fictícia. *The bloody chamber* é a obra-prima de Carter: o livro em que seu modo altivo, arrebatado, casa perfeitamente com as necessidades da história. (Para conhecer o melhor da baixa Carter, vulgar, leia *Wise children* [Crianças sábias]; mas, apesar de toda a comédia do tipo minha-nossa!, tire-o-pó-de-seu-Shakespeare, *The bloody chamber* é, de suas obras, a que mais provavelmente sobreviverá.)

O conto-título, do tamanho de uma novela, começa como um clássico grand-guignol: uma noiva inocente, um marido milionário de muitos casamentos, um castelo solitário no morro, acima de uma praia escarpada, um quarto secreto contendo horrores. A garota desamparada e o homem assassino civilizado, decadente: primeira variação de Carter para o tema da Bela e da Fera. Há um viés feminino: em vez do pai fraco que, no conto, Bela concorda em salvar indo até a Fera, o que temos aqui é uma mãe indômita correndo em socorro da filha. A genialidade de Carter nessa coletânea é transformar a lenda da Bela e da Fera em uma metáfora para toda a miríade de anseios e perigos das relações sexuais. Ora é a Bela, ora a Fera é que é mais forte. Em "The courtship of mr. Lyon" [A corte do sr. Lyon], cabe à Bela salvar a vida da Fera; enquanto em "The tiger's eye" [O olho do tigre], a Bela será ela própria eroticamente transformada em um requintado animal: "cada lambida dele arrancava pele após pele, todas as peles de uma vida no mundo, e deixava para trás uma pátina nascente de pêlos. Meus brincos voltaram a se transformar em água [...] Espanei as gotas de meu belo pelame". Como se todo o seu corpo estivesse sendo deflorado e assim metamorfoseado em um novo instrumento de desejo, permitindo sua admissão a um mundo novo ("animal" no sentido de *espiritual* além de *tigresco*.) Em "The Erl-King" [O bicho-papão], porém, a Bela e a Fera não se juntam. Aí não há nem cura, nem submissão, mas vingança.

A coletânea se expande para absorver muitas outras lendas antigas e fabulosas; sangue e amor, sempre próximos, sublinham e unificam todas elas. Em "The lady of the house of love" [A dama da casa do amor], amor e sangue se unem na pessoa de um vampiro: a Bela tornada monstro, feral. Em "The snow child" [A filha da neve], estamos no território do conto de fadas, com neve branca, sangue vermelho, pássaro preto e uma garota, branca, vermelha e preta, nascida dos desejos de um conde; mas a imaginação moderna de Carter sabe que para cada conde existe uma condessa, que não vai tolerar sua rival fantasiosa. A guerra dos sexos é travada também entre mulheres.

A chegada da Chapeuzinho Vermelho completa a brilhante reinvenção de Carter das *kinder-und Hausmärchen*. Então nos é oferecida a sugestão chocante, radical de que a Vovó pode ser de fato o Lobo ("O lobisomem"); ou, igualmente chocante, a idéia de que a garota (Chapeuzinho Vermelho, Bela) pode facilmente ser tão amoralmente rebelde quanto o Lobo/Fera; que ela pode conquistar o Lobo com o poder de sua sexualidade predatória, sua erótica licantropia. Esse é o tema de "The company of wolves" [A companhia dos lobos]; e assistir *Na companhia dos lobos*, filme que Carter fez com Neil Jordan, costurando diversas de suas narrativas de lobos, é passar a desejar o romance lupino completo que ela nunca escreveu.

"Wolf-Alice" [Alice-lobo] apresenta metamorfoses finais. Agora não há Bela, apenas duas Feras: um duque canibal e uma garota criada por lobos, que se considera um lobo e que, ao chegar à idade adulta, é levada ao autoconhecimento pelo mistério de sua própria câmara sangrenta, isto é, seu fluxo menstrual. Através do sangue, e através do que vê em espelhos, que tornam uma casa pouco acolhedora.

No fim, a grandeza das montanhas se torna monótona [...] Ele se virou e olhou a montanha um longo tempo. Vivera nela durante catorze anos, mas nunca a vira antes como podia ser vista por alguém que não a conhecesse quase como uma parte da própria vida [...] Ao se despedir dela, viu-a transformar-se em cenário, em lindo pano de fundo para uma velha lenda campestre, a lenda de uma criança criada por lobos, talvez, ou de lobos cuidados por uma mulher.

A despedida de Carter à sua terra das montanhas, ao final da última história de lobos, "Peter and the wolf" [Pedro e o lobo], em *Black Venus* [Vênus negra], mostra que, assim como seu herói, ela "seguiu em frente, para outra história".

Há uma outra fantasia absoluta nessa terceira coletânea, uma meditação sobre *Sonho de uma noite de verão*, que prefigura (e é melhor que) uma passagem de *Wise children*. Nessa história, o exotismo lingüístico de Carter está em pleno vôo — aí há "brisas, suculentas como mangas, que mitopoiesicamente acariciam a costa de Coromandel no remoto litoral indiano de pórfiro e lápis-lazúli". Mas, como sempre, seu sarcástico senso comum joga a história de volta ao chão antes que possa desaparecer em uma bela espiral de fumaça. Essa floresta de sonho — "nada perto de Atenas [...] localizada em algum lugar das Midlands inglesas, possivelmente perto de Bletchley" — é úmida e inundada, e as fadas todas têm resfriados. Além disso, desde a data da história, foi cortada para abrir espaço para uma rodovia. A elegante fuga de Carter sobre temas shakespearianos ganha brilho devido a sua exposição da diferença entre a floresta de *Sonho* e a "escura floresta necromântica" dos Grimm. A floresta, ela nos relembra, com finura, é um lugar aterrorizador; estar perdido nela é cair presa de monstros e bruxas. Mas em uma floresta "você perde o rumo de propósito"; não existem lobos e ela é "gentil para os amantes". Aí está a diferença entre o conto de fadas inglês e o do restante da Europa, numa definição precisa e inesquecível.

No geral, porém, *Black Venus* e seu sucessor, *American ghosts and old world wonders* [Fantasmas americanos e portentos do Velho Mundo], evitam mundos fantasiosos; o revisionismo da imaginação de Carter volta-se para o real, seu interesse se dirige mais para os retratos que para a narrativa. As melhores peças desses últimos livros são retratos — da amante negra de Baudelaire, Jeanne Duval, de Edgar Allan Poe e, em duas histórias, de Lizzie Borden, muito antes de ela "pegar um machado" e da mesma Liza no dia de seus crimes, um dia descrito com langorosa precisão e atenção aos detalhes: as conseqüências de usar roupa demais em uma onda de calor e de comer peixe duplamente cozido, ambas as coisas desempenham seus papéis. Por baixo do hiper-realismo, porém, há ressonâncias de *The bloody chamber*; o ato de Lizzie é sangrento e, além disso, ela está menstruada. Seu próprio sangue vital corre enquanto o anjo da morte espera em uma árvore próxima. (Mais uma vez, assim como nas histórias de lobos, fica-se querendo mais; pois não poderemos ter o romance sobre Lizzie Borden.)

Baudelaire, Poe, Shakespeare do *Sonho*, Hollywood, pantomima, conto de fadas: Carter revela abertamente suas influências, pois ela é a sua desconstrutora, sua sabotadora. Ela pega o que sabemos e, depois de quebrar isso, remonta à sua própria maneira, cortês, agressiva. Seus mundos são novos e não novos, como os nossos. Em suas mãos, Cinderela ganha de volta seu nome original, Ashputtle, depósito de cinzas, e é uma heroína com cicatrizes de fogo em uma história de horrendas mutilações operadas pelo amor materno; *Pena que ela seja uma puta*, de John Ford, transforma-se em um filme dirigido por um Ford muito diferente; e a natureza oculta dos personagens de pantomima é revelada.

Ela abre para nós uma história antiga, como se fosse um ovo, e encontra lá dentro uma história nova, a história de agora que queremos ouvir.

O escritor perfeito não existe. O número do arame de Carter acontece acima de um pântano de preciosismo, sobre as areias movediças da elegância e do pedantismo; e não há como negar que ela às vezes cai, não há como escapar dos estranhos ataques de trivialidade, e alguns de seus pratos, mesmo seus admiradores mais ardentes hão de concordar, são excessivamente temperados. Uso excessivo de palavras como *"eldritch"* [horripilante], um excesso de homens ricos "como Cresus", pórfiro e lápis-lazúli demais para agradar certo tipo de purista. Mas o milagre é a quantidade de vezes em que ela se dá bem; quantas piruetas dá sem cair, ou quantos malabarismos faz sem derrubar uma bola.

Acusada de correção política por autores preguiçosos, ela foi a mais individual, independente e idiossincrática dos autores; descartada por muitos, ainda em vida, como figura marginal, da moda, uma flor de estufa exótica, tornou-se a escritora contemporânea mais estudada nas universidades britânicas — uma vitória contra a corrente, que ela teria adorado.

Ela não se havia esgotado. Como Italo Calvino, como Bruce Chatwin, como Raymond Carver, morreu no ápice de sua capacidade. Para escritores, essa é a mais cruel das mortes: no meio da frase, por assim dizer. Os contos desse livro dão uma medida de nossa perda. Mas são também nosso tesouro, para saborear e preservar. Conta-se que, antes de morrer (também de câncer no pulmão), Raymond Carver disse a sua mulher: "Agora estamos lá. Estamos lá na Literatura". Carver era o mais modesto dos homens, mas essa é a observação de um homem que sabia e que havia ouvido muitas vezes o quanto era bom o seu trabalho. Em vida, Angela recebeu menos confirmações do valor de sua obra única; mas ela também está lá agora, lá na Literatura, um Raio na clara Fonte do Eterno Dia.

(Publicado originalmente como introdução para
The collected stories of Angela Carter
[Contos escolhidos de Angela Carter])

Abril de 1995

Beirut blues

A certo ponto de *Beirut blues*, o novo romance de Hanan al-Shaykh, a narradora, Asmahan, descobre que seu avô, um velho tarado que gosta de machucar os peitos das mulheres, está de caso com uma jovem Lolita. Vários membros da família suspeitam que a ninfeta, Juhayna, está de olho na herança deles, mas Asmahan se inclina por um julgamento mais generoso, mais estranho. "Ao escolher a ele, ela estava simplesmente escolhendo o passado de autenticidade comprovada em vez dos líderes barbudos, das vozes conflitantes, do choque de armas."

O passado é lamentado ao longo de todo *Beirut blues*, lamentado sem sentimentalismo. O passado é o lugar onde a avó de Asmahan teve de lutar pelo direito à alfabetização, mas é também a terra da cidade perdida, ocupada primeiro pelos palestinos, depois pelos matadores locais; é Beirute, essa cidade um dia bonita, brilhante, cosmopolita, transformada agora em uma barbaridade de ruínas nas quais se encarapitam atiradores mirando mulheres de vestidos azuis e outros guerreiros que têm medo do pio das corujas. A jovem Asmahan cresceu viciada na voz de Billie Holiday. Agora, ela escreve cartas para os amigos que foram embora, para sua terra perdida, para seu amante, para sua cidade, para a guerra em si, cartas com uma qualidade de música lenta, sensual. Agora o fruto estranho está pendente das árvores diante das janelas de Asmahan e ela se tornou a lady que canta os blues.

"No Líbano", disse Edward Said, "o romance existe em grande parte como uma forma de registrar sua própria impossibilidade, deixando na sombra a autobiografia ou irrompendo nela (como é notável na proliferação de mulheres libanesas que escrevem), na reportagem, no pastiche." Como recriar a literatura — como preservar suas fragilidades e também sua teimosa individualidade — no meio de uma explosão? Elias Khoury, em seu brilhante breve romance *Little mountain* [Pequena montanha] (1977), criou um amálgama de fábula, surrealismo, reportagem, baixa comédia e memórias que forneceu uma resposta a essa questão. Hanan al-Shaykh, talvez a mais refinada das mulheres escritoras a que Said se referiu — autora do aclamado *The story of Zahra* [A história de Zahra] e de *Women of sand and myrrh* [Mulheres de areia e mirra] —, oferece uma nova solução. O que unifica o mundo dilacerado de seu romance é a presença, em todos os pontos de sua prosa, da febre baixa, imbatível, do desejo humano. É o retrato melancólico, sedutor, da missivista Asmahan, uma verdadeira sensualista de Beirute, uma mulher dada a gastar longas tardes passando óleo nos cabelos, que age com uma liberdade sexual e escreve com uma explicitude de sentimento erótico e descrição que torna esse romance bastante ousado para os padrões atuais dominados pelo puritanismo e a censura da mesquita e das milícias.

Asmahan começa e termina sua narrativa epistolar com cartas para uma velha amiga, Hayat, que agora vive no estrangeiro; e a questão do exílio é um dos temas recorrentes do livro. (A literatura árabe moderna é cada vez mais uma literatura não apenas sobre o exílio, mas de exilados; os homens de violência e de Deus estão garantindo que assim seja.) Asmahan sente pena de sua velha amiga, que mora longe de casa e sente falta da comida libanesa; ela sente quase desprezo pelo escritor que volta, Jawad, com suas questões inteligentes, seus compromissos, sua chegada como um voyeur da realidade dela. "Então, um dia, ele abriu os olhos [...] os jornais não lhe davam mais material para suas piadas sarcásticas; parecia causar-lhe uma dor quase física ler sobre a falta de sentido do que estava acontecendo." Nesse momento, ele e Asmahan começam seu caso amoroso; e ela tem, assim, de escolher entre o amor novo e o velho lar, porque Jawad vai deixar Beirute. Ela também tem de considerar o exílio. Talvez, em nome do amor, ela deva se tornar igual a Hayat, sua amiga e alma-espelho, por quem sentiu tanta pena, até desdém.

Seria um erro revelar a decisão final de Asmahan, mas ela não é fácil de tomar. Sua ligação com Beirute é muito profunda, muito embora em uma carta a Jill Morrell ela se compare aos reféns.

Minha cabeça não é mais minha [...] Possuo meu corpo, mas não, nem temporariamente, o chão em que eu piso. O que significa ser seqüestrado? Estar separado à força de seu ambiente, família, amigos, lar, cama. Então de alguma forma estranha posso me convencer de que estou pior do que eles [...] Pois eu ainda estou em meu lugar, mas separada dele de uma forma dolorosa: esta é a minha cidade e não a reconheço.

Al-Shaykh traz a essa Beirute transformada uma paixão pela descrição. Aí há vacas que ficaram viciadas em *cannabis*, e letreiros iranianos na frente das lojas, e árvores de garrafas plásticas. Velhos nomes de lugares perderam o sentido e parecem ter brotado novos nomes. Há palestinos que falam uma linguagem beckettiana: "Vou ter de me matar. Não, tenho de continuar"; e há milícias e terroristas, e há a Guerra. "As pessoas têm uma necessidade desesperada de entrar em qualquer conflito que se tornou familiar [...] para poupar-se de continuar na procura e na investigação dos mistérios da vida e da morte", escreve Asmahan. "Você [a Guerra] lhes dá confiança e uma espécie de serenidade; as pessoas fazem essa preciosa descoberta e jogam o seu jogo."

O que fazer com essas idéias?, agoniza Asmahan, e talvez a melhor resposta esteja no conselho de sua indômita avó. "Lembre-se de quem somos. Garanta sempre que a despensa e a geladeira nunca estejam vazias." Nesse romance, o seu melhor, fluentemente traduzido para o inglês por Catherine Cobham, Hanan al-Shaykh realiza esse ato de lembrança, acrescentando a ele o retrato inesquecível de uma cidade destroçada. Deveria ser lido por todo mundo que se interessa pelas verdades que existem por trás dos clichês da Beirute dos canais de notícias; e por todo mundo que se interessa pela verdades mais duradouras e universais do coração.

Março de 1995

Arthur Miller aos oitenta anos

A vida de Arthur Miller não é apenas uma grande vida, é também um grande livro, *Timebends* [Dobras do tempo], uma autobiografia que se lê como um grande romance americano — como se o Augie March de Bellow tivesse crescido e se tornado um dramaturgo alto e judeu que, nas famosas palavras do próprio Bellow, "registrou as coisas de jeito próprio: o primeiro a bater, o primeiro a entrar; às vezes, uma batida inocente, às vezes não tão inocente".

Em uma era em que grande parte da literatura e parte ainda maior da crítica literária voltaram-se para dentro, perdendo-se num salão de espelhos, a dupla insistência de Arthur Miller na realidade do real e na função moral da escritura soa uma vez mais tão radical quanto na juventude dele. "O esforço de localizar na espécie humana uma força contrária à aleatoriedade da vitimização", qualifica ele, e acrescenta, "mas, como ensinou a história, essa força só pode ser moral. Infelizmente."

Quando um grande escritor atinge uma grande idade, sucumbe-se com facilidade à tentação de transformá-lo numa instituição, numa estátua de si mesmo. Mas ler Arthur Miller é descobrir, a cada página, a duradoura relevância de seu pensamento: "O mistério humano último", escreve ele, "pode não ser nada mais que aquilo que o clã e a raça reclamam em nós, que pode ainda mostrar-se capaz de matar o mundo, uma vez que desafia a mente racional". A agudeza dessas percepções fazem Miller muito nosso contemporâneo, um homem para este tempo, assim como para os seus outros todos. A fala de Willy Loman "Ainda me sinto meio transitório quanto a mim mesmo" é o modo como Arthur Miller diz ter se sentido sempre. "Esse desejo de seguir em frente, de metamorfosear — ou talvez o talento para ser contemporâneo —, me foi dado como condição inevitável de vida." Em Miller, o transitório e o contemporâneo estão unidos e revelam ser a mesma coisa.

O gênio de Miller sempre foi revelar o que as rubricas iniciais de *A morte de um caixeiro-viajante* chamam de "sonho que brota da realidade". Ao prestar atenção, ele descobre o miraculoso dentro do real. Sua vida é dedicada apaixonadamente à lembrança, a dar alento com sua arte ao que é pequeno e desconsiderado, como é também a articulação das grandes questões morais do tempo. Aqui, em sua autobiografia, encontra-se uma infindável seqüência de homens e mulheres captados em maravilhosos camafeus: o bisavô que era "uma orquestra de cheiros — cada gesto seu cheirava diferente"; e o rabino que roubou os diamantes do patriarca moribundo, que lhe deu uma surra para que ele devolvesse as pedras; e Mr. Dozick, o farmacêutico, que costurou a orelha do irmão de Miller na mesa da farmácia; e o valentão da escola polonesa que ensinou a Miller algumas primeiras lições de anti-semitismo; e Lucky Luciano em Palermo, com saudade da América e assustadoramente supergeneroso, de forma que Miller começou a temer estar perdido naquele bunyanesco "pântano de Algo em troca de Nada do qual não há volta".

A estatura moral é uma qualidade rara nestes tempos degradados. Poucos escritores a possuem. A de Miller parece inata, mas muito se expandiu porque ele foi capaz de aprender com os próprios erros. Assim como Günther Grass, que foi criado em uma família nazista e teve a perturbadora experiência, depois da guerra, de descobrir que tudo aquilo que acreditava verdadeiro era mentira. Arthur Miller — mais de uma vez — teve de se livrar de sua visão de mundo. Oriundo de uma família de homens voltados para o lucro, descobriu o marxismo aos dezesseis anos e aprendeu que "a verdadeira condição dos homens era o oposto completo do sistema competitivo que eu concluíra ser normal, com todos os ódios e conspirações mútuos. A vida podia ser um abraço camarada, as pessoas se ajudarem umas às outras em vez de procurar maneiras de passar a perna nos outros". Mais tarde, o marxismo veio a parecer menos idealista. "Lá no fundo do mundo camarada da promessa marxista está o parricídio", escreveu e, quando ele e Lillian Hellman se viram confrontados com o testemunho de um iugoslavo sobre os horrores da dominação soviética, disse, impiedoso: "Nós parecíamos os bobos da história".

Mas ele não se manteve o bobo da história. Em seu posicionamento contra o macarthismo, na presidência do PEN, na luta contra a censura e na defesa dos escritores perseguidos por todo o mundo, ele se transformou na figura gigantesca que estamos aqui reunidos para homenagear. Quando precisei de ajuda, tenho orgulho de dizer que a voz de Arthur Miller foi uma das primeiras e mais fortes a se levantar a meu favor, e é um privilégio poder falar aqui hoje e agradecer a ele.

Quando Arthur Miller diz: "Temos de reimaginar a liberdade a cada geração, principalmente porque certo número de pessoas sempre tem medo dela", suas palavras trazem com elas o peso da experiência vivida, de suas profundas reimaginações.

Acima de tudo, porém, trazem consigo o peso de seu gênio. Arthur, nós celebramos o gênio e o homem. Feliz aniversário.

(Palestra feita durante a comemoração do aniversário de Arthur Miller na Universidade de East Anglia)

Outubro de 1995

Em defesa do romance,
mais uma vez

Recentemente, na conferência do centenário da Associação dos Editores Britânicos, o professor George Steiner disse um bocado:

Estamos ficando muito cansados de nossos romances [...] Gêneros sobem, gêneros caem, o épico, o verso épico, a tragédia formal em versos. Grandes momentos, que depois se esvaziam. Romances continuarão sendo escritos durante um bom tempo, mas, cada vez mais, prossegue a busca por formas híbridas, o que chamaremos um tanto grosseiramente de fato/ficção [...] Qual romance pode hoje em dia competir realmente com o melhor da reportagem, com o melhor da narrativa imediata? [...]

Píndaro [foi] o primeiro homem a comprovadamente ter dito, *este poema será cantado quando a cidade que o encomendou tiver deixado de existir.* O imenso orgulho da literatura contra a morte. Dizer isso hoje, arrisco afirmar, deixaria até o maior poeta profundamente envergonhado [...] A grande vanglória clássica — mas que maravilhosa vanglória — da literatura. *"Eu sou mais forte que a morte. Posso falar sobre a morte na poesia, no teatro, no romance, porque a superei, porque sou mais ou menos permanente."* Isso não está mais ao alcance.

Cá estamos outra vez com esse tema, embrulhado na mais fina, mais brilhante retórica: estou falando, claro, de uma saborosa e velha história, a morte do Romance. À qual o professor Steiner acrescenta, por cautela, a morte (ou pelo menos a transformação radical) do Leitor, em alguma espécie de garoto prodígio do computador, algum tipo de supernerd; e a morte (ou pelo menos a radical transformação, na forma eletrônica) do Livro em si. Tendo sido a morte do Autor já declarada vários anos antes na França — e a morte da Tragédia anunciada pelo próprio professor Steiner em um obituário anterior —, isso deixa o palco mais juncado de cadáveres do que o final de *Hamlet*.

Ainda em pé no meio da carnificina, porém, está uma figura imponente, solitária, um verdadeiro Fortinbras, diante do qual nós todos, escritores de textos não autorais, leitores pós-literatura, a Casa de Usher que é a indústria editorial — a *Dinamarca*, com algo de podre nela, que é a indústria editorial — e certamente os livros em si, devemos curvar a cabeça: esse é, naturalmente, o Crítico.

Um escritor proeminente também anunciou há pouco tempo a morte da forma da qual foi um praticante tão celebrado. V. S. Naipaul não só deixou de escrever romances: a palavra "romance" em si, nos diz ele, agora o faz sentir-se mal. Assim como o professor Steiner, o autor de *Uma casa para o sr. Biswas* sente que o romance sobreviveu além de seu momento histórico, não desempenha mais nenhum papel útil e será substituído pela escritura factual. Mr. Naipaul, ninguém se surpreenderá ao sabê-lo, encontra-se atualmente na vanguarda da história, criando essa nova literatura pós-ficcional.*

Outro grande autor britânico tem a dizer o seguinte:

> Quase desnecessário observar que neste momento o prestígio do romance é extremamente baixo, tão baixo que as palavras "eu nunca leio romances", que cerca de doze anos atrás eram geralmente pronunciadas com um toque de pedido de desculpas, agora são *sempre* pronunciadas num tom de orgulho [...] se os melhores cérebros literários não forem induzidos a voltar para o romance, é provável que ele sobreviva em alguma forma superficial, desprezada e desesperançosamente degenerada, como lápides modernas ou como shows de pantomima tipo Punch e Judy.

Esse é George Orwell, escrevendo em 1936. Pareceria — com o que efetivamente concorda o professor Steiner — que a literatura nunca teve futuro. Até mesmo a *Ilíada* e a *Odisséia* receberam resenhas negativas na época. A boa escritura sempre foi atacada, especialmente por outros bons escritores. Mesmo um olhar superficial sobre a história da literatura revela que nenhuma obra-prima esteve a salvo de ataque na época de sua publicação, a reputação de nenhum autor ficou imune à crítica de seus contemporâneos: Aristófanes chamou Eurípides de "um antologista clichê [...] fazedor de manequins esfarrapados"; Samuel Pepys considerou *Sonho de uma noite de verão* "insípida e ridícula"; Charlotte Brontë descartou a obra de Jane Austen; Zola zombou de *Flores do mal*; Henry James refugou *Middlemarch, O morro dos ventos uivantes* e *Our mutual friend* [Nosso amigo comum]. Todo mundo torceu

---

* Mr. Naipaul — agora sir Vidia — publicou um novo romance, *Meia vida*, cinco anos depois de fazer essa declaração. Devemos agradecer a ele por ter trazido a forma morta de volta à vida.

71

o nariz para *Moby Dick*. Quando *Madame Bovary* foi publicado, *Le Figaro* anunciou que "M. Flaubert não é um escritor"; Virginia Woolf chamou *Ulisses* de "malcriado"; e sobre *Anna Kariênina* o *Odessa Courier* escreveu: "Refugo sentimental [...] Me mostre uma página que contenha uma idéia".

Então, quando os críticos alemães de hoje atacam Günther Grass, quando os *literati* italianos de hoje se "surpreendem", como nos conta o romancista e crítico Guy Scarpetta, ao saber da grande reputação internacional de Italo Calvino e Leonardo Scascia, quando os cânones da correção política norte-americana voltam-se contra Saul Bellow, quando Anthony Burgess diminui Graham Greene momentos depois da morte de Greene, e quando o professor Steiner, ambicioso como sempre, ataca não apenas alguns escritores individualmente, mas toda a produção literária da Europa do pós-guerra, eles podem estar todos sofrendo da culturalmente endêmica idade-do-ourismo: essa nostalgia recorrente, mal-humorada, de um passado literário que nunca, na época, pareceu muito melhor que o presente parece agora.

Diz o professor Steiner: "É quase axiomático que hoje os grandes romances vêm da margem distante, da Índia, do Caribe, da América Latina", e alguns acharão surpreendente que eu me ocupe dessa visão de um centro exaurido e uma periferia vital. Se o faço, é em parte porque se trata de um lamento tão eurocentrado. Só um intelectual da Europa Ocidental poderia compor um lamento por toda uma forma de arte com base no fato de as literaturas da Inglaterra, da França, da Alemanha, da Espanha e da Itália não mais serem as mais interessantes da Terra. (Não é claro se o professor Steiner considera os Estados Unidos próximos ou distantes do centro; a geografia dessa visão de terra plana em literatura é um pouco difícil de acompanhar. Do meu ponto de vista, a literatura norte-americana parece estar em boa forma.) O que importa de onde vêm os bons romances, contanto que continuem vindo? Que terra plana é essa em que vive esse professor, com os extenuados romanos no centro e os assustadoramente bem-dotados hotentotes e antropófagos espreitando as margens? O mapa na cabeça do professor Steiner é um mapa imperial, e os impérios da Europa há muito desapareceram. O meio século cuja produção literária, no entender de Steiner e Naipaul, comprova o declínio do romance é também o primeiro meio século do período pós-colonial. Pode ser apenas que um novo romance esteja emergindo, um romance pós-colonial, um romance descentralizado, transnacional, interlingual, multicultural; e que nessa nova ordem mundial, ou desordem, podemos encontrar uma explicação melhor para a saúde do romance contemporâneo do que a visão um tanto paternalistamente hegeliana do professor Steiner, na qual a razão da criatividade lá da "margem" é que essas são áreas "que estão em um estágio anterior da cultura burguesa, que estão em uma forma anterior, mais rústica, mais problemática".

Afinal de contas, foi o sucesso do regime de Franco em sufocar década após década de literatura espanhola que transferiu os refletores para os bons escritores que trabalham na América Latina. A chamada explosão latino-americana foi, adequadamente, resultado tanto da corrupção do Velho Mundo burguês como da criatividade supostamente primitiva do Novo Mundo. E é bem bizarro dizer que a antiga e sofisticada cultura da Índia existe em um estágio "anterior, mais rústico" que o do Ocidente. A Índia, com suas grandes classes mercantis, suas burocracias em expansão, sua economia em explosão, possui uma das maiores e mais dinâmicas burguesias do mundo e tem sido assim pelo menos há tanto tempo quanto a Europa. Grande literatura e uma classe de leitores letrados não são realidades novas na Índia. O que é novo é a emergência de uma geração de escritores indianos dotados *escrevendo em inglês*. O que é novo é que o "centro" dignou-se a notar a "margem", porque a "margem" começou a falar em sua miríade de versões de uma língua que o Ocidente consegue entender com mais facilidade.

Mesmo o retrato que o professor Steiner faz de uma Europa exaurida é, em minha opinião, simples e comprovadamente falso. Os últimos cinqüenta anos nos deram as obras, para nomear apenas alguns, de Albert Camus, Graham Greene, Doris Lessing, Samuel Beckett, Italo Calvino, Elsa Morante, Vladimir Nabokov, Günter Grass, Aleksandr Solzhenitsyn, Milan Kundera, Danilo Kis, Thomas Bernhard, Marguerite Yourcenar. Podemos todos fazer nossas próprias listas. Se incluirmos escritores de fora das fronteiras da Europa, fica claro que o mundo raramente viu uma safra tão rica de grandes romancistas vivendo e trabalhando ao mesmo tempo — que a posição tristonha e fácil de Steiner e Naipaul não é apenas deprimente, mas injustificada. Se V. S. Naipaul não quer mais, ou não consegue mais, escrever romances, a perda é nossa. Mas a arte do romance sem dúvida sobreviverá sem ele.

Em minha opinião, não existe nenhuma crise na arte do romance. O romance é precisamente aquela "forma híbrida" pela qual o professor Steiner anseia. Ele é parte investigação social, parte fantasia, parte confissão. Ele atravessa fronteiras de conhecimento, assim como limites topográficos. O professor tem razão, porém, em dizer que muitos bons escritores misturaram os limites entre fato e ficção. O magnífico livro de Ryszard Kapuscinski sobre Hailé Selassié, *O imperador*, é um exemplo dessa mistura criativa. O chamado Novo Jornalismo desenvolvido nos Estados Unidos por Tom Wolfe e outros foi uma tentativa honesta de roubar as roupas do romance, e no caso do *Radical chique* e *The right stuff* [A coisa certa], do próprio Wolfe, a tentativa foi convincentemente bem-sucedida. A categoria "escrita de viagem" expandiu-se para incluir obras de profunda meditação cultural: o *Danube* [Danúbio], de Claudio Magri, digamos, ou o *Black sea*

[Mar Negro], de Neal Ascherson. E diante de um brilhante *tour de force* não ficcional como *As núpcias de Cadmo e Harmonia*, de Roberto Calasso, no qual um reexame dos mitos gregos atinge toda a tensão e excitação intelectual da melhor ficção, só se pode aplaudir a chegada de um novo tipo de escritura de ensaios imaginativos — ou melhor, a volta da brincadeira enciclopédica de Diderot ou Montaigne. O romance pode dar as boas-vindas a esses desenvolvimentos sem se sentir ameaçado. Existe espaço para todos nós no mundo.

Poucos anos atrás, o romancista britânico Will Self publicou um conto engraçado chamado "The quantity theory of insanity" [Teoria quantitativa da insanidade], que sugeria que a soma total de sanidade mental existente na espécie humana seria fixa, seria uma constante; de forma que a tentativa de curar os loucos seria inútil, assim como, se um indivíduo reconquistasse sua sanidade mental, inevitavelmente outro indivíduo, em algum lugar, perderia a sua, como se nós estivéssemos dormindo em uma cama coberta por um cobertor — da sanidade — não grande o bastante para cobrir a todos. Um de nós puxa o cobertor; instantaneamente os pés de outro ficam descobertos. É uma rica idéia cômica e reaparece no argumento simplório do professor Steiner, que ele expõe com a cara perfeitamente séria — que, a qualquer momento dado, existe uma soma total de talento criativo e que, no presente, o encanto do cinema, da televisão e mesmo da publicidade, está puxando o cobertor da genialidade para longe do romance, que conseqüentemente está descoberto, tremendo em seu pijama nas profundezas de nosso inverno cultural.

O problema com essa teoria é que ela supõe que todo talento criativo é do mesmo tipo. Aplique essa noção ao atletismo e o absurdo fica logo aparente. O número de corredores de maratona não diminui pela popularidade dos *sprints*, as corridas de curta duração. A qualidade dos atletas de salto em altura não tem nenhuma relação com o número de grandes expoentes do salto com vara.

O mais provável é que o advento de novas formas de arte permita que novos grupos de pessoas entrem na arena criativa. Conheço pouquíssimos grandes cineastas que poderiam ter sido bons romancistas — Satyajit Ray, Ingmar Bergman, Woody Allen, Jean Renoir, e acho que só. Quantas páginas do texto mordaz de Quentin Tarantino, com os refrões de gângsteres sobre comer Big Macs em Paris, você conseguiria ler se não tivesse Samuel Jackson ou John Travolta a pronunciá-los para você? Os melhores autores de roteiros de cinema são os melhores justamente porque não pensam literariamente, mas imagisticamente.

Em resumo, estou muito menos preocupado que Steiner com a ameaça ao romance colocada por essas formas high-tech mais novas. É, talvez, a natureza de baixa tecnologia do ato de escrever que irá salvá-lo. Meios de expressão artística que exigem grandes quantidades de dinheiro e tecnologia sofisticada — filmes, peças de teatro, discos — se tornam, em virtude dessa dependência, fáceis de censurar e controlar. Mas o que um escritor pode fazer na solidão de um quarto é algo que nenhum poder consegue destruir com facilidade.

Concordo com a celebração da ciência moderna do professor Steiner — "hoje é aí que está a alegria, é aí que está a esperança, a energia, a formidável sensação de mundo após mundo se abrirem", mas essa explosão de criatividade científica é, ironicamente, a melhor resposta à sua "teoria quantitativa da criatividade". A idéia de que grandes romancistas possam ter sido perdidos para o estudo da física subatômica ou dos buracos negros é tão implausível quanto o oposto: que grandes escritores da História — Jane Austen, digamos, ou James Joyce — poderiam com facilidade, se tivessem tomado rumo diferente, ter se transformado em Newtons e Einsteins de sua época.

Ao questionar a qualidade da criatividade no romance moderno, o professor Steiner aponta na direção errada. Se existe uma crise na literatura atual, ela é de um tipo um tanto diferente.

O romancista Paul Auster me disse recentemente que todos os escritores americanos tinham de admitir que estavam envolvidos em uma atividade que era, nos Estados Unidos, não mais que um interesse minoritário, como, digamos, o futebol. Nessa observação ressoa a reclamação de Milan Kundera, em seu volume de ensaios *Testaments betrayed* [Testamentos traídos], sobre a "incapacidade da Europa de defender e explicar (explicar pacientemente para si mesma e para os outros) essa mais européia das artes, a arte do romance; em outras palavras, explicar e defender sua própria cultura. Os 'filhos do romance'", afirma Kundera, "abandonaram a arte que os moldou. A Europa, a sociedade do romance, abandonou seu próprio eu". Auster está falando da morte do interesse do leitor norte-americano nesse tipo de material de leitura; Kundera, sobre a morte do senso de ligação cultural com esse tipo de produto cultural no leitor europeu. Some-se a isso a criança iletrada, obcecada por computadores de Steiner e talvez estejamos falando de algo como a morte da própria leitura.

Ou talvez não. Porque a literatura, a boa literatura, sempre foi um interesse minoritário. Sua importância cultural provém não de seu sucesso em algum tipo de guerra de classificação, mas de seu sucesso em nos dizer coisas sobre nós mesmos que não ouvimos de nenhuma outra fonte. E essa minoria — a minoria que está preparada para ler e comprar bons livros — na verdade nunca foi tão numerosa quanto hoje. O problema é interessá-la. O que está acontecendo não é tanto a morte, como a perplexidade do leitor. Nos Estados Unidos, em 1999, foram publicados mais de 5 mil novos romances. Cinco mil! Seria um milagre se quinhentos romances publicáveis fossem escritos em um ano. Seria extraordinário se cinqüenta deles fossem bons. Seria causa de celebração universal se cinco deles — se um deles! — fossem geniais.

As editoras estão editando demais porque, uma após outra, elas foram despedindo seus bons editores, que não foram substituídos, e, com essa rotatividade, perdeu-se a capacidade de distinguir bons livros de maus livros. Que o mercado decida, parecem pensar muitos editores. Vamos simplesmente lançar o material. Alguma coisa há de dar certo. E lá se vão para as lojas, para o vale da morte, os 5 mil, com a máquina publicitária fornecendo inadequado fogo de cobertura. Essa abordagem é fabulosamente autodestrutiva. Como disse Orwell em 1936 — como se vê, não há nada de novo sob o Sol —, "o romance está sendo enxotado da existência". Os leitores, incapazes de abrir seu caminho pela floresta tropical de ficção-lixo, transformados em cínicos pela linguagem aviltada da hipérbole com que cada livro é engalanado, acabam desistindo. Compram um ou dois livros premiados por ano, talvez um ou dois livros de escritores cujos nomes reconhecem, e fogem. Excesso de publicações e excesso de publicidade criam deficiência de leitura. Não é questão apenas de romances demais perseguindo leitores de menos, mas uma questão de romances demais efetivamente afastando os leitores. Se a publicação de um primeiro romance se tornou, como sugere o professor Steiner, uma "aposta contra a realidade", isso se dá em grande parte por causa dessa indiscriminada abordagem de armas espalhadas. Ouvimos falar muito, hoje em dia, do espírito empresarial da implacabilidade financeira editorial. Precisamos de uma volta ao critério.

E existe um outro grande perigo que a literatura enfrenta e esse o professor Steiner nem menciona: trata-se do ataque à liberdade intelectual em si; liberdade intelectual sem a qual não pode haver literatura. E não se trata de um perigo novo. Mais uma vez, George Orwell, escrevendo em 1945, nos oferece uma sabedoria notavelmente contemporânea e me perdoem se faço uma citação um tanto longa:

> Em nossa época, a idéia de liberdade intelectual está sob ataque de duas direções. De um lado, estão seus inimigos teóricos, os apologistas do totalitarismo — hoje se poderia dizer fanatismo — e do outro seus inimigos práticos imediatos, o monopólio e a burocracia. No passado [...] a idéia de rebelião e a idéia de integridade intelectual estavam misturadas. Um herege — em política, moral, religião ou estética — era alguém que se recusava a ultrajar a própria consciência.
>
> [Hoje em dia] a proposição perigosa [é] que a liberdade seja *indesejável* e que a honestidade intelectual seja uma forma de egoísmo anti-social.
>
> Os inimigos da liberdade intelectual sempre tentam apresentar sua tese como uma proposição da disciplina contra o individualismo. O escritor que recusa vender suas opiniões é sempre marcado como mero *egoísta*. Ele é acusado, isso sim, ou de querer encerrar-se em uma torre de marfim, ou de exibicionismo da própria personalidade, ou de resistir à inevitável corrente de história em uma tentativa de apegar-se a privilégios injustificáveis. [Mas] para escrever em linguagem simples é preciso pensar sem medo e se alguém pensa sem medo não pode ser politicamente ortodoxo.

As pressões de monopólio e burocracia, de corporativismo e conservadorismo, limitando e estreitando o âmbito e a qualidade do que é publicado, são conhecidas por todo escritor em atividade. Sobre as pressões da intolerância e da censura, eu, pessoalmente, ganhei nestes últimos anos um conhecimento talvez até excessivo. Existem muitas lutas como essa ocorrendo hoje no mundo: na Argélia, na China, no Irã, na Turquia, no Egito, na Nigéria, escritores estão sendo censurados, acossados, presos e até assassinados. Mesmo na Europa e nos Estados Unidos, as tropas de assalto de várias noções de "sensatez" procuram limitar nossa liberdade de expressão. Nunca foi tão importante continuar a defender esses valores que tornam possível a arte da literatura. A morte do romance pode estar distante, mas a morte violenta de muitos romancistas contemporâneos é, lamentavelmente, um fato inegável. Apesar disso, não acredito que escritores tenham desistido da posteridade. O que George Steiner chama lindamente de "maravilhosa vanglória" da literatura ainda nos incendeia, mesmo se, como sugere ele, tenhamos vergonha de dizer isso em público. O poeta Ovídio registra estes grandes e confiantes versos no final de sua *Metamorfoses*:

> *Mas com o que há de melhor em mim,*
> *terei um lugar mais alto que as estrelas:*
> *meu nome será indelével, eterno enfim.**

Tenho certeza de que a mesma ambição deve residir no coração de todo escritor: ser lembrado em tempos futuros como Rilke pensava de Orfeu:

> *Ele é um dos alentados mensageiros*
> *que ainda levam além das portas dos mortos*
> *vasilhas com frutas dignas de louvor.***

Maio de 2000

---

* Da tradução para o inglês de Allen Mandelbaum para *Metamorfoses*, de Ovídio (Barcourt Brace, 1993).

** Da tradução para o inglês de M. D. Herter Norton, *Translations from the poetry of Rainer Maria Rilke* (w. w. Norton, 1993, reimpressão).

Notas sobre escritura e sobre a nação

1

O melro que canta nos bosques de Cilgwri,
incansável como água em seixos limosos,
não é tão velho como o sapo de Cors Fochno
que sente fria a pele solta sobre os ossos.

Poucos escritores estão tão profundamente engajados com sua terra natal quanto R. S. Thomas, um nacionalista galês cujos poemas procuram, ao observar, discutir, rapsodiar, mitologizar, através da escrita atribuir um corpo lírico e feroz à nação. Porém, dessa vez R. S. Thomas escreve também:

Ódio cresce demorado
e o meu tem aumentado
desde o dia em que nasci;
não pela terra bruta em si...
Mas antes
este ódio é por meus semelhantes.

Surpreendente encontrar a admissão de algo próximo do ódio a si mesmo nos versos de um bardo nacional. Porém esse é talvez o único tipo de nacionalista que um escritor pode ser. Quando a paixão atribui a capacidade de ver à imaginação, ela enxerga tanto a escuridão quanto a luz. Sentir com tanta ferocidade é sentir desprezo assim como orgulho, ódio assim como amor. Esse orgulhoso desprezo, esse amor odioso, muitas vezes atraem para o autor o ódio de uma nação. A nação exige hinos, bandeiras. O poeta oferece discórdia. Trapos.

2

Alguém já estabeleceu ligações entre o desenvolvimento histórico das "narrativas" gêmeas do romance e do Estado-nação. O progresso de uma história ao longo de suas páginas na direção de um fim é comparado à auto-imagem de uma nação, movendo-se pela história na direção de um destino manifesto. Por atraente que seja esse paralelo, eu o vejo, hoje em dia, com certa reserva. Onze anos atrás, no famoso congresso do PEN em Nova York, os escritores do mundo discutiram "A imaginação do escritor e a imaginação do Estado", questão de maileresca grandiosidade, inventada, é claro, por Norman Mailer. Sublinhando as diversas maneiras que existiam para se ler esse pequeno "e". Para muitos de nós, ele significava "*versus*". Autores sul-africanos — Gordimer, Coetzee — daquela época de apartheid colocaram-se contra a definição oficial de nação. Resgatando, talvez, a verdadeira nação das mãos daqueles que a mantinham cativa. Outros escritores estavam mais sintonizados com suas nações. John Updike cantou um inesquecível hino de louvor às pequenas caixas de correio dos Estados Unidos, para ele emblemas da livre transmissão de idéias. Danilo Kis deu um exemplo de "piada" do Estado: uma carta, recebida por ele em Paris, enviada do que ainda era então a Iugoslávia. Dentro do envelope selado, carimbadas na primeira página, estavam as palavras *Esta carta não foi censurada.*

3

A nação ou coopta seus maiores escritores (Shakespeare, Goethe, Camões, Tagore) ou procura destruí-los (o exílio de Ovídio, o exílio de Soyinka). Ambos os destinos são problemáticos. O murmúrio da reverência é inadequado à literatura; grandes textos fazem grande barulho na mente, no coração. Há aqueles que acreditam que a perseguição é boa para escritores. Isso é falso.

4

Cuidado com o escritor ou escritora que se coloca como a voz de sua nação. Isso abrange nação no sentido de raça, gênero, orientação sexual, afinidade eletiva. É o Novo Favoritismo. Cuidado com os favoritistas!

O Novo Favoritismo exige exaltação, acentua o positivo, oferece animadoras instruções morais. Abomina o sentido trágico da vida. Ao ver a literatura como inescapavelmente política, substitui valores políticos por valores literários. É o assassino do pensamento. Cuidado!

5

"Saiba que meu passaporte é verde."

"Os Estados Unidos estão colocando seu peso sobre meus pobres ombros."

"Para forjar na bigorna de minha alma a consciência incriada de minha raça."

A Albânia de Kadaré, a Bósnia de Ivo Andric, a Nigéria de Achebe, a Colômbia de García Marquez, o Brasil de Jorge Amado: escritores são incapazes de negar o fascínio da nação, as suas ondas em seu sangue. Escrever como quem faz um mapa: a cartografia da imaginação (ou, como poderia soletrar a moderna teoria crítica, Imagi/Nação). Na boa escritura, porém, o mapa de uma nação deverá se transformar também em um mapa do mundo.

6

A história passou a ser discutível. Na trilha do Império, na idade da superpotência, sob a "pegada" das simplificações sectárias bombardeadas sobre nós pelos satélites, não podemos mais concordar com facilidade sobre *como são as coisas*, muito menos o que elas podem significar. A literatura entra na arena. Historiadores, magnatas da mídia, políticos, não se importam com a intrusa, mas a intrusa é do tipo teimoso. Na atmosfera ambígua, sobre esta terra pisada, estas águas turvas, há trabalho para ela fazer.

7

O nacionalismo corrompe escritores também. Vide as venenosas intervenções de Limonov na guerra da antiga Iugoslávia. Numa época de nacionalismos cada vez mais estreitamente definidos, de tribalismos murados, encontrar-se-ão escritores lançando os gritos de guerra de suas tribos. Para eles, sempre foram atraentes os sistemas fechados. Por isso tantos textos tratam de prisões, forças policiais, hospitais, escolas. A nação é um sistema fechado? Neste momento internacionalizado, algum sistema pode permanecer fechado? O nacionalismo é a "revolta contra a história" que procura fechar o que não mais pode ser fechado. Cercar aquilo que deveria ser sem fronteira.

Boa escrita exige uma nação sem fronteiras. Escritores que servem fronteiras transformaram-se em guardas de fronteiras.

8

Se a escrita se volta insistentemente para a nação, também insistentemente se volta para outro lado. O intelectual deliberadamente desenraizado (Naipaul) vê o mundo como só uma inteligência livre pode ver, vai aonde está a ação e tudo relata. O intelectual desenraizado contra a sua vontade (categoria que engloba, hoje, muitos dos melhores escritores árabes) rejeita os estreitos limites que o rejeitaram. Há uma grande perda e muitos anseios nesse desenraizamento. Mas há também ganho. A nação sem fronteiras não é uma fantasia.

9

Muitos bons textos não têm necessidade da dimensão pública. Sua agonia vem de dentro. A esfera pública é como nada para Elizabeth Bishop. Sua prisão — sua liberdade —, seu assunto estão em outro lugar.

Canção de ninar.
Que as nações se incendeiem,
que as nações caiam por terra.
A sombra do berço faz uma enorme jaula
na parede.

(*Para Index on censorship* [Índice sobre a censura])

Abril de 1997

Influência

O romancista e poeta australiano David Malouf nos avisa que "o verdadeiro inimigo da escrita é a fala". Ele alerta particularmente contra os perigos de falar sobre uma obra em andamento. Quando se está escrevendo, é melhor manter a boca fechada, para que as palavras saiam pelos dedos. Deve-se construir uma represa no rio de palavras para criar a hidroeletricidade da literatura.

Proponho, então, falar não de minha escritura, mas de minha leitura, e particularmente das muitas maneiras como minha experiência da literatura italiana (e, devo acrescentar, do cinema italiano) moldou minhas idéias sobre como e o que escrever. Isto é, quero falar sobre a influência.

"Influência." A própria palavra sugere algo fluido, algo "fluindo". Isso parece certo, até porque sempre visualizei o mundo da imaginação não tanto como continente, mas como um oceano. Flutuando, aterrorizadoramente livre, sobre esses mares sem limites, o escritor tenta, com as mãos nuas, a tarefa mágica da metamorfose. Como a figura do conto de fadas que tem de fiar palha em ouro, o escritor tem de descobrir o truque para tecer as águas até se transformarem em terra: até, de repente, haver solidez onde antes havia apenas fluidez, forma no que era amorfo; passa a existir chão sob os seus pés. (E, se ele fracassa, evidentemente se afoga. A fábula é a mais cruel das formas literárias.)

O escritor jovem, talvez inseguro, talvez ambicioso, provavelmente as duas coisas, procura ajuda em torno; e vê, dentro do fluxo do oceano, certas espessuras sinuosas, como cordas, obra de antigos tecelões, de bruxos que nadaram por esse caminho antes dele. Sim, ele pode usar esses "fluxos", pode agarrá-los e tecer sua própria obra em torno deles. Ele sabe, agora, que sobreviverá. Aplicadamente, começa.

Uma das características mais notáveis da influência literária, desses úteis gritos da consciência dos outros, é que eles podem fluir para o escritor quase de qualquer lugar. Geralmente, eles viajam longas distâncias para atingir aquele que pode utilizá-lo. Na América do Sul, fiquei impressionado com a familiaridade que os escritores latino-americanos tinham com o prêmio Nobel bengalês Rabindranath Tagore. A editora Victoria Ocampo, que conheceu e admirava Tagore, tomou as providências para que sua obra fosse bem traduzida e publicada em todo o continente, e conseqüentemente a influência de Tagore é talvez maior lá do que em sua própria terra natal, onde as traduções do bengalês para as muitas outras línguas da Índia são em geral de má qualidade e o gênio do grande homem acaba sendo respeitado em confiança.

Outro exemplo é o de William Faulkner. Esse grande escritor norte-americano é pouco lido nos Estados Unidos atualmente; e são poucos os escritores norte-americanos contemporâneos que o citam como influência ou orientação. Uma vez perguntei a uma boa escritora do Sul dos Estados Unidos, Eudora Welty, se Faulkner havia sido uma ajuda ou um entrave para ela. "Nem uma coisa nem outra", ela respondeu. "É como saber que há uma grande montanha nas redondezas. É bom saber que ela está lá, mas não ajuda você em seu trabalho." Fora dos Estados Unidos, porém — na Índia, na África, uma vez mais na América Latina —, Faulkner é o escritor norte-americano mais elogiado pelos escritores locais, como inspirador, capacitador, abridor de portas. A partir dessa capacidade de influência transcultural, translingüística, podemos deduzir alguma coisa sobre a natureza da literatura: que os livros (se me é permitido abandonar brevemente minha metáfora aquática) podem crescer tanto de esporos trazidos pelo ar quanto das raízes particulares de seus autores. Que existem famílias internacionais de palavras, assim como clãs mais familiares de terra e sangue. Às vezes — como no caso da influência de James Joyce na obra de Samuel Beckett e a subseqüente e idêntica influência de Beckett na obra de Harold Pinter — a sensação de dinastia, de uma tocha passada de geração a geração, é muito clara e muito forte. Em outros casos, os laços familiares são menos óbvios, mas não menos poderosos por isso.

Quando li pela primeira vez os romances de Jane Austen, livros de um país e de um tempo muito distantes de minha própria formação na metropolitana Bombaim de meados do século XX, a coisa que mais me tocou nas heroínas dela foi o quanto pareciam indianas, contemporâneas. Aquelas mulheres inteligentes, decididas, de língua afiada, transbordantes de potencial, mas condenadas pela estrita convenção a um interminável *huis-clos* de danças de salão e caça a marido, eram mulheres cujas contrapartidas podiam ser encontradas em toda a burguesia indiana. É fácil perceber a influência de Austen sobre o *Clear light of day* [Clara luz do dia], de Anita Desai, e *A suitable boy* [Um rapaz adequado], de Vikram Seth.

Charles Dickens também me pareceu de início um romancista quintessencialmente indiano. A Londres dickenseniana, aquela cidade fétida, podre, cheia de rábulas coniventes e ardilosos, aquela cidade em que a bondade estava sob constante ameaça da falsidade, da malícia e da ambição, parecia-me colocar um espelho diante das pululantes cidades da Índia, com suas orgulhosas elites vivendo à larga em cintilantes arranha-céus, enquanto a grande maioria de seus compatriotas batalhava para sobreviver no tumulto das ruas lá embaixo. Em meus primeiros romances, tentei evocar o gênio de Dickens. O que me tocava particularmente era o que me parecia a sua verdadeira inovação: ou seja, sua combinação única de cenários naturalistas e primeiros planos surrealistas. Em Dickens, os detalhes de lugar e costumes sociais são amarrados com um impiedoso realismo, uma exatidão naturalista nunca superada. Sobre essa tela realista ele coloca personagens fora de proporção, mas não temos escolha senão acreditar neles, porque não podemos deixar de acreditar no mundo em que vivemos. Tentei, então, em meu romance *Os filhos da meia-noite*, colocar contra um pano de fundo social e histórico rigorosamente observado — isto é, contra o pano de fundo de uma Índia "real" — minha idéia "irreal" de crianças nascidas à meia-noite em ponto, no momento da independência da Índia, coincidência que as dotava de poderes mágicos, crianças que eram de alguma forma a corporificação tanto das esperanças quanto das falhas daquela revolução.

Dentro da respeitável moldura de seu realismo, Dickens pode também nos fazer acreditar na noção perfeitamente surrealista de um departamento governamental, o Escritório de Circunvolução, dedicado a fazer nada acontecer; ou no caso perfeitamente "absurdista", estilo Ionesco, de *Jarndyce versus Jarndyce*, um caso cuja natureza é nunca chegar a uma conclusão; ou na imagem de "realismo mágico" dos montes de poeira de *Our mutual friend* [Nosso amigo comum]— símbolos físicos de uma sociedade que vive à sombra de seu próprio excremento, coisa que, incidentalmente, foi também a influência de uma recente obra-prima norte-americana, que usa os produtos refugados da América como sua metáfora central, o *Submundo*, de Don DeLillo.

Se a influência é onipresente na literatura, ela é também, deve-se enfatizar, sempre secundária em qualquer obra de qualidade. Quando é crua demais, óbvia demais, os resultados podem ser risíveis. Uma vez, um aspirante a escritor me mandou um conto que começava assim: "Certa manhã, a sra. K acordou e viu que havia se transformado em uma máquina de lavar roupa de abertura frontal". Só se pode imaginar como Kafka iria reagir a um ato de homenagem tão inepto — tão detergente.

Talvez devido ao fato de grande parte da escritura de segunda linha ser imitação — e tanta coisa é, na melhor das hipóteses, de segunda linha —, a idéia de influência transformou-se em uma espécie de acusação, uma forma de denegrir o trabalho do escritor. A fronteira entre influência e imitação, até mesmo entre influência e plágio, começou há pouco a perder a nitidez. Dois anos atrás, o notável escritor britânico Graham Swift foi acusado por um obscuro acadêmico australiano de algo que cheirava muito de perto a plágio em seu romance vencedor do Booker Prize, *Últimos pedidos*: de que a estrutura narrativa em múltiplas vozes de seu romance era um "empréstimo substancial" de *Enquanto agonizo*, de William Faulkner. A imprensa britânica insuflou essa acusação até se tornar uma espécie de escândalo, Swift foi acusado de "saque" literário, e seus defensores receberam dentes à mostra por sua "arrogante tolerância" com ele. Tudo isso apesar de, ou talvez por causa da pronta admissão por parte de Swift de que havia sido influenciado por Faulkner e apesar, também, do estranho fato de as estruturas dos dois livros não serem assim tão parecidas, embora sejam aparentes algumas ressonâncias. Por fim, essas verdades simples garantiram que o escândalo se esvaziasse, mas não antes de Swift ter sido queimado pela imprensa.

É interessante destacar que, ao publicar *Enquanto agonizo*, o próprio Faulkner tenha sido acusado de emprestar sua estrutura de um romance anterior, *A letra escarlate*, de Nathaniel Hawthorne. A resposta dele foi a melhor que se podia esperar: que, quando estava na luta para compor o que modestamente chamou de seu *tour de force*, lançou mão de tudo o que precisou onde quer que se encontrasse, e que não conhecia nenhum escritor que não achasse esses empréstimos plenamente justificados.

Em meu romance *Haroun e o mar de histórias*, um rapazinho efetivamente viaja para o oceano da imaginação, que lhe é descrito por seu guia:

> Ele olhou a água e viu que era feita de milhares e milhares e mil e uma correntes diferentes, cada uma de uma cor diferente, se entretecendo como um tapete líquido de assombrosa complexidade; e Iff explicou que aquelas eram as Correntes de História, que cada trecho colorido representava e continha uma única história. Partes diferentes do Oceano continham diferentes tipos de histórias e, como todas as histórias que já foram contadas e muitas que ainda estão em processo de ser inventadas podiam ser ali encontradas, o Oceano de Correntes de História era de fato a maior biblioteca do universo. E, como as histórias eram mantidas em forma fluida, retinham a capacidade de mudar, de se transformar em novas versões de si mesmas, de se juntar a outras histórias e assim se transformar em outras histórias ainda; de forma que [...] o Oceano de Correntes de História era muito mais que um depósito de tramas. Não era morto, mas vivo.

Ao usar o que é velho e acrescentar a ele alguma coisa nova nossa, fazemos o que é novo. Em *Os versos satânicos* tentei responder à questão: Como o novo entra no mundo? A influência, o fluxo do velho para o novo, é uma parte da resposta.

Em *As cidades invisíveis*, Italo Calvino descreve a cidade fabulosa de Octavia, suspensa entre duas montanhas em uma coisa parecida com uma teia de aranha. Se a influência é a teia de aranha em que penduramos nossa obra, a obra então é como a própria Octavia, aquela jóia cintilante de cidade de sonho, pendurada nos filamentos da teia, até quando eles forem capazes de sustentar seu peso.

Conheci Calvino quando fui convidado a apresentar uma palestra dele no Riverside Studios, em Londres, no começo dos anos 1980. Foi na época da publicação britânica do *Se um viajante numa noite de inverno* e eu tinha acabado de publicar um longo ensaio sobre a obra dele na *London Review of Books* — infelizmente, esse era um dos primeiros textos sérios a ser publicado sobre Calvino na imprensa britânica. Eu sabia que Calvino gostara do artigo, mas mesmo assim estava nervoso por ter de falar sobre a obra dele em sua presença. Meu nervosismo aumentou quando ele pediu para ver meu texto antes de entrarmos para encarar a platéia. O que eu ia fazer se ele não aprovasse? Ele leu em silêncio, franzindo um pouco a testa, depois me devolveu os papéis e fez que sim com a cabeça. Evidentemente eu havia passado no exame, e o que ele tinha apreciado em particular era minha comparação de sua obra com a do autor clássico Lucius Apuleius, autor de *O asno de ouro*.

"Me dê uma moeda e te conto uma história de ouro", costumavam dizer os contadores de histórias orais milesianos, e a história da transformação de Apuleius usara com grande efeito a maneira fabulista desses antigos contadores de mentiras. Ele também possuía aquelas virtudes que Calvino incorporava e sobre as quais tão bem escreveu em uma de suas últimas obras, *Seis propostas para o próximo milênio*: as virtudes de leveza, agilidade, exatidão, visibilidade e multiplicidade. Essas qualidades estavam muito presentes em minha cabeça quando me pus a escrever *Haroun e o mar de histórias*. Embora a forma desse romance seja a aventura fantástica de uma criança, eu queria que o trabalho de alguma maneira apagasse a divisão entre a literatura infantil e os livros para adultos. Tratava-se, afinal, de encontrar com precisão o tom de voz exato, e Apuleius e Calvino foram os dois que me ajudaram a encontrá-lo. Reli a grande trilogia de Calvino, *O barão nas árvores, O visconde partido ao meio* e *O cavaleiro inexistente*, e esses livros me deram as pistas do que eu precisava. O segredo era usar a linguagem da fábula e evitar o objetivo moral fácil de um Esopo, por exemplo.

Recentemente, tenho voltado a pensar em Calvino. A sexta de suas "propostas para o próximo milênio" teria sido sobre a questão da coerência. Coerência era o gênio especial de "Bartleby, o escrivão", de Melville, Calvino pretendia sugerir — aquele heróico, inexplicável Bartleby, que simples e inabalavelmente "preferia não". Podem-se acrescentar os nomes do Michael Kohlhaas, de Kleist, tão inexorável em sua busca por pequena, mas necessária justiça, ou do Negro do Narciso, de Conrad, que insistia em que tinha de viver até morrer, ou no Quixote ensandecido pela cavalaria, ou no Inspetor de Terras, de Kafka, eternamente desejando o inatingível Castelo.

Estamos falando de uma coerência épica, uma monomania que se empenha em assumir a condição da tragédia ou do mito. Mas coerência pode também ser entendida em um sentido mais sombrio, a coerência de Ahab na perseguição à sua baleia, de Savonarola, que queimou os livros, na definição de Khomeini para a sua revolução como uma revolta contra a própria história.

Sinto-me cada vez mais atraído para o inexplorado sexto valor de Calvino. O novo milênio com que nos deparamos já mostra sinais de ser dominado por alarmantes exemplos de coerência de todos os tipos: os grandes recusadores, os loucos quixotescos, os de visão estreita, os fanáticos e aqueles que são valentes na busca da verdade. Mas agora estou chegando perto de fazer aquilo que David Malouf aconselha não fazer — isto é, discutir a natureza de minha própria obra embrionária e frágil (por ainda não criada). Devo então parar por aqui e dizer apenas que Calvino, cujo apoio e estímulo em meu começo lembrarei para sempre, continua a sussurrar em meu ouvido.

Eu deveria acrescentar que muitos outros artistas, tanto da Roma clássica quanto da Itália moderna, estiveram, por assim dizer, presentes ao meu lado. Quando estava escrevendo *Vergonha*, reli o grande estudo de Suetônio sobre os doze césares. Ali estavam eles em seus palácios, aqueles sórdidos dinastas, loucos pelo poder, libidinosos, perturbados, travados em uma série de abraços assassinos, fazendo tremendo mal uns aos outros. Ali estava uma história de golpes e contragolpes; e, no entanto, na medida do que interessava aos seus súditos fora dos portões do palácio, nada mudava de fato. O poder continuava dentro da família. O Palácio era sempre o Palácio.

Com Suetônio muito aprendi acerca da natureza paradoxal do poder das elites, e assim pude construir uma elite minha, própria, na versão do Paquistão que é o cenário de *Vergonha*: uma elite fendida por ódios e lutas de morte, mas ligada por laços de sangue e casamento e, crucialmente, pelo controle de todo o poder da terra. Para as massas, privadas de todo poder, as brutais guerras internas da elite mudam pouco ou nada. O Palácio ainda domina e as pessoas ainda gemem sob seu tacão.

Se Suetônio influenciou *Vergonha*, então *Os versos satânicos*, romance cujo tema central é o da metamorfose, evidentemente aprendeu muito com Ovídio; e para *O chão que ela pisa*, que parte do mito de Orfeu e Eurídice, as *Geórgicas*, de Virgílio, foram leitura essencial. E, se posso dar mais um passo incerto em direção ao futuro não escrito, estou há longo tempo envolvido e fascinado com a Florença da Alta Renascença em geral e pela personalidade de Nicolau Maquiavel em particular. A demonização de Maquiavel parece-me um dos mais bem-sucedidos atos de difamação da história européia. Na literatura inglesa da idade de ouro elisabetana existem cerca de quatrocentas referências a Maquiavel, nenhuma delas favorável. Naquela época, não havia nenhuma obra de Maquiavel disponível em inglês; os dramaturgos da Inglaterra baseavam seus satânicos retratos em um texto francês traduzido, o *Anti-Maquiavel*. O personagem sinistro, amoral, criado para Maquiavel ainda ostenta essa reputação. Como colega escritor que também aprendeu umas coisinhas sobre a demonização, sinto que talvez chegue logo o momento de reavaliar o caluniado florentino.

Procurei retratar um pouco da polinização cultural cruzada sem a qual a literatura se torna provinciana e marginal. Antes de concluir, tenho de pagar tributo ao gênio de Federico Fellini, em cujos filmes, quando jovem, aprendi como se pode transmutar o material fortemente carregado da infância e da vida privada em matéria de produção e de mito; e àqueles outros mestres italianos, Pasolini, Visconti, Antonioni, De Sica etc. etc. — pois para a influência e para o estímulo criativo realmente não há fim.

(*Palestra na Universidade de Turim*)

Março de 1999

Fios pesados
Primeiras aventuras na indústria de confecção

No verão de 1967, que não me lembro de ninguém chamar de Verão do Amor naquela época, aluguei um quarto num segundo andar, acima de uma legendária butique — quer dizer, legendária na época; havia nela alguma coisa que era reconhecida imediatamente como mítica — chamada Granny Takes a Trip [Vovó vai viajar]. O sobradinho pertencia a uma mulher chamada Judy Scutt, que fazia uma parte das roupas da butique e cujo filho, Paul, era meu amigo de universidade. (Pertenciam a uma família famosa nos círculos médicos por possuir seis artelhos em cada pé, mas apesar do espírito psicotrópico da época eles insistiam, decepcionantemente, que não eram os Six-Toed Scutts.)

Granny Takes a Trip ficava em World's End, no lado errado da King's Road, em Chelsea, mas, para a grande variedade de cabeças e malucos que andavam por lá, era a Meca, o Olimpo, a Katmandu do hippie chique. Corriam rumores de que Mick Jagger usava os vestidos. De quando em quando, a limusine branca de Lennon parava na frente da loja e um motorista entrava, arrebanhava um monte de coisas "para Cynthia" e desaparecia com aquilo. Fotógrafos alemães chegavam com batalhões de modelos com cara de pedra uma ou duas vezes por semana para usar as vitrines da Granny como cenário de suas poses. A Granny tinha vitrines famosas. Durante um longo tempo, havia uma Marilyn em estilo Warhol pintada no vidro. Durante outro longo tempo, havia a frente de uma cabine de caminhão Mack de verdade saindo de uma pintura de explosão estilo Lichtenstein. Depois, toda butique do planeta viria a exibir uma imitação da Marilyn de Warhol ou um caminhão Mack explodindo na vitrine, mas a Granny foi a primeira. Igual a ...*E o vento levou*, a butique inventava clichês.

Dentro da Granny era um breu de escuro. Passava-se por uma pesada cortina de contas e ficava-se imediatamente cego. O ar era pesado de incenso, de óleo de patchuli e também dos aromas daquilo que a polícia chamava de Certas Substâncias. Música psicodélica, cheia de sugestões, aterrorizava os ouvidos. Depois de algum tempo, tomava-se conhecimento de uma vaga penumbra roxa, na qual se deparava com algumas formas imóveis. Eram provavelmente roupas, provavelmente à venda. Não era legal perguntar. A Granny era um lugar bem assustador.

O pessoal da Granny desprezava a deslavada þutiquelândia do lado "certo", o lado da Sloane Square da King's Road. Todos aqueles cabelos cortados à Quant e as "botas de cobra" até as coxas, todo aquele palavreado de plástico brilhante, Vidal Sassoon, a Inglaterra oscilante como um pêndulo. Toda aquela *luz*. Era quase tão por fora quanto (argh) Carnaby Street. Por aqueles lados as pessoas diziam "*fab*" [fabuloso] e "*groovy*" [maravilhoso]. Na Granny dizia-se "*beautiful*" [linda] para expressar branda aprovação e, quando se queria chamar alguma coisa de bonita, dizia-se "*really nice*" [legal mesmo].

Comecei a pedir emprestadas as jaquetas de colcha de cama de meu amigo Paul e seus colares de contas. Comecei a sacudir a

cabeça bastante, esperto. O fato de eu ser indiano ajudava a me caracterizar como legal. "*Índia*, cara", diziam. "Demais."
"É", eu dizia, concordando com a cabeça. "É."
"O Maharishi, cara", diziam. "Lindo."
"Ravi Shankar, cara", eu dizia. Nesse ponto, em geral as pessoas esgotavam os indianos que podiam mencionar e nós simplesmente ficávamos sacudindo a cabeça um para o outro, beatificamente. "Certo, certo", dizíamos. "*Certo.*"
Apesar de ser da Índia, eu não era *cool*. Paul era *cool*. Paul era o que uma garota em um filme adolescente havia qualificado como "saído direto da geladeira". Paul tinha acesso a incontáveis garotas de pernas longas e suprimentos igualmente infindáveis de maconha. O pai dele era da indústria musical. Teria sido fácil odiar Paul. Um dia, ele me convenceu a pagar vinte dólares para participar de uma sessão de fotografias para aspirantes a modelos masculinos promovida por um "amigo" dele. Disse que eu podia usar as roupas dele. O "amigo" pegou meu dinheiro e nunca mais o vi. Minha carreira de modelo não conseguiu decolar.
"Pô", disse Paul, primeiro estremecendo, depois sacudindo a cabeça, filosoficamente. "Furou."
No coração de nosso pequeno mundo estava Sylvia (nunca soube o sobrenome dela). Sylvia cuidava da loja. Ela fazia Twiggy parecer uma adolescente com problema de gordurinhas. Era muito pálida, talvez porque passava a vida sentada no escuro. Tinha os lábios sempre pretos. Usava minivestidos de veludo preto ou de musseline branca transparente: seus *looks* vampiro e bebê morto. Ficava com os joelhos e os pés virados para dentro, conforme a moda da época, os pés formando um minúsculo e feroz T. Usava imensos anéis de prata que pareciam soco-inglês e uma flor preta no cabelo. Metade Garota do Amor, metade zumbi, ela era um assombroso signo da época. Passei lá diversas semanas sem trocar uma palavra com ela. Um dia, me enchi de coragem e entrei na loja.

Sylvia era uma pálida presença roxa nas profundezas sem fundo da butique.

"Oi", eu disse. "Resolvi dar uma entrada e me apresentar, já que nós todos estamos vivendo aqui, não é? Achei que já era hora de a gente se conhecer. Meu nome é Salman", e nessa altura meio que acabou meu gás.

Sylvia assomou das trevas, aproximou-se e olhou, de forma que deu para ver o desprezo em seu rosto. Por fim, deu de ombros.

"Essa coisa de conversa já morreu, cara", disse ela.

Era uma má notícia. Era, assim, tipo pesada. A *conversa morreu*? Como é que eu não sabia? Quando era o enterro? Eu era e sou o tipo de sujeito conversador, mas fiquei parado diante do desprezo de Sylvia, tonto, em silêncio. Como Paul Simon em *The boxer* [O boxeador], eu era fascinado pelas tribos de "modernos", para quem Sylvia era, evidentemente, uma princesa dark, queria estar no meio deles, estava sempre "procurando os lugares que só eles conheciam". Como era injusto eu ser condenado à exclusão dos círculos internos da contracultura, banido para sempre dos lugares onde ela estava, devido a minha tagarelice! A conversa estava morta, e eu não sabia a nova linguagem. Eu me retirei discretamente da presença de Sylvia e mal falei com ela de novo.

Algumas semanas depois, porém, ela me ensinou uma segunda lição sobre aqueles tempos raros. Um dia — acho que era um sábado ou domingo e era apenas meio-dia, de forma que naturalmente ninguém havia levantado ainda e a loja estava fechada — a campainha tocou durante tanto tempo que eu me enfiei numa calça boca-de-sino de veludo amassado vermelho e me arrastei escada abaixo até a porta. Na entrada, estava um alienígena: um homem de terno e bigode combinando, com uma maleta em uma mão e na outra um exemplar de uma revista de moda aberto na página em que uma modelo exibia um dos últimos lançamentos da Granny.

"Boa tarde", disse o alienígena. "Tenho uma cadeia de lojas em Lancashire…"

Sylvia, nua debaixo de um penhoar bem inadequado, cigarro pendurado nos lábios, desceu a escada. O alienígena ficou vermelho profundo e começou a desviar os olhos. Eu me afastei.

"E aí?", disse Sylvia.

"Boa tarde", o alienígena conseguiu dizer, finalmente. "Tenho uma cadeia de lojas em Lancashire que vende moda feminina e estou muito interessado nesta peça específica mostrada aqui. Com quem eu devo falar a fim de fazer um pedido inicial de seis dúzias de peças, que pode ser repetido?" Era a maior encomenda que Granny Takes a Trip jamais tivera. Eu estava uns passos atrás de Sylvia, e na metade da escada estava agora Judy Scutt. Havia certa excitação no ar. O alienígena esperou pacientemente enquanto Sylvia ponderava o assunto. Então, em uma das atitudes que definiram os anos 60, ela balançou a cabeça algumas vezes, devagar, *elegantemente*.

"A loja está fechada, cara", disse, e fechou a porta.

No lugar onde ficava a Granny, em frente ao pub de World's End, há agora um café chamado Entre Nous. Perdi o contato com Judy Scutt, mas sei que Paul, o filho dela, meu amigo Paul, tornou-se uma grande vítima dos anos 60. Com o cérebro cozido por LSD, ele estava trabalhando, pelo que soube da última vez, em serviços manuais simples: catando folhas num parque, esse tipo de coisa.

Recentemente, porém, encontrei um homem que disse não só conhecer Sylvia como ter saído com ela durante anos. Isso era realmente impressionante.

"E ela algum dia conversou com você?", perguntei. "Por acaso ela tinha *alguma coisa* a dizer sobre *qualquer coisa*?"

"Não", disse ele. "Nem uma droga de palavra."

Outubro de 1994

Rock

Uma nota para capa

Frank Zappa e The Mothers of Invention estão se apresentando no Albert Hall. É o começo dos anos 70. (Como dizem, se você lembra a data exata é porque não estava lá.) Na metade do concerto, um enorme negro de camisa roxa brilhante sobe ao palco. (A segurança era mais leve naqueles dias inocentes.) Ele oscilava um pouco e insistia em tocar com a banda.

Zappa, imperturbável, perguntou, sério: "Sim, senhor, e qual é o seu instrumento preferido?".

"Trompete", resmungou o Cara de Camisa Roxa.

"Dê um trompete para o cara", Frank Zappa mandou. No momento em que o Cara de Camisa Roxa toca a sua primeira nota terrível, fica claro que a habilidade dele com o trompete deixa muito a desejar. Zappa parece brevemente perdido em um pensamento, queixo apoiado na mão. "Humm." E vai ao microfone. "Estou pensando", ele medita, "no que a gente podia tocar para acompanhar esse cara com o trompete." Ele tem um estalo, uma inspiração trombeteira. "Já sei! O poderoso órgão de foles do Albert Hall!"

O poderoso órgão de foles do Albert Hall estava efetivamente interditado à banda, mas agora um dos Mothers começa de fato a escalar a grande fera, se encaixa na cabine do organista, puxa cada uma das alavancas e quase põe o teatro abaixo com uma versão ensurdecedora de "Louie, Louie". Fom-fom-fom/fom-fum! Enquanto isso, no palco, o Cara de Camisa Roxa apita, absolutamente feliz, totalmente inaudível, enquanto Frank Zappa o observa carinhosamente, como o benevolente e subversivo pensador que é.

Essa vivacidade não é uma qualidade geralmente associada ao rock, e quando se escutam os grunhidos de Cro-Magnon da maioria das estrelas do rock, rapidamente se entende por quê. Apesar das Spice Girls, porém, o rock-and-roll tem uma longa história de achados e acertos verbais e musicais.

Tem Elvis dizendo ser tão agitado quanto um homem alérgico em uma árvore felpuda.

Tem a agilidade verbal de John Lennon. ("Como você achou os Estados Unidos?" "Virei à esquerda na Groenlândia.")

Tem Randy Newman, que prova, em "Sail away" [Navegar para longe], que uma canção pode ser ao mesmo tempo um hino e satírica. (*"Na América, tem muita comida/ Ninguém precisa ir para a floresta e gastar os pés."*)

Tem as letras surrealistas-associativas de Paul Simon. (*"Por que eu tenho o coração mole/ se todo o resto da minha vida é tão duro?"*)

E tem o trovador que fica acima de qualquer categorização, Tom Waits, contando suas ásperas histórias de vagabundo sobre gatos de rua e cães vadios. (*"Tenho as cartas mas não tenho a sorte/ tenho as rodas mas não tenho o caminhão/ mas, ah, eu sou grande no Japão."*)

Em tudo isso já há muita coisa para o pessoal literário estudar e admirar. Não faço parte da escola de exagero dos fãs de rock que acham que letra de música é poesia. Mas sei que ficaria ridiculamente orgulhoso de ter escrito qualquer coisa assim tão boa.

E adoraria ter o talento, o humor e a agilidade mental que Frank Zappa mostrou no Albert Hall aquela noite.

Maio de 1999

U2

No verão de 1986, eu estava viajando pela Nicarágua, trabalhando no livro de reportagem que foi publicado seis meses depois com o título de *O sorriso do jaguar*. Era o sétimo aniversário da revolução sandinista e a guerra de combate aos Contras, apoiados pelos Estados Unidos, se intensificava quase dia a dia. Estava acompanhado por minha intérprete, Margarita, uma loira improvavelmente glamourosa e animada, com uma semelhança mais que ligeira com Jayne Mansfield. Nossos dias eram cheios de provas de dureza e luta: a escassez de produtos nos mercados de Manágua, a cratera de uma bomba numa estrada onde um ônibus infantil explodira em uma mina dos Contras. Uma manhã, porém, Margarita parecia estar excepcionalmente animada. "O Bono vai chegar!", gritou ela, os olhos brilhantes como os de qualquer fã, e acrescentou, sem nenhuma mudança de inflexão vocal ou brilho no olhar: "Me diga: quem é o Bono?".

De certa forma, a pergunta era uma demonstração tão viva do isolamento de seu país quanto qualquer coisa que ouvi ou vi nas aldeias do fronte, nos estuários do litoral atlântico ou nas ruas das cidades devastadas por terremotos. Em julho de 1986, ainda faltavam nove meses para o lançamento do álbum monstro do U2 *The Joshua tree* [A árvore de Josué], mas, afinal, eles já eram os mestres de *War* [Guerra]. Quem era Bono? Era o sujeito que cantava: "*I can't believe the news today, I can't close my eyes and make it go away*" [Não acredito nas notícias que ouvi hoje, não dá pra fechar os olhos e fazê-las sumir]. E a Nicarágua era um lugar onde as notícias tinham ficado inacreditáveis, não dava para fechar os olhos para elas e portanto, evidentemente, ali estava ele.

Não conheci Bono na Nicarágua, mas ele leu *O sorriso do jaguar.* Cinco anos depois, quando me vi envolvido em dificuldades pessoais, meu amigo, o compositor Michael Berkeley, perguntou se eu queria ir ao concerto *Achtung baby* do U2, com seus psicodélicos carros Trabant pendurados. Naquela época, era difícil para mim ir a qualquer lugar, mas eu disse que sim e fiquei tocado com o entusiasmo com que o convite foi recebido pelo pessoal do U2. E lá estava eu em Earl's Court, de pé, no escuro, ouvindo. Na coxia, depois do show, me levaram para um trailer cheio de sanduíches e crianças. Não havia tietes nos shows do U2, apenas uma creche. Bono entrou e foi instantaneamente engalanado de filhas. Minha lembrança dessa primeira conversa é que eu queria falar de música e ele estava a fim de falar de política — sobre a Nicarágua, sobre um próximo protesto contra o lixo nuclear em Sellafield, sobre seu apoio a mim e ao meu trabalho. Não passamos muito tempo juntos, mas nós dois nos divertimos.

Um ano depois, quando a gigantesca turnê *Zooropa* chegou ao Estádio de Wembley, Bono me ligou para perguntar se eu gostaria de aparecer no palco. O U2 queria fazer um gesto de solidariedade, e esse era o maior que conseguiam imaginar. Quando contei o plano a meu filho de catorze anos, ele disse: "Só não cante nada, pai. Se você cantar eu vou ter de me matar". Ninguém pensava em me fazer cantar — ninguém é burro no U2 —, mas eu fui lá e senti, por um momento, o que é ter 80 mil fãs gritando para você. A média da platéia numa leitura de livro é um pouco menor. As meninas não tentam subir nas costas dos namorados e é desaconselhável pular do palco sobre a platéia. Mesmo em minhas melhores leituras de livro, há sempre apenas uma ou duas supermodelos dançando perto do som. Naquele dia, Anton Corbijn tirou uma foto para a qual convenceu Bono e eu a trocar de óculos. Lá estou eu parecendo um deus nos óculos escuros de mosca de Bono, enquanto ele espia, benigno, por cima da minha armação literária sem graça. Não poderia haver expressão mais gráfica da diferença entre nossos mundos.

É inevitável que tanto o U2 como eu sejamos criticados por juntar esses dois mundos. Eles foram acusados de tentar adquirir algum prestígio intelectual emprestado, e eu sou considerado fascinado por estrelas. Nada disso importa muito. Eu venho atravessando fronteiras minha vida inteira — fronteiras físicas, sociais, intelectuais, artísticas — e percebi em Bono e Edge, que vim a conhecer até agora melhor do que aos outros, um apetite igual pelo novo, por qualquer coisa que alimente. Acho também que o envolvimento da banda com a religião — assunto tão inevitável na Irlanda quanto na Índia — nos deu, quando nos conhecemos, um assunto e um inimigo comum (o fanatismo).

Essa ligação com o U2 foi ótima para alimentar o estoque de anedotas. Algumas delas são risivelmente apócrifas. Há uns dois anos, por exemplo, uma reportagem de primeira página na imprensa irlandesa anunciou confidencialmente que eu havia morado na "loucura" — a casa de hóspedes que fica nos jardins da morada de Bono em Dublin, com uma vista espetacular da baía Killiney — durante quatro anos! Ao que parece, eu chegava e partia na calada da noite em um helicóptero que pousava na praia abaixo da casa. Outras histórias que parecem apócrifas infelizmente são verdadeiras. É verdade, por exemplo, que eu uma vez dancei — ou, para ser exato, usei um pula-pula — com Van Morrison na sala de Bono. É verdade também que na madrugada do dia seguinte tive de ouvir a aspereza do discurso do grande homem. (Mr. Morrison é conhecido por ficar um pouco mal-humorado ao final de uma noite longa. É possível que meus pulos não tenham chegado ao nível exigido pelos padrões dele.)

Ao longo dos anos, o U2 e eu discutimos a colaboração em diversos projetos. Bono mencionou uma idéia que tinha para um musical, mas minha imaginação não se acendeu. Houve uma outra longa noite dublinense (havia uma garrafa de Jameson entre nós) durante a qual o diretor de cinema Neil Jordan, Bono e eu conspiramos para fazer um filme de meu romance *Haroun e o mar de histórias*. Para minha grande tristeza, isso também não deu em nada. Então, no outono de 1999, publiquei *O chão que ela pisa*, no qual o mito de Orfeu se desenrola em uma história situada no mundo do rock. Orfeu é um mito que define tanto cantores quanto escritores — para os gregos, ele era o maior cantor, assim como o maior poeta —, e foi a minha história órfica que finalmente possibilitou a colaboração. Assim como muitas coisas boas, essa aconteceu sem ser planejada. Mandei para Bono e para o agente do U2, Paul McGinness, exemplares do romance ainda não publicado, digitados à mão, na esperança de que me dissessem se a coisa funcionava ou não. Bono me contou depois que ele estava preocupado comigo, achando que eu havia empreendido uma missão impossível e que começara a ler o livro com espírito de "policial" — ou seja, disposto a me salvar dos meus erros. Felizmente, o romance passou no teste. Lá no fundo dele, está o poema que Bono chamou de "faixa-título" do romance, uma triste elegia escrita pelo personagem masculino principal sobre a mulher que ele amava e que foi engolida por um terremoto: um lamento de Orfeu contemporâneo para sua Eurídice perdida.

Bono me telefonou. "Escrevi uma melodia para suas palavras e acho que pode ser uma das melhores coisas que já fiz." Fiquei perplexo. Uma das imagens principais do romance é a da fronteira permeável entre o mundo da imaginação e o mundo que habitamos, e ali estava uma canção imaginária atravessando essa fronteira. Fui até a casa de Paul McGuinness, perto de Dublin, para ouvir. Bono me levou até seu carro, onde tocou o CD demo. Só quando teve certeza de que eu havia gostado — e gostei logo de cara — foi que entramos na casa para tocar diante de todo mundo.

Depois disso, não houve muita coisa que se possa chamar de colaboração. Houve uma longa tarde em que Daniel Lanois, que estava produzindo a canção, trouxe a guitarra e sentou-se comigo para elaborar a estrutura da letra. E houve o Dia da Letra Perdida, em que fui chamado com urgência por uma mulher da Principle Management, que cuida do U2. "Eles estão no estúdio e não conseguem encontrar a letra. Você podia mandar por fax?" Além disso, silêncio, até a canção ficar pronta.

Eu não estava esperando que fosse acontecer, mas fiquei orgulhoso. Para o U2 também foi um começo. Poucas vezes antes usaram letras que não deles mesmos e normalmente não começam pela letra; o normal é ela surgir no fim. Mas de alguma forma tudo funcionou. Sugeri de brincadeira que podiam pensar em mudar o nome da banda para U2 + 1, ou, melhor ainda, para Me2 [que soa como *me too*, "eu também"], mas acho que eles já tinham ouvido todas essas piadas.

Durante um almoço ao ar livre em Killiney, o diretor de cinema Wim Wenders anunciou surpreendentemente que artistas não deviam mais fazer uso da ironia. Falar direto, dizia ele, era o que se fazia necessário agora: a comunicação devia ser direta, e qualquer coisa que pudesse criar confusão devia ser evitada. A ironia, no mundo do rock, adquiriu um sentido especial. O que

Wenders estava criticando era o constrangimento multimídia da fase *Achtung baby/Zooropa* do U2, que ao mesmo tempo abraçava e desmascarava a mitologia e a pose do estrelismo do rock, do capitalismo e do poder dos quais o MacPhisto encarnado por Bono era um emblema com sua cara branca, terno de lamê dourado e chifres de veludo vermelho. Como lhes é característico, o U2 reagiu levando essa atitude ainda mais longe, forçando-a até além do limite, na turnê *PopMart*, menos bem recebida. Depois disso, ao que parece, aceitaram o conselho de Wenders. O novo álbum e a turnê *Elevation* são o resultado econômico e impressionante disso.

Havia muita coisa em jogo com esse álbum, com essa turnê. Se as coisas não saíssem bem, podia ser o fim do U2. Eles decerto discutiram essa possibilidade, e o álbum atrasou muito enquanto se atormentavam por causa dele. Atividades extracurriculares — sobretudo de Bono — também os atrasaram, mas como essas atividades compreendiam fazer David Trumble e John Hume apertarem-se as mãos em cima de um palco público e reduzir Jesse Helms — Jesse Helms! — às lágrimas, obtendo seu apoio para a campanha contra a dívida do Terceiro Mundo, é difícil afirmar que se tratava de irrelevâncias auto-indulgentes. De qualquer forma, *All that you can't leave behind* [Tudo o que você não pode deixar para trás] acabou sendo um álbum forte, uma renovação de força criativa e, como disse Bono, há agora uma grande boa vontade com a banda. Já os vi três vezes este ano: no show "secreto", anterior à turnê, no pequeno teatro Astoria, e, depois, duas vezes nos Estados Unidos, em San Diego e em Anaheim. Eles abandonaram os estádios gigantes para tocar em espaços do tipo arena, que parecem minúsculos diante do gigantismo de seu passado recente. A apresentação foi despojada; em essência, são apenas os quatro no palco, tocando seus instrumentos e cantando suas canções. Para uma pessoa de minha idade, que se lembra de quando o rock era sempre assim, o show parece ao mesmo tempo nostálgico e inovador. Na era das bandas coreografadas de menininhos e menininhas sem instrumento (é, eu sei que as Supremes não tocavam guitarra, mas elas eram as Supremes!), é animador ver um grande quarteto de adultos fazer coisas boas e simples tão bem. Comunicação direta, como disse Wim Wenders. Funciona.

E eles tocam a minha música.

Maio de 2001

Sobre ser fotografado

Diante de um estúdio fotográfico em South London, o famoso fundo de papel branco brilhante de Avedon espera, parecendo estranhamente uma ausência: um espaço em branco no mundo. Na galeria de retratos de Avedon, pede-se que os modelos ocupem, e definam, um vazio. Alguém me contou uma vez que o sapo em cima da folha no lago mantém os olhos (que enxergam por relação entre movimentos) tão parados que não vêem nada, até um inseto atravessar voando seu campo de visão e se tornar literalmente a única coisa ali, capturada sem escapatória na tela branca da cegueira artificial e temporária do sapo. Aí, plac!, foi-se.

Existe algo de predatório em toda fotografia. O retrato é o alimento do retratista. Num incidente da vida real, que transformei em ficção em *Os filhos da meia-noite*, minha avó uma vez quebrou a cabeça de um conhecido com a própria câmera dele porque ousou apontar a lente para ela — é que ela acreditava que ele seria capaz de capturar com aquela caixa parte de sua essência, da qual ela ficaria conseqüentemente privada. O que o fotógrafo ganhava, o retratado perdia; as câmeras, como o medo, devoram a alma.

Se você acredita na linguagem — e a linguagem em si nunca mente, embora mentirosos muitas vezes sejam bons de bico —, então a câmera é uma arma: uma fotografia é um *shot* [um tiro] e uma sessão de fotos é uma *shoot* [uma sessão de tiro], e o retrato pode ser portanto o troféu que o caçador leva de sua *shikar* [caçada] para casa. Uma cabeça empalhada na parede. Do que foi dito acima pode-se concluir que não gosto muito de tirar fotografia, não gosto de ser o tema, prefiro explorar o tema. Hoje em dia, escritores são infindavelmente fotografados, mas em grande parte não se trata de retratos de verdade — são instantâneos de publicidade, e todo jornal, toda revista, tem de ter o seu. A maioria dos fotógrafos que trabalham com escritores é gentil. Eles nos fazem sair com nossa melhor cara, o que nem sempre é fácil. Eles nos prestam uma homenagem por sermos interessantes. Pedem nossas opiniões. Podem até ler nossos livros.

Richard Avedon é autor de alguns dos retratos fotográficos mais notáveis do nosso tempo, mas não é, no sentido em que usei o termo, gentil. Ele parece uma águia americana e vê seus temas contra o fundo branco com o olhar firme, sejam eles escritores, os poderosos da Terra, gente anônima ou seu próprio pai moribundo. Talvez, para Avedon, a técnica despojada, de mergulho, dos seus retratos seja uma alternativa necessária para o brilhante mundo de fantasia de sua outra vida como fotógrafo de moda. Nesses retratos ele não vende nada, mas narra. E talvez se excite também com o fato de as pessoas que olha não serem membros dessa nova tribo criada pela câmera: a tribo dos modelos profissionais.

Se a câmera é um ladrão de almas, será que não há algo faustiano no contato entre fotógrafo e modelo, entre o Mefistófeles da câmera e os belos homens e mulheres que ganham vida desejando a eternidade (ou ao menos a celebridade) na frente de seu olhar monofocal? Modelos sabem como posar, os bons sabem o que a câmera enxerga. São *performers* da superfície, manipuladores e apresentadores do próprio exterior excepcional. Mas, no fim das contas, a aparência do modelo é uma artificialidade, é uma aparência de como aparecer. Em seu tempo livre, modelos se fotografam uns aos outros sem parar, definindo cada momento passageiro de sua vida — um almoço, um passeio, uma reunião —, registrando tudo em filme. Garry Winogrand, citado por Susan Sontag em *Sobre fotografia*, diz que tira fotos "para ver como uma coisa fica quando fotografada", e esses modelos profissionais são igualmente aprisionados — não podem nunca sair da moldura. Passam a ser citações de si mesmos. Até a câmera perder o interesse e eles desbotarem. A história de Fausto não tem um final feliz.

As fotos de glamour de Avedon muitas vezes tocaram no tema da beleza e sua transitoriedade. Numa seqüência recente, a supermodelo Nadja Auermann aparece em uma série surreal de agarrões estilosos com um esqueleto animado que é, claro, um fotógrafo. A morte e a donzela, um espetáculo, com roupas dos grandes costureiros do mundo. Talvez Avedon esteja fazendo uma piada consigo mesmo, o esqueleto como um velho posudo; talvez esteja apontando para a superação do fenômeno da supermodelo. Igualmente relevante, porém, é a sua total disposição de entrar para o mundo do alto orçamento, da brilhante elaboração desse tipo de *extravaganza* do megacomercial negócio de roupas. Não se trata de um artista de torre de marfim.

O contraste com seus retratos não podia ser maior. O retrato fotografado é o palco nu de Avedon, seu campo arruinado. Será que é preciso fazer *alguma coisa* com as belezas excepcionais — cobrir seus rostos com pingentes de gelo, fazê-las dançar com esqueletos — para torná-las interessantes de fotografar; enquanto os não belos, os rostos da vida real, são gratificantes mesmo (ou só) quando sem enfeites?

Um grande retrato fotografado é um retrato do interior. Cartier-Bresson e Elliott Erwitt pegam seus modelos na coxia, por assim dizer: muitas vezes, seu trabalho é revelador porque os modelos foram pegos desprevenidos. Avedon é mais formal: o fundo branco, a velha câmera de chapas, majestosa em seu tripé. Nesse cenário, é o inseto que tem de ficar perfeitamente imóvel, não o sapo.

Já vi muitos fotógrafos trabalhando. Lembro-me de Barry Lategan com uma garbosa boina, fotografando sem parar durante uma entrevista, balançando a cabeça cada vez que eu dizia alguma coisa de que ele gostava. Comecei a observá-lo cuidadosamente, a depender de seu movimento de cabeça, viciado em sua aprovação: representando para ele. Lembro-me de Sally Soames me convencer a deitar em um sofá, com ela quase deitada em cima de mim para conseguir a foto que queria, foto na qual não é de surpreender que eu tenha uma expressão bastante sonhadora nos olhos. Lembro-me de lorde Snowdon mudando de lugar toda a mobília de minha casa, arrumando peças de "indianidade" à minha volta: um quadro, uma *hookah*. O resultado jamais me atraiu: o escritor como um exótico. Às vezes, os fotógrafos chegam a você com uma foto já pronta na cabeça e aí você se dá mal.

Já vi uma porção de fotógrafos trabalhando, mas nunca vi nenhum que tirasse tão poucas poses em uma sessão como Avedon com sua grande câmera de chapas. Fico pensando se ele sabe exatamente o que quer, ou se se contenta com o que vem: pois Avedon é um homem de agenda ocupada. Algumas pessoas dão a ele mais que outras — então o ônus de nos transformar em uma boa fotografia repousa sobre nós, seus modelos não profissionais, que sabemos bem mais sobre nosso interior que sobre nosso exterior? Temos de nos desvendar ou a bruxaria dele nos desvendará de qualquer jeito?

Ele me coloca exatamente como quer que eu fique. Não devo oscilar o corpo nem um milímetro, porque posso sair de foco: é uma situação crítica. Tenho de sustentar minha expressão pelo que me parece uma eternidade. Me vejo pensando: é assim que eu fico quando me fazem ficar assim. Será a fotografia de um homem fazendo alguma coisa estranha à qual não está acostumado. Então, me encolhendo por dentro, rendo-me ao grande homem. Esse é *Richard Avedon*, digo a mim mesmo. Ele que tire a bendita foto, e não discuto.

Dois cenários, um interior com uma capa de chuva preta comprida e outro ao ar livre, um grande close, com camisa preta risca-de-giz. Vi o resultado do close primeiro e, para dizer a verdade, fiquei chocado e deprimido. Parecia... satânico. Uma parte de mim colocava a culpa no fotógrafo; outra parte, maior, culpava o meu rosto. Quando encontrei Avedon de novo, suas primeiras palavras foram: "Então, detestou?". Não fui capaz de sorrir e dizer "foi ótimo". "É muito sombrio", respondi. "Ah, mas a outra foto é muito mais camarada", ele me consolou. A outra foto é a que ilustra este texto. Felizmente, gostei mesmo dela. Não sei se "camarada" é a palavra certa para ela (na verdade, tenho certeza de que "camarada" *não* é a palavra certa para ela; eu às vezes tenho um jeito alegre, até jovial, e esta definitivamente não é uma dessas ocasiões), mas me sinto, como se diz, "confortável" com a minha aparência. A cabeça está com boa forma — ela nem sempre tem uma boa forma em fotografias —, a barba está arrumada e o rosto tem certa melancolia vivida que não posso negar reconhecer no espelho. A capa de chuva japonesa preta está ótima.

O jeito como o modelo de uma fotografia olha seu retrato é diferente do jeito que qualquer outra pessoa o verá. Você espera que seus piores traços não tenham ficado muito evidentes. Espera não parecer um catador de lixo. Espera não assustar as pessoas que verão a foto por acaso.

Vou tentar ver essa foto como se não fosse eu o modelo. Richard Avedon não estava interessado em fazer a foto de um romancista sem nenhuma preocupação no mundo. Acho que ele queria fazer um retrato de um escritor para quem uma porção de coisas ruins aconteceu. Acho que a foto revela uma parte dessa dor, mas também, espero, mostra certa resistência e persistência. É uma foto forte, e sou grato a Avedon por sua solidariedade, pela clareza de sua foto e por sua força.

Novembro de 1995

Desastre

A morte da princesa Diana

Foi tudo tão perturbadoramente romanesco, e o romance em que estou pensando não é um conto de fadas, embora a história de Diana tenha começado como um conto de fadas; nem é uma novela de televisão, apesar da longa saga dos combativos Windsor ser bem borbulhante. Estou pensando em *Crash*, de J. G. Ballard, cuja recente adaptação cinematográfica de David Cronenberg [*Estranhos prazeres*] arrancou uivos do lobby da censura, principalmente na Grã-Bretanha. Uma das mais soturnas ironias de um acontecimento soturno é os temas e as idéias expostos por Ballard e Cronenberg, temas e idéias que muita gente na Grã-Bretanha chamou de pornográficos, terem sido tão letalmente representados no desastre de automóvel que matou a princesa Diana, Dodi Al-Fayed e o motorista bêbado.

Vivemos em uma cultura que rotineiramente erotiza e glamouriza sua tecnologia de consumo, principalmente o automóvel. Vivemos também em uma Era da Fama, em que a intensidade de nosso olhar sobre as celebridades transforma os famosos em bens públicos, transformação essa que muitas vezes se mostra tão poderosa a ponto de destruí-los. O romance de Ballard, ao juntar esses dois poderosos fetiches eróticos — o automóvel e a estrela — em um ato de violência sexual (um desastre de carro), cria um efeito tão chocante que foi considerado obsceno.

A morte da princesa Diana é uma obscenidade desse tipo. Uma das razões para essa morte ser tão triste é o fato de parecer tão sem sentido. Morrer porque não queria que tirassem sua fotografia! O que poderia ser mais sem sentido, mais absurdo? Mas na verdade esse acidente assustador está carregado de significados. Ele nos diz verdades incômodas sobre aquilo em que nos transformamos.

Em nossa imaginação erótica, talvez só a câmera possa rivalizar com o automóvel. A câmera, como um repórter, capta a notícia e a entrega em nossa porta e, numa modalidade mais desejável, muitas vezes se volta para mulheres bonitas e oferecem essas mulheres para o nosso deleite. No desastre fatal da princesa Diana, a Câmera (ao mesmo tempo Repórter e Amante) junta-se ao Automóvel e à Estrela, e o coquetel de morte e desejo torna-se ainda mais poderoso que no livro de Ballard.

Pense um pouco. O objeto de desejo, a Bela (princesa Diana), é insistentemente sujeita às atenções não solicitadas de um pretendente insistente (a Câmera) até que um cavaleiro ousado e encantador (montado em seu Automóvel) arrebata-a. A Câmera, com seu focinho de lente teleobjetiva inevitavelmente fálico, sai em perseguição. E a história chega ao seu trágico final, pois o Automóvel é dirigido não por um herói, mas por um bêbado desajeitado. Não confie em contos de fadas, nem em cavaleiros gentis. O objeto de desejo, no momento de sua morte, vê as lentes fálicas avançando para ela, batendo, batendo. Pense um pouco e a pornografia da morte de Diana Spencer logo se revela. Ela morreu em um assédio sexual sublimado.

Sublimado. Isso é o que importa. A Câmera não é, no fim das contas, um pretendente de verdade. Verdade que procura possuir a Bela, captá-la em filme, para lucros econômicos. Mas isso é um eufemismo. A verdade brutal é que a câmera está agindo por nós. Se a câmera age voyeuristicamente, é porque nossa relação com a Bela sempre foi voyeurista. Se há sangue nas mãos dos fotógrafos, das agências de fotografia e dos editores de fotos da mídia impressa, há também nas nossas. Que jornal você lê? Quando viu fotos de Dodi e Diana se divertindo, você disse "não tenho nada a ver com isso" e virou a página?

Somos voyeuristas mortais. "Estão contentes agora?", o povo da Grã-Bretanha tem gritado aos fotógrafos. Podemos responder à mesma pergunta? Estamos contentes agora? Vamos parar de ficar fascinados com aquelas imagens ilícitas dos beijos de Diana, ou com aqueles "furos sensacionalistas" anteriores do príncipe Charles nu em um quarto distante, de Fergie tendo seus dedos dos pés chupados, todos esses momentos roubados da vida privada das pessoas públicas que, há mais de uma década, vêm recheando nossos jornais e revistas populares? Não vamos mais querer escutar as intimidades daqueles que aprisionamos na fama — como a voluptuosa estrela de cinema terráquea de um romance de Vonnegut, aprisionada junto com um homem no planeta Tralfamadore para que os nativos pudessem estudar seus hábitos de acasalamento?

Nem pensar.

A princesa Diana desenvolveu uma grande habilidade em construir as imagens de si mesma que queria que as pessoas vissem. Lembro-me de um editor de jornal britânico me contando como ela compôs a famosa foto dela sentada, sozinha e abandonada, na frente do maior monumento mundial ao amor, o Taj

Mahal. Ela sabia, disse ele, exatamente como o público ia "ler" aquela foto. Ia atrair grande simpatia por ela e fazer as pessoas pensarem (ainda mais) mal do príncipe de Gales. A princesa Diana não era dada a usar palavras como "semiótica", mas era uma capacitada semioticista de si mesma. Com segurança cada vez maior, ela nos deu os sinais com os quais a conheceríamos como queria ser conhecida.

Algumas vozes vêm falando que seu "conluio" com a mídia em geral e com os fotógrafos em particular deve ser um importante fator atenuante em qualquer discussão sobre o papel dos paparazzi em sua morte. Talvez. Mas é preciso também levar em conta a importância que uma mulher na posição dela atribui ao controle de sua imagem pública. A figura pública só gosta de ser fotografada quando ela ou ele está preparado para isso, "em guarda", pode-se dizer. O paparazzo só procura o momento desguardado. A luta é pelo controle, por uma forma de poder. Diana não queria dar aos fotógrafos poder sobre si mesma, ser apenas o Objeto deles (nosso). Ao escapar das lentes perseguidoras, ela estava afirmando sua determinação, talvez seu direito, de ser algo mais digno: isto é, ser um Sujeito. Ao tentar converter-se de Objeto em Sujeito, de bem público em humanidade, ela encontrou a morte. Querendo ser senhora da própria vida, ela se entregou a um motorista que não estava capacitado nem para controlar o carro dela. Isso também é uma triste ironia.

Os Windsor e os Fayed são os arquetípicos Insiders e Outsiders. Mohammad al-Fayed, o egípcio que queria ser inglês, comprou a Harrods (e membros conservadores do Parlamento) em sua frustrada busca de cidadania britânica e participação em um establishment que fechou as portas para ele. O amor da princesa Diana por Dodi Al-Fayed pode ter parecido ao pai de Dodi um momento de doce triunfo sobre o establishment. Diana viva era o troféu supremo. Na morte, ela pode desmanchar Al-Fayed. Ele perdeu seu filho mais velho e talvez também sua última e melhor chance de ser aceito pelos britânicos.

Descrevi os Windsor como Insiders, mas seu status também está em dúvida. Antes amados pela nação, eles agora são vistos em grande parte como a família que maltratou a bem mais amada Diana. Se Al-Fayed está condenado a permanecer do lado de fora, olhando para dentro, a própria Família Real talvez possa estar saindo. O amor da nação por Diana vai, sem dúvida, transferir-se para seus filhos. Mas se nosso insaciável apetite voyeurista pela icônica Diana foi responsável por sua morte, deveríamos nos questionar seriamente a respeito desses meninos. Será que não seria melhor para eles ser mantidos longe dos paralisantes encargos da realeza? Como podem continuar vivendo no mundo real que ela tentou lhes mostrar, o mundo além da sociedade fechada da aristocracia britânica, além do Eton College? A própria Diana parecia muito mais feliz depois de ter escapado da Família Real. Talvez a Grã-Bretanha ficasse mais contente se conseguisse escapar também e aprendesse a viver sem reis e rainhas. Essas são as idéias impensáveis que agora se tornaram absolutamente pensáveis.

Setembro de 1997

Criação de avestruzes

É uma honra meio intimidante enfrentar uma "entrevista coletiva" tão ilustre em um horário matinal em que geralmente mal sou capaz de falar. Embora eu deva confessar que depois de minha recente turnê norte-americana de divulgação de meu livro, nove horas da manhã parece brincadeira de criança. Em um dia de janeiro, em Chicago, me vi sentado na cama de hotel do presidente Reagan — devo esclarecer que não ao mesmo tempo que o presidente Reagan — e dei por telefone nada menos que onze entrevistas radiofônicas antes das oito da manhã: foi o meu recorde. Quando vim a Washington quatro anos atrás para participar de uma conferência sobre liberdade de expressão, um ajudante do presidente Bush, ao explicar por que nenhum membro daquela administração estava disposto a me receber, observou que, afinal de contas, eu era "só um autor promovendo seu livro". É difícil colocar em palavras como foi docemente satisfatório esse mês de janeiro, que sensação de triunfo ele me deu, apesar de todas aquelas manhãs levantando cedo e sendo, de fato, apenas um autor promovendo seu livro. Um autor promovendo seu livro *que dorme na cama do presidente*.

Por falar em presidentes, talvez vocês se interessem em saber que, quando finalmente consegui visitar a Casa Branca, a reunião foi marcada para a véspera do Dia de Ação de Graças, num horário imediatamente antes do imperdível compromisso do presidente Clinton, nos jardins da Casa Branca, com um certo Tom, O Peru, que ele devia "perdoar" diante da imprensa reunida. Era portanto compreensivelmente impossível saber se o presidente teria tempo para dedicar à minha visita. A caminho do encontro, me vi inventando histericamente as manchetes do dia seguinte: "Clinton encontra Peru — Rushdie é assado", por exemplo. Felizmente, essa manchete imaginária revelou-se incorreta, e meu encontro com Mr. Clinton ocorreu e mostrou-se muito interessante e, do ponto de vista político, extremamente útil.

Eu estava pensando no que poderia dizer de útil e interessante a *vocês* hoje — imaginando se isso é possível e qual seria o terreno comum entre romancistas e jornalistas — quando meu olho bateu neste breve texto de um diário britânico: "No *Independent* de ontem afirmamos que sir Andrew Lloyd Webber está criando avestruzes. Não está".

Pode-se imaginar a confusão que se esconde por baixo dessas frases admiravelmente lacônicas: a aflição humana, os protestos. Como sabem, a Grã-Bretanha vem atravessando ultimamente um período que se poderia qualificar de grande insegurança dos rebanhos. Assim como os rebanhos de gado mentalmente instável, ocorreu o alarmante caso da fraude ou farsa dos grandes criadores de avestruzes. Nestes momentos superaquecidos, um homem que não é criador de avestruzes, ao ser acusado de sê-lo, não vai aceitar com facilidade a alegação. Pode até sentir que sua reputação foi ameaçada.

Simplesmente foi um erro o *Independent* sugerir que sir Andrew Lloyd Webber esteja criando avestruzes. Ele é, evidentemente, um famoso exportador de perus* musicais. Mas, se concordarmos por um momento em permitir que a criação de avestruzes pretensamente secreta e supostamente fraudulenta seja tomada como uma metáfora de todas as atividades pretensamente secretas e supostamente fraudulentas do mundo, não teríamos de concordar também que é vital que esses fazendeiros criadores de avestruzes sejam identificados, seus nomes divulgados e levados a prestar contas de suas atividades? Será que não é isso que se encontra no coração mesmo do projeto de uma imprensa livre? E não haverá ocasião em que todos os editores que estão nesta sala estariam dispostos a, no interesse nacional, aceitar uma pauta dessas — poderíamos chamá-la de Avestruzgate — a partir de provas não tão sólidas?

Pouco a pouco, estou chegando ao que quero dizer e que é o seguinte: a grande questão com que se deparam escritores, tanto de jornalismo quanto de romances, é determinar e depois publicar a verdade. Porque o objetivo final, tanto do escritor de fatos quanto do escritor de ficção, é a verdade, por mais paradoxal que isso possa parecer. E a verdade é escorregadia, difícil de estabelecer. Erros, como o do caso de Lloyd Webber, podem acontecer. E, se a verdade pode libertá-lo, pode também jogá-lo no fogo. Por melhor que soem as palavras, a verdade é muitas vezes intolerável, estranha, pouco ortodoxa. Os exércitos de idéias preconcebidas se postam contra ela. As legiões de todos aqueles que lucram com inverdades úteis marcham contra ela. No entanto, apesar de tudo isso, ela precisa ser dita.

Porém, alguém pode objetar, será realmente possível afirmar que existe alguma ligação entre a verdade da notícia e o mun-

---

* Em inglês, *turkeys*, que também significa "fracassos". (N. T.)

do da imaginação? No mundo dos fatos, um homem é criador de avestruzes ou não. No universo da ficção, ele pode ser quinze coisas contraditórias ao mesmo tempo.

Vou tentar uma resposta.

A palavra "novela" [romance] deriva da palavra latina para *notícia*; em francês, *nouvelle* quer dizer tanto romance como notícia. Cem anos atrás, as pessoas liam romances, entre outras coisas, em busca de informação. No *Nicholas Nickleby*, de Dickens, os leitores britânicos encontraram informações chocantes sobre as escolas pobres, como Dotheboys Hall, e essas escolas foram posteriormente abolidas. *A cabana do Pai Tomás, As aventuras de Huckleberry Finn* e *Moby Dick* são cheios de informações, nesse sentido noticioso.

Então: até o advento da era da televisão, a literatura compartilhava com o jornalismo impresso a tarefa de contar para as pessoas coisas que elas não sabiam. Hoje não é mais esse o caso, nem da literatura, nem do jornalismo impresso. Aqueles que lêem jornais e romances agora obtêm sua informação primordial sobre o mundo através da televisão, da internet e do rádio. Há exceções: o sucesso desse vivo romance, *Primary colors* [Cores primárias], mostra que romances às vezes podem levantar a tampa de um mundo escondido mais eficientemente do que uma reportagem; e claro que a notícia falada é altamente seletiva, e os jornais fornecem muito maior abrangência e profundidade de cobertura. Mas gostaria de sugerir que muitas pessoas agora lêem jornais *para ler as notícias sobre as notícias*. Lemos em busca de opinião, de atitude, de interpretação. Não lemos em busca de dados crus, não em busca dos "fatos, fatos, fatos" de Gradgrind, mas para obter um panorama das notícias de que gostamos. Agora que a mídia falada cumpre a função de ser a primeira a noticiar, os jornais, assim como os romances, entraram para o reino da imaginação. Ambos fornecem versões do mundo.

Talvez isso seja mais claro em um país como a Grã-Bretanha, com sua imprensa primordialmente nacional, do que nos Estados Unidos, onde a grande proliferação de jornais locais permite que o jornalismo impresso forneça o serviço adicional de responder a preocupações locais e adotar características locais. Os diários de qualidade mais bem-sucedidos na Grã-Bretanha — *The Guardian, The Times, Telegraph* e *Financial Times* — obtêm sucesso porque têm um quadro claro de quem são seus leitores e de como falar a eles. (O definhante *Independent* conseguia isso também, mas parece ter perdido o rumo ultimamente.) Eles são bem-sucedidos porque têm em comum com seus leitores uma visão da sociedade britânica e do mundo.

A notícia passou a ser uma questão de opinião. E isso coloca o editor de notícias em uma posição que não é diferente da posição do romancista. É função do romancista criar, comunicar e manter ao longo do tempo uma visão de mundo pessoal e coerente que entretenha, interesse, estimule, provoque, alimente seus leitores. O editor de jornal tem de fazer exatamente a mesma coisa com as páginas à sua disposição. Nesse sentido especializado — e permitam-me sublinhar que digo isso como um elogio! — estamos todos no negócio da ficção hoje em dia.

Às vezes, é claro, a notícia do jornal parece fictícia em um sentido menos elogioso. Na Páscoa, um importante jornal dominical britânico publicou uma matéria de primeira página anunciando a descoberta da tumba — na verdade dos ossos mesmo — do próprio Jesus Cristo; uma descoberta, como o jornal apressou-se em apontar, de profunda significação para a religião cristã, cujos fiéis estavam, naquele momento, comemorando a ascensão física de Jesus ao céu, supostamente acompanhado por seus ossos. Não apenas Jesus, mas José, Maria, alguém chamada Maria II (talvez a Madalena) e mesmo um certo Judá, filho de Jesus, haviam sido descobertos, proclamavam as manchetes do jornal. Bem mais adiante no artigo — muito além do ponto a que a maior parte dos leitores chegaria — revelava-se que *a única prova* de que se tratava realmente da família de Jesus era a simples coincidência de nomes, os quais, admitia a jornalista, estavam entre os mais comuns daquela época. Mesmo assim, insistia ela, a cabeça não conseguia deixar de especular...

Bobagens desse tipo sempre fizeram parte do valor de entretenimento de um jornal. Mas o espírito da ficção o permeia também de outras maneiras.

Uma das verdades mais excepcionais sobre a novela de televisão que é a Família Real inglesa é que, em grande medida, as figuras principais tiveram sua personalidade inventada pela imprensa britânica. E é tal o poder da ficção que a realeza de carne e osso foi se tornando cada vez mais igual a seus personagens impressos, incapazes de escapar da ficção de sua vida imaginária.

A criação de "personagens" está, na verdade, rapidamente se transformando em parte essencial da informação privada do jornalismo impresso. Nunca antes os perfis pessoais e as colunas de celebridades — nunca antes a *fofoca* — ocuparam tanto espaço de jornal quanto agora. A palavra "perfil" é adequada. Num perfil, o sujeito nunca é confrontado de cara, mas recebe sempre um olhar de soslaio. Um perfil é plano, bidimensional. É um esboço. Mesmo assim, as imagens criadas nesses textos curiosos (muitas vezes com a colaboração dos sujeitos) são excepcionalmente potentes — pode ser quase impossível para a pessoa em si alterar, por meio de atos e palavras, as impressões criadas por um perfil — e, graças ao poderoso Arquivo de Recortes, eles também se autoperpetuam.

Um romancista, se é talentoso e tem sorte, pode, ao longo de uma vida de trabalho, fornecer um ou dois personagens que entram para o panteão exclusivo dos inesquecíveis. Os personagens de um romancista almejam a imortalidade; os de um jornalista de perfis, talvez a celebridade. Hoje em dia, nós veneramos não imagens, mas a Imagem em si: e qualquer homem ou mulher que se revele ao olhar público torna-se uma vítima potencial nesse templo. Muitas vezes, repito, é uma vítima voluntária, que voluntariamente bebe o cálice envenenado da Fama. Mas para muita gente, incluindo a mim mesmo, a experiência de ter seu perfil traçado é, talvez, o mais próximo que se chega da sensação de ser usado como matéria-prima de um escritor, ter seus sentimentos e atos, relacionamentos e vicissitudes transformados, pela escrita, em algo sutilmente — ou não sutilmente — diferente. Ver a nós mesmos transmutados em alguém que não reconhecemos. Para um romancista, admito, ser reescrito assim é amargurante. Tudo bem. Mesmo assim, algo no processo parece ligeiramente — insisto, *ligeiramente* — impróprio.

Na Grã-Bretanha, a invasão da vida privada de figuras públicas provocou em certas áreas pedidos por leis de privacidade, por uma questão de proteção. É verdade que na França, onde existem essas leis, a filha ilegítima do falecido presidente Mitterrand conseguiu crescer sem ser molestada pela imprensa; mas, no lugar onde os poderosos podem se esconder atrás da lei, será que muita criação de avestruz em segredo não vai passar despercebida? Sou contra leis que restringem as liberdades investigativas da imprensa. Mas, sendo eu alguém que teve a incomum experiência de se tornar, por algum tempo, uma notícia quente — de, como diz meu amigo Martin Amis, "desaparecer na primeira página" —, seria desonesto negar que, quando minha família e eu fomos alvo de invasões e distorções da mídia, meus princípios ficaram seriamente abalados.

Mesmo assim, meu sentimento dominante em relação à imprensa é de gratidão. Nenhum escritor poderia esperar uma reação mais generosa ao seu trabalho — ou perfis mais justos e civilizados! — do que aquela que recebi este ano nos Estados Unidos e no mundo todo. E, no longo desdobrar do chamado caso Rushdie, os jornais norte-americanos foram de grande importância para manter vivas as questões envolvidas, garantindo que os leitores mantivessem a atenção nos pontos essenciais do princípio em questão, e fazendo com que os líderes americanos fossem obrigados a falar e agir. Mas há mais que isso a agradecer. Eu já disse que editores de jornal, como romancistas, precisam criar, comunicar e manter uma visão da sociedade. Em qualquer visão de uma sociedade livre, o valor da livre expressão deve ser o mais alto, pois é a liberdade sem a qual todas as outras liberdades fracassarão. Jornalistas fazem mais que a maioria de nós para proteger esses valores; pois o exercício da liberdade é a sua melhor defesa, e isso é uma coisa que vocês todos fazem, todos os dias.

Porém vivemos em uma era cada vez mais censória. Com isso quero dizer que a aceitação ampla, de fato internacional, dos princípios da Primeira Emenda Constitucional está sendo constantemente erodida. Muitos grupos de interesse específico, invocando a alta moral, agora exigem a proteção do censor. A correção política e a ascensão do direito religioso fornecem ao lobby da censura novas coortes. Eu gostaria de falar um pouco sobre uma das armas desse lobby que está ressurgindo, um arma usada, o que é interessante, por todos, desde as feministas antipornografia até os fundamentalistas religiosos: estou falando do conceito de "respeito".

Na superfície, "respeito" é uma daquelas idéias contra as quais ninguém se opõe. Como um bom casaco quente no inverno, como o aplauso, como o ketchup nas batatas fritas, todo mundo quer um pouco. *Sock-it-to-me-sock-it-to-me* [soca isso em mim, soca isso em mim], como diz Aretha Franklin. Mas o que costumávamos chamar de respeito — o que Aretha queria dizer com isso, ou seja, uma mistura de consideração cálida e atenção séria — tem pouco a ver com o novo uso ideológico da palavra. Hoje em dia, os extremistas religiosos exigem *respeito* para suas atitudes de crescente estridência. Pouquíssimas pessoas irão contra a idéia de que o direito das pessoas à crença religiosa deve ser respeitado — afinal, a Primeira Emenda garante esse direito tão inequivocamente quanto defende a liberdade de expressão —, mas hoje nos exigem que concordemos que discordar dessas crenças — afirmar que elas são suspeitas, ou antiquadas, ou erradas; que, na verdade, são *discutíveis* — é incompatível com a idéia de respeito. Quando a crítica é impedida como "desrespeitosa" e, portanto, ofensiva, algo de estranho está acontecendo com o conceito de respeito. Porém em tempos recentes, tanto a American National Endowment for the Arts como a própria BBC britânica anunciaram que vão usar essa nova versão de "respeito" como pedra de toque para suas decisões de atribuição de verbas.

Outros grupos minoritários — raciais, sexuais, sociais — exigiram também que se dedique a eles essa nova forma de respeito. "Respeitar" Louis Farrakhan, temos de entender isso, é simplesmente concordar com ele. "Recusá-lo" é simplesmente discordar. Mas, se discordar é considerado também uma forma de "recusa", então efetivamente sucumbimos à Polícia do Pensamento. Quero sugerir a vocês que cidadãos de sociedades livres, democracias, não preservam sua liberdade evitando comprometer-se com as opiniões de seus concidadãos, nem deixando de expressar as suas mais caras convicções. Em sociedades livres, é preciso jogar livremente com as idéias. Tem de haver discussão, e ela deve ser desapaixonada e desembaraçada. Uma sociedade livre não é um lugar calmo e tranqüilo — esse é o tipo de sociedade morta, estática, que ditadores tentam criar. Sociedades livres são dinâmicas, barulhentas, turbulentas e cheias de discordâncias radicais. Ceticismo e liberdade estão indissoluvelmente ligados; e é o ceticismo dos jornalistas, o "mostre", o "prove" de sua recusa a se impressionar que talvez seja sua contribuição mais importante para a liberdade do mundo livre. É o *desrespeito* dos jornalistas — pelo poder, pelas ortodoxias, pelas linhas partidárias, por ideologias, pela vaidade, pela arrogância, pela loucura, pela pretensão, pela corrupção, pela burrice, talvez mesmo por editores — que eu gostaria de celebrar aqui esta manhã e que insisto com todos vocês que preservem, em nome da liberdade.

(A partir de discurso feito para a Sociedade Americana de Editores de Jornais)

Abril de 1996

Droga, é este o panorama oriental para você!

Um vez, dei uma palestra para estudantes universitários em Delhi e quando terminei uma garota levantou a mão. "Mr. Rushdie, li inteirinho o seu romance *Os filhos da meia-noite*", disse ela. "É um livro muito comprido, mas mesmo assim li até o fim. A pergunta que quero fazer é a seguinte: fundamentalmente, qual é o seu objetivo?"

Antes que eu tentasse responder, ela falou de novo. "Ah, sei o que o senhor vai dizer. Vai dizer que o esforço todo — ir de capa a capa —, que o objetivo é o exercício. Não era isso que o senhor ia dizer?"

"Algo assim, talvez...", retorqui.

Ela grunhiu. "Não vai servir."

"Por favor", implorei, "tem de ser apenas *um* objetivo?"

"Fundamentalmente", disse ela, com impressionante firmeza, "é, sim."

A literatura indiana contemporânea ainda é em grande parte desconhecida nos Estados Unidos, apesar de sua considerável energia e diversidade nos dias de hoje. Os poucos escritores que impressionaram (R. K. Narayan, Vikram Seth) são inevitavelmente lidos em uma espécie de isolamento literário: textos sem contexto. Alguns escritores de ascendência indiana (V. S. Naipaul, Bharati Mukherjee) rejeitam o rótulo étnico de "escritores indianos", talvez num esforço de se colocar em outros contextos literários mais bem entendidos. Mukherjee considera-se, hoje, uma escritora norte-americana, enquanto Naipaul talvez prefira ser lido como um artista de lugar nenhum ou de todo lugar. Os indianos (e desde a partilha do subcontinente, há quase cinqüenta anos, devem-se mencionar também os paquistaneses) há muito se tornaram migrantes, buscando sua sorte na África, na Austrália, na Grã-Bretanha, no Caribe, na América do Norte, e essa diáspora produziu muitos escritores que reivindicam um excesso de raízes; escritores como o poeta americano-caxemirense Agha Shahid Ali, cujos versos olham de Massachusetts para Srinagar, por meio de outras catástrofes:

> *o que, além de Deus, desaparece no altar?*
> *Oh, Caxemira, Armênia desaparecida. Palavras nada são,*
> *rumores apenas — como rosas — para a matança embelezar.*

Como, então, fazer qualquer declaração simples, que resuma — "fundamentalmente, qual é o seu objetivo?" — uma literatura tão multiforme, que vem desse enorme país (quase 1 bilhão de pessoas de acordo com o último censo), essa vasta, metamórfica cultura do tamanho de um continente, que dá a sensação, tanto para indianos quanto para visitantes, de um contínuo assalto aos sentidos, às emoções, à imaginação, ao espírito? Coloque-se a Índia no oceano Atlântico e ela iria da Europa aos Estados Unidos; somem-se a Índia e a China e tem-se quase a metade da população do mundo.

Hoje em dia, novos escritores indianos parecem emergir a cada poucas semanas. Seu trabalho é tão polimorfo quanto o lugar, e os leitores que se importam com a vitalidade da literatura descobrirão que pelo menos algumas dessas vozes dizem algo que eles querem ouvir. O próximo aniversário de cinqüenta anos da Independência indiana é um útil pretexto para uma análise de meio século de escritura pós-liberação. Já há muitos meses estou lendo extensivamente essa literatura e minha estudante interrogadora de Delhi talvez goste de saber que a experiência me levou a uma única — inesperada e profundamente irônica — conclusão.

Que é a seguinte: a prosa escrita — tanto de ficção quanto de não-ficção — criada por escritores indianos que trabalham em inglês está se mostrando um corpo de trabalhos mais interessante que a maior parte do que foi produzido nas dezesseis "línguas oficiais" da Índia, as chamadas línguas vernáculas, durante o mesmo período.

É uma avaliação ousada, embora seja algo fácil de ser aceito por leitores ocidentais; se a maioria dos escritores indianos de língua inglesa ainda é bastante desconhecida no Ocidente, o problema é bem maior no caso das literaturas vernáculas. Dos autores de língua não inglesa da Índia talvez só o nome do escritor bengalês Rabindranath Tagore, vencedor do prêmio Nobel, seja reconhecido; e mesmo sua obra, embora popular na América Latina, é em grande parte um livro fechado em outras partes do mundo.

Trata-se, porém, de uma avaliação que vai contra quase toda a sabedoria crítica dentro da própria Índia.* É também uma avaliação que nunca pensei em fazer.

Admito que fiz minhas leituras em inglês apenas, e há muito existe um genuíno problema de tradução na Índia — não apenas

---

* Quando publicado em duas versões ligeiramente diferentes, este ensaio despertou uivos de protesto e condenação. Quase todos os críticos indianos e a maioria dos escritores indianos discordaram da proposição central deste artigo. Os leitores devem, então, estar alertados de que minha posição é imprópria. O que não quer dizer que seja necessariamente errada.

para o inglês, mas entre as línguas vernáculas — e é possível que bons escritores tenham sido mal servidos pela inadequação de seus tradutores. Atualmente, porém, entidades como a Indian Sahitya Akademi e a Unesco, além dos próprios editores indianos, vêm investindo recursos substanciais na produção de melhores traduções, e o problema, embora não erradicado, certamente diminuiu muito.

Devo acrescentar que a poesia não faz parte da minha tese. As ricas tradições da Índia continuam a florescer em muitas línguas: os poetas de língua inglesa, com poucas ilustres exceções — Arun Kolatkar, A. K. Ramanujan, Jayante Mahapatra, Dom Moraes —, não se comparam à qualidade de suas contrapartidas em prosa.

Ironicamente, o século que antecede a Independência possui muitos autores de línguas vernáculas que mereceriam um lugar em qualquer antologia: Bankim Chandra Chaterjee, Rabindranath Tagore, dr. Muhammad Iqbal, Mirza Ghalib, Bibhutibhushan Banerjee (autor de *Pather Panchali*, no qual Satyajit Ray baseou sua celebrada trilogia de filmes Apu) e Premchand, o prolífico (e, portanto, bastante variável), autor indiano de, entre muitos outros, um famoso romance sobre a vida rural, *Godaan* ou *The gift of a cow* [Uma vaca de presente].

Isso não quer dizer que não se possam encontrar excelentes escritores fora do inglês. Entre as figuras principais estão Mahasveta Devi (bengalês), O. V. Vijayan (malayalam), Nirmal Verma (híndi), U. R. Ananthamurthy (kannada), Suresh Joshi (gujarati), Amrita Pritam (punjabi), Qurratulain Haider (urdu) e Ismat Chughtai (urdu). Mas esses artistas estão espalhados por muitas línguas; é a concentração de novos talentos em inglês que criou o fenômeno, o *boom*. Para o meu gosto, o melhor escritor indiano encontrado em tradução — melhor autor que a maioria dos escritores de língua inglesa — é Saadat Hasan Manto, imensamente popular autor urdu de ficções sobre o baixo mundo, às vezes desprezado pelos críticos conservadores por sua escolha de personagens e ambientes, do mesmo jeito que Virginia Woolf esnobemente depreciou o universo ficcional do *Ulisses*, de James Joyce. A obra-prima de Manto, porém, é o conto "Toba Tek Singh", uma parábola da Partição da Índia, na qual um asilo de loucos perto da nova fronteira resolve que os lunáticos também têm de ser repartidos: lunáticos indianos para a Índia, lunáticos paquistaneses para o novo país, Paquistão. Mas é tudo pouco claro: a localização exata da fronteira e os lugares de origem das pessoas loucas também. As loucuras do asilo se transformam, nesse conto selvagemente engraçado, numa metáfora perfeita para a insanidade maior da história.

Para alguns críticos indianos, a literatura indiana de língua inglesa nunca será mais que uma anomalia pós-colonial, filha bastarda do Império, gerada na Índia pelos britânicos retirantes; a continuação do uso da velha língua colonial é considerada um erro fatal que a torna para sempre inautêntica. Literatura "indo-inglesa" evoca, nesses críticos, o tipo de reação preconceituosa demonstrada por alguns indianos pela comunidade de "anglo-indianos" — isto é, eurasianos.

Cinqüenta anos atrás, Jawaharlal Nehru pronunciou, em inglês, o grande discurso da "liberdade à meia-noite" que marcou o momento da Independência:

Ao soar a hora da meia-noite, enquanto o mundo dorme, a Índia despertará para a vida e a liberdade. Chega um momento, que chega muito raramente na história, em que saímos do velho para o novo, em que uma era termina e em que a alma de uma nação, há muito sufocada, encontra expressão.

Desde essa oração indiscutivelmente anglófona, o papel do inglês em si vem sendo discutido na Índia. Na plataforma continental indiana as tentativas de cunhar neologismos médicos, científicos, tecnológicos e cotidianos para substituir palavras inglesas usadas comumente às vezes deram certo, mas em sua maioria fracassaram comicamente. E quando o governo marxista do estado de Bengala anunciou em meados dos anos 80 que o ensino do inglês, considerado elitista e colonialista, seria descontinuado nas escolas primárias mantidas pelo governo, muita gente da esquerda denunciou a decisão como elitista, uma vez que privaria as massas de muitas das vantagens econômicas e sociais de falar a língua do mundo; somente a elite das influentes escolas particulares teria daí em diante esse privilégio. Um grafite bem conhecido de Calcutá reclamava assim: "Meu filho não vai aprender inglês. Seu filho não vai aprender inglês. Mas Jyoti Basu (ministro em chefe) vai mandar o filho ao estrangeiro para aprender inglês". O gueto de privilégio de um homem é a via de liberdade do outro.

Assim como o deus grego Dioniso, que foi desmembrado e depois remontado — e que, segundo os mitos, foi um dos primeiros conquistadores da Índia —, a literatura indiana em inglês foi chamada "binascida" (pelo crítico Meenakshi Mukherjee) para sugerir sua dupla filiação. Embora eu deva admitir que me sinto atraído pelas ressonâncias dionisíacas desse duplo nascimento, parece-me que ele se apóia na falsa premissa de que o inglês, tendo chegado de fora da Índia, seja e deva necessariamente permanecer alienígena aqui. Mas minha própria língua-mãe, o urdu, o argô cafona dos primeiros conquistadores muçulmanos do país, também foi uma língua imigrante, forjada pela mistura da língua importada dos conquistadores com as línguas locais que eles encontraram. Porém passou a ser uma língua naturalizada do subcontinente há muito tempo; e agora isso aconteceu também com o inglês. O inglês se tornou uma língua indiana. Sua origem colonial indica que, assim como o urdu e ao contrário de todas as outras línguas indianas, ele não tem base regional; mas sob todos os outros aspectos chegou enfaticamente para ficar.

(Em muitas partes do Sul da Índia, as pessoas acham melhor conversar com os visitantes indianos do norte em inglês do que em híndi, que, ironicamente, para os falantes do tâmil, do kannada ou do malayalam, parece uma língua colonial mais do que o inglês, que adquiriu, no Sul, uma aura de neutralidade cultural de língua franca. O novo *boom* da tecnologia de computação que, ao estilo do Vale do Silício, está transformando as economias de Bangalore e Madras, fez com que o inglês se tornasse nessas cidades uma língua ainda mais importante do que antes.)

O inglês indiano não é o inglês "inglês", para falar a verdade, assim como não o são o inglês irlandês, ou o norte-americano, ou o caribenho. E faz parte da conquista dos escritores indianos em língua inglesa ter encontrado vozes literárias tão nitidamente indianas e também tão adequadas a qualquer propósito da arte, como aqueles outros ingleses forjados na Irlanda, na África, nas Índias Ocidentais e nos Estados Unidos.

Porém os ataques da crítica indiana a essa nova literatura continuam a ocorrer de quando em quando. Seus praticantes são denegridos por serem muito classe média alta; por não apresentarem diversidade na escolha de temas e técnicas; por serem menos populares na Índia que fora dela; por possuírem reputação inflada pelo poder internacional da língua inglesa e pela habilidade dos críticos e editores ocidentais que impõem seus padrões culturais ao Oriente; por viverem, em muitos casos, fora da Índia; por serem desenraizados a ponto de sua obra não apresentar a dimensão espiritual essencial para uma "verdadeira" compreensão da alma da Índia; por serem insuficientemente baseados nas antigas tradições literárias da Índia; por serem equivalentes literários da cultura da MTV, da globalizante coca-colonização; e até mesmo, sinto revelar, por sofrerem de uma doença que um vene-

141

noso comentador recente, Pankaj Mishra, chamou de "rushdite [...] uma doença que afetou o próprio Rushdie em suas últimas obras".

É interessante que tão poucas dessas críticas sejam literárias no sentido puro da palavra. Porque a maior parte delas não trata de linguagem, voz, insight psicológico ou social, imaginação, nem talento. Ao contrário, fala de classe, poder e crença. Há nelas um sopro de correção política: a irônica proposição de que a melhor literatura indiana depois da Independência possa ser feita na língua dos imperialistas que foram embora é simplesmente demais para esses sujeitos aceitarem. Não deveria ser verdade, então não se deve permitir que seja verdade. (Ironia ainda maior é que tantos ataques à literatura indiana escrita em inglês sejam feitos em inglês por escritores que são, eles mesmos, membros da elite falante do inglês educada em universidades.)

Vamos depressa concordar com o que precisa ser concordado. É verdade que a maioria desses escritores vem das classes educadas da Índia; mas, em um país ainda infernizado por altos níveis de analfabetismo, como poderia ser diferente? Não se pode concluir, porém — a menos que nos apeguemos a uma rígida visão de mundo baseada na luta de classes —, que escritores que tiveram o privilégio de uma boa educação automaticamente escrevam romances que procurem apenas retratar a vida da burguesia. É verdade que existe uma tendência a privilegiar a ficção metropolitana e cosmopolita, mas durante este meio século houve uma tentativa genuína de abarcar tantas realidades indianas quanto possível, rurais e urbanas, sagradas e profanas. Trata-se também, não nos esqueçamos, de uma literatura jovem. Ela ainda está empurrando as fronteiras do possível.

A questão do poder da língua inglesa e das fraternidades editoriais e críticas do Ocidente também reflete alguma verdade. Talvez efetivamente pareça, a alguns comentaristas "domésticos", que um cânone lhes está sendo impingido de fora. A perspectiva do Ocidente é bem diferente. Aqui, o que parece ser o caso é que editores e críticos ocidentais foram ficando gradualmente mais animados com as vozes emergentes da Índia; na Inglaterra, pelo menos, os escritores ingleses são muitas vezes fustigados por resenhadores por sua falta de ambição e de verve ao estilo indiano. Parece que o Oriente está se impondo ao Ocidente, e não o contrário.

E, sim, o inglês é um poderosíssimo meio de comunicação no mundo; será que não devemos nos alegrar com o domínio que esses artistas têm da língua e de sua crescente influência? Criticar escritores por seu sucesso em "aparecer" não é nada mais que provincianismo (e provincianismo é o maior vício das literaturas vernáculas). Uma importante dimensão da literatura é ela ser um meio de manter uma conversa com o mundo. Esses escritores estão garantindo que a Índia, ou melhor, que vozes da Índia (pois eles são bons demais para cair na armadilha de escrever *nacionalisticamente*) passem a ser participantes seguros, indispensáveis, dessa conversa literária.

É preciso admitir que muitos desses escritores moram fora da Índia. Henry James, James Joyce, Samuel Beckett, Ernest Hemingway, Gertrude Stein, Mavis Gallant, James Baldwin, Graham Greene, Gabriel García Márquez, Mario Vargas Llosa, Jorge Luis Borges, Vladimir Nabokov, Muriel Spark eram ou são viandantes também. Muriel Spark, ao aceitar o British Literature Prize pelo conjunto de sua obra em março de 1997, chegou a dizer que a viagem por outros países era essencial para todos os escritores. A literatura tem pouco ou nada a ver com o endereço de residência de um escritor.

A questão da fé religiosa, como assunto ou como abordagem de um assunto, é evidentemente importante quando falamos de um país que explode em devoções como a Índia; mas sem dúvida é excessivo usar a fé como pedra de toque, como o faz um importante acadêmico, o terrível professor C. D. Narasimhaiah, que louva Mulk Raj Anand por sua "ousadia" apenas porque, como escritor de esquerda, permite que um personagem seja movido por fé profunda, enquanto denigre a poesia de Arun Kolatkar por "jogar fora a tradição e criar um vácuo" e assim "perder relevância", porque em *Jejuri*, um ciclo de poemas sobre uma visita a uma cidade-templo, ele ceticamente compara os deuses de pedra dos templos às pedras das encostas próximas ("e cada pedra/ é deus ou é seu primo"). Na realidade, muitos escritores que admiro têm profundo conhecimento da "alma da Índia"; muitos têm profundas preocupações espirituais, enquanto outros são radicalmente seculares, mas a necessidade de se engajarem ao eu religioso da Índia, de acertar as contas com ele, está em toda parte.

O barateamento da resposta artística implícito nas alegações de desenraizamento e ocidentalização está notavelmente ausente da obra desses escritores. Quanto à acusação de excessiva rushdite, não posso negar que eu próprio costumava sentir às vezes algo do tipo. Porém era um vírus de curta duração. Os que foram afetados logo se livraram dele e encontraram suas próprias e verdadeiras vozes. E hoje em dia mais ou menos todo mundo parece imune à doença.

De qualquer forma, não existe, não precisa existir, não deve existir, uma relação de adversidade entre a literatura de língua inglesa e as outras literaturas da Índia. Em meu caso, e desconfio que no caso de todo escritor indiano em inglês, conhecer e amar as línguas indianas em que fui criado continuou sendo de vital importância artística e pessoal. Como indivíduo, sei que o híndi-urdu, o "hindustani" do Norte da Índia, continua sendo um aspecto essencial do meu sentido de identidade; como escritor, fui parcialmente formado pela presença, em minha cabeça, daquela outra música, dos ritmos, padrões e hábitos de pensamento e metáforas de minhas línguas indianas.

Seja qual for a língua em que escrevo, bebemos da mesma fonte. A Índia, esse inexaurível corno da abundância, nos alimenta a todos.

O primeiro romance indiano em inglês foi um fracasso. *Rajmohan's wife* [A esposa de Rajmohan] (1864) é uma pobre coisa melodramática. O autor, Bankim Chandra Chaterjee, voltou para a língua bengali e imediatamente adquiriu grande renome. Durante setenta anos mais ou menos não houve nenhuma ficção de língua inglesa de qualidade. A geração da Independência, "os pais da meia-noite", como podem ser chamados, é que foram os verdadeiros arquitetos dessa nova tradição. (O próprio Jawaharlal Nehru era um bom escritor; sua autobiografia e as cartas são trabalhos importantes, influentes. E a sobrinha dele, Nayantara Sahgal, cujas memórias, *Prison and chocolate cake* [Prisão e bolo de chocolate], contêm talvez a melhor evocação do inebriante tempo da Independência, prosseguiu até se tornar uma grande romancista.)

Nessa geração, Mulk Raj Anand foi influenciado por Joyce e por Marx, mas sobretudo, talvez, pelos ensinamentos do Mahatma Gandhi. Ele é mais conhecido por obras social-realistas como o romance *Coolie* [Cule], um estudo da vida da classe trabalhadora que lembra o cinema neo-realista italiano do pós-guerra (*Ladrões de bicicleta*, de De Sica, *Roma, cidade aberta*, de Rossellini). Raja Rao, um sanscritista acadêmico, escreveu com determinação sobre a necessidade de fazer um inglês indiano para si próprio, mas mesmo seu muito elogiado retrato da vida na aldeia, *Kanthapura*, parece agora datado, a abordagem ao mesmo tempo grandiloqüente e arcaica. O centenário autobiógrafo Nirad C. Chaudhuri foi, durante toda a sua longa vida, uma presença erudita, discordante e ireverente. Sua posição, se posso parafraseá-la e resumi-la, é que a Índia não tem cultura própria e que tudo o que agora chamamos de cultura indiana foi trazido de fora por sucessivas ondas de conquistadores. Essa posição, polêmica e brilhantemente expressa, não o tornou caro a muitos de seus conterrâneos. O fato de ele ter sempre nadado tão determinadamente contra a corrente não impediu, porém, que *The autobiography of an unknowm indian* [Autobiografia de um indiano desconhecido] fosse reconhecido como a obra-prima que é.

Os escritores mais significativos dessa primeira geração, R. K. Narayan e G. V. Desani, tiveram carreiras opostas. Os livros de Narayan preenchem uma estante de bom tamanho; Desani é autor de um único livro de ficção, *All about H. Hatterr* [Tudo sobre H. Hatterr], e esse volume solitário já tem cinqüenta anos de idade. Desani é quase desconhecido, enquanto R. K. Narayan é, claro, uma figura de estatura mundial, por sua criação da cidade imaginária de Malgudi, feita tão adoravelmente que se tornou mais vividamente real para nós do que a maioria dos lugares reais. (Mas o realismo de Narayan é incrementado por toques de lenda; o rio Sarayu, em cujas margens fica a cidade, é um dos grandes rios da mitologia hindu. É como se William Faulkner tivesse localizado seu condado de Yoknapatawpha às margens do Estige.)

Narayan nos mostra, insistentemente, a disputa entre a Índia tradicional, estática, de um lado, e a modernidade e o progresso do outro; essa disputa é representada em muitos de seus contos e romances por um confronto entre um "bonzinho" e um "brigão" — o Pintor de Placas e sua agressiva amada com sua campanha pelo controle de natalidade; o Vendedor de Doces e sua nora americana emancipada com a absurda "máquina de escrever romances"; o gráfico de modos gentis e a taxidermista extrovertida de *The man-eater of Malgudi* [O comedor de gente de Malgudi]. Em sua arte suave e leve, ele penetra no coração da condição indiana e vai além, à condição humana em si. O escritor que coloquei ao lado de Narayan, G. V. Desani, caiu em desgraça a tal ponto que o excepcional *All about H. Hatterr* está atualmente fora de catálogo em toda parte, até mesmo na Índia. Milan Kundera disse uma vez que toda a literatura moderna descende ou da *Clarissa*, de Richardson, ou do *Tristram Shandy*, de Sterne, e se Narayan é o Richardson da Índia, então Desani é seu duplo shandyano. A prosa ousada, intrigante, saltitante de *Hatterr* é a primeira tentativa genuína de ir além da inglesice da língua inglesa. Sua figura central, "fifty-fifty da espécie", o mestiço enquanto imperturbável anti-herói, salta e se agita por trás do trabalho de muitos de seus sucessores:

> The earth was blotto with the growth of willow, peach, mango-blossom, and flower. Every ugly thing, and smell, was in incognito, as fragrance and freshness. Being prone, this typical spring-time dash and activity, played an exulting phantasmagoria-note on the inner-man. Medically speaking, the happy circumstances vibrated my ductless glands, and fused me into a wibble-wobble *Whoa, Jamieson!* fillip-and-flair to *live, live!**

Ou então:

---

* A terra estava embriagada com a quantidade de salgueiros, pêssegos, botões de manga e flores. Toda coisa feia, e cheiro, estava incógnita, como fragrância e frescor. Condizentes, essas típicas corrida e atividade primaveris faziam soar uma nota de exultante fantasmagoria no homem interior. Medicamente falando, as circunstâncias alegres faziam vibrar minhas glândulas sem ducto e me fundiam em um instável *Ôa, Jamieson!* incentivo e talento para *viver, viver!* (N. T.)

The incidents take place in India. I was exceedingly hard-up of cash: actually, in debts. And, it is amazing, how, out in the Orient, the shortage of cash gets mixed up with romance and females somehow! In this England, they say, if a fellah is broke, females, as matter of course, forsake. Stands to reason. Whereas, out in the East, they attach themselves! Damme, this is the Oriental scene for you!*

Esse "inglês-babu", o inglês semiletrado, semi-aprendido dos bazares, transforma-se, graças à erudição, à imitação e à mágica travessa do fraseado e do ritmo únicos de Desani, em um tipo de voz literária inteiramente novo. Sem Desani, seria difícil imaginar o cômico-épico eurasiano mais recente, *The trotter-nama* [História do viajante], de I. Allan Sealy, um volume enorme cheio de interpolações, exclamações, retomadas, encômios e catástrofes. Minha própria escritura também aprendeu um ou dois truques com ele.

Ved Metha é bem conhecido tanto por seus astutos comentários sobre o cenário indiano como por seus característicos volumes de autobiografia. O primeiro deles é o mais comovente: *Vedi*, memórias de uma infância cega que descreve crueldades e bondades com igual ausência de paixão e grande afeto. (Mais recentemente, Firdaus Kanga, em sua ficção autobiográfica, *Trying to grow* [Tentando crescer], também transcendeu o sofrimento físico com alto estilo e brio cômico.)

---

* Os incidentes ocorrem na Índia. Eu estava extremamente duro: na verdade, tinha dívidas. E é incrível como, no Oriente, a falta de dinheiro se mistura de alguma forma com romance e mulheres! Nesta Inglaterra, dizem eles, se um sujeito está quebrado, as mulheres, via de regra, desaparecem. Com razão. Enquanto no Oriente, elas se ligam! Droga, é esse o panorama oriental para você! (N. T.)

Ruth Prawer Jhabvala, autora do livro vencedor do Booker Prize *Heat and dust* [Calor e poeira] (posteriormente transformado em um filme de Merchant-Ivory), é mestra renomada do conto. Como escritora, ela é às vezes subestimada na Índia porque, acho, a voz da intelectual desenraizada (tão profundamente a sua voz) é muito pouco familiar naquele país onde as autodefinições são enraizadas em identidades regionais.

É sabido que Ruth Jhabvala tem uma segunda carreira como roteirista premiada. Mas pouca gente sabe que o maior diretor de cinema da Índia, o falecido Satyajit Ray, era também um talentoso autor de contos. O pai dele editava uma famosa revista infantil bengalesa, *Sandesh*, e as mordentes historinhas de Ray ficam ainda mais potentes com charme infantil.

Anita Desai, uma das mais importantes autoras vivas da Índia, merece ser comparada a Jane Austen. Em romances como *Clear light of day* [Clara luz do dia] — escrito em um inglês claro, leve, cheio de atmosferas sutis —, ela demonstra tanto sua excepcional habilidade para retratos sociais como um generoso sarcasmo no insight das motivações humanas. Em *Custody* [Custódia], talvez seu melhor romance até hoje, ela usa o inglês com finura para retratar a decadência de uma outra língua, o urdu, e a alta cultura literária que vivia nela. Aqui o poeta, o último, bêbado, decrépito zelador da tradição moribunda é (numa inversão de Narayan) o "brigão"; e o personagem central do romance, o jovem admirador do poeta, Deven, é o "manso". O passado moribundo, o velho mundo, Desai nos conta, pode ser uma carga tanto quanto o desajeitado, às vezes desorientado, presente.

Embora V. S. Naipaul trate a Índia como forasteiro, seu envolvimento com ela tem sido tão intenso que nenhuma avaliação da moderna literatura indiana seria completa sem ele. Seus três livros de não-ficção sobre a Índia, *An area of darkness* [Uma área de trevas], *India: a wounded civilization* [Índia: uma civilização ferida] e *Índia: um milhão de motins agora*, são textos-chave e não só por causa dos arrepios que provocaram. Muitos críticos indianos se queimaram com a aspereza das reações dele. Alguns concedem com equanimidade que ele ataca coisas que valem a pena atacar. "Sou anti-Naipaul quando visito o Ocidente", disse-me um importante romancista do Sul da Índia, "mas quase sempre sou a favor de Naipaul em nossa terra."

Alguns alvos de Naipaul, como o instituto de tecnologia intermediária que inventa "botas de colheita" (dotadas de lâminas) para camponeses indianos colherem grãos — isso está em *A wounded civilization* —, merecem todo o peso de seu desprezo. Outras vezes, ele parece meramente arrogante. A Índia, o paraíso perdido de seus ancestrais migrantes, não cessa de decepcioná-lo. No terceiro volume da série, porém, ele parece mais animado com o estado do país. Fala favoravelmente da emergência de "uma vontade central, um intelecto central, uma idéia nacional" e de modo afável, até comovente, confessa a irritação atávica com que fez sua primeira viagem quase trinta anos antes: "A Índia de minha fantasia, de meu coração, era algo perdido e irrecuperável [...] Naquela primeira viagem, eu era um viajante temeroso".

Em *An area of darkness*, os comentários de Naipaul sobre os escritores indianos despertam neste leitor uma característica mistura de concordância e discordância. Quando escreve:

A sensação generalizada é de que, apesar de tudo o que o inglês possa ter feito por Tolstói, não é capaz de fazer justiça aos escritores de "língua" indiana. É possível; o que eu li deles em tradução não me animou a ler mais. Premchand [...] revelou-se um fabulista menor [...] Outros escritores logo me cansaram com suas declarações de que a pobreza era triste, a morte era triste [...] muitos contos "modernos" eram apenas histórias folclóricas reformadas [...]

ele está expressando, com seu jeito enfático, destemido, o que eu também senti (embora tenha mais apreço por Premchand do que ele tem). Quando prossegue, dizendo:

O romance é parte da preocupação ocidental com a condição do homem, uma reação ao aqui e agora. Na Índia, homens de pensamento preferiram virar as costas para o aqui e agora para satisfazer o que o presidente Radhakrishnan chama de "fome humana básica pelo invisível". Não é uma boa qualificação para escrever e ler romances, [...]

só posso ficar ao lado dele parte do caminho. É verdade que muitos indianos cultos optam por uma forma sonoramente impenetrável de crítico-misticismo. Uma vez ouvi um escritor indiano de certo renome, muito interessado nas antigas sabedorias indianas, expor sua teoria do que se poderia chamar de Movimentismo. "Olhe a Água", ele aconselhou. "Água sem Movimento é — o quê? É um lago. Muito bem. Agora, Água mais Movimento é — o quê? É um rio. Está vendo? A Água é a mesma Água. Só foi acrescentado o Movimento. Da mesma forma", continuou, fazendo um assombroso salto intelectual, "Linguagem é Silêncio ao qual se acrescentou Movimento."

(Um bom poeta indiano que estava sentado ao meu lado na platéia do grande homem murmurou no meu ouvido: "Entranha sem Movimento é — o quê? Constipação! Entranha com Movimento é — o quê? É merda!".)

Concordo com Naipaul que o misticismo é mau para romancistas. Mas na Índia que conheço, para cada Movimentista cego existe um ácido Entranhista cochichando no ouvido de alguém. Para cada buscador do outro mundo de antigas sabedorias do Oriente existe uma testemunha de olhar agudo reagindo ao aqui e agora da exata maneira que Naipaul equivocadamente considera exclusiva do Ocidente. E quando Naipaul conclui dizendo que na esteira do "abortivo" encontro indo-britânico a Índia é pouco mais que uma comunidade naipauliana de imitadores — que a vida artística estagnou, que "o impulso criativo" "fracassou"; que "Shiva parou de dançar" —, então receio que tenhamos tomado rumos inteiramente diferentes. *An area of darkness* foi escrito há muito tempo, em 1964, meros dezessete anos depois da Independência e um pouco prematuramente para uma comunicação de óbito. A crescente qualidade da literatura indiana em inglês ainda pode fazê-lo mudar de idéia.

Nos anos 80 e 90, o fluxo dessa boa literatura se transformou em enchente. Bapsi Sidhwa é oficialmente paquistanês, mas a literatura não tem nada a ver com Partições, principalmente na medida em que o romance de Sidhwa, *Cracking India* [Decifrando a Índia], é uma das melhores respostas ao horror da divisão do subcontinente. *O monge endinheirado, a mulher do bandido e outras histórias de um rio indiano*, de Gita Mehta, é uma importante tentativa de uma indiana inteiramente moderna fazer sua avaliação da cultura indiana que lhe deu origem. Padma Perera, Anjana Appachana (*Listening now* [Ouvindo agora]) e Githa Hariharan, menos conhecidas que Sidhwa e Mehta, confirmam a qualidade da literatura contemporânea escrita por mulheres indianas.

Uma variedade de estilos diferentes está se desenvolvendo: o realismo stendhaliano de um escritor como Rohinton Mistry, autor de dois aclamados romances, *Such a long journey* [Uma jornada tão longa] e *Um delicado equilíbrio*, e uma coleção de contos, *Tales from Firozsha Baag* [Histórias de Firozsha Baag]; a prosa igualmente naturalista, porém mais leve, mais prontamente sedutora de Vikram Seth (admito que há certa perversidade em falar de leveza no contexto de um livro de tamanho peso quanto *A suitable boy* [Um menino adequado]); a elegante observação social de Upamanyu Chatterjee (*English, August*) [Inglês, agosto], a maneira mais vistosa de Vikram Chandra (*Love and longing in Bombay*) [Amor e desejo em Bombaim]. A realização mais impressionante de Amitav Ghosh até hoje é uma obra de não-ficção, um estudo sobre a Índia e o Egito, *In an antique land* [Em uma terra antiga]. Pode ser que sua maior força se revele como ensaísta desse tipo. Sara Suleri, cujas memórias, *Meatless days* [Dias sem carne], são, assim como *Cracking India*, de Bapsi Sidhwa, sobre um visitante do outro lado da fronteira paquistanesa, é uma escritora de ficção de imensa originalidade e graça. E a prosa langorosa, elíptica, bela, de Amit Chauddhuri, é incrivelmente impossível de localizar em qualquer categoria.

Ainda mais encorajador é ver que uma nova geração talentosa começou a emergir. A autora keralana Arundhati Roy chegou acompanhada por grande fanfarra. Seu romance, *O deus das pequenas coisas*, é cheio de ambição e brilho, escrito num estilo altamente elaborado e intensamente pessoal. Igualmente impressionante é a estréia de dois romancistas. *Beach boy* [Menino de praia], de Ardashir Vakil, e *Hullaballoo in the guava orchard* [Confusão no pomar de goiabas], de Kiran Desai, em seus estilos muito diversos, são livros altamente originais. O livro de Vakil, uma história sobre o processo de crescimento junto à praia Juhu, em Bombaim, é agudo, engraçado e rápido; o de Kiran Desai, uma fábula calvinesca sobre um menino desajustado que sobe a uma árvore e se torna uma espécie de mesquinho guru, é rica e intensamente imaginativa. Kiran Desai é filha de Anita: seu aparecimento estabelece a primeira dinastia da moderna ficção indiana. Mas ela é realmente autora de si mesma e uma prova bem-vinda de que o encontro da Índia com a língua inglesa, longe de se mostrar abortivo, continua a fazer nascer novos filhos, dotados de ricos talentos.

O mapa do mundo, na projeção padrão de Mercator, não é gentil com a Índia, fazendo com que ela pareça substancialmente menor do que, digamos, a Groenlândia. No mapa da literatura também a Índia vem sendo apequenada há muito tempo. Cinqüenta anos depois da Independência, porém, essa era da obscuridade está chegando ao fim. Os escritores rasgaram o velho mapa e estão ocupados em desenhar o seu próprio.

Março de 1997

O qüinquagésimo aniversário da Índia

Existem realmente duas maneiras de chegar ao qüinquagésimo aniversário. Você pode 1) chegar desafiador — espetando o nariz para o Pai Tempo, fazendo a maior de todas as festas e anunciando sua intenção de envelhecer deselegantemente; ou 2) pode tratar disso com mau humor — fingindo que não está acontecendo, escondendo a cabeça entre os travesseiros e desejando que o dia simplesmente passe. Por ocasião do meu recentemente completado meio século, meus pendores me levaram inequivocamente pelo caminho 1. Agora é a vez da Índia; mas ainda que o qüinquagésimo aniversário do final do domínio britânico seja sonoramente trombeteado pelo mundo afora, a própria Índia, embora sem ignorar inteiramente o evento, está reagindo com um azedume meio desanimado, com um dar de ombros, uma certa falta de espírito comemorativo próprio da categoria 2, que faz levantar muitas sobrancelhas de observadores internacionais. Dá a sensação de que a dama gostaria de ter mentido a idade.

Os indianos sempre foram menos suscetíveis a aniversarites que os ocidentais. Os desfiles do Dia da República (26 de janeiro), populares entre os visitantes da Índia devido, em grande parte, à participação de elefantes glamourosamente ataviados, são quase totalmente ignorados pelos nativos. O próprio dia da Independência (15 de agosto) também é tradicionalmente um evento apagado. Há dez anos, no quadragésimo aniversário do final do Raj, eu estava no Red Fort, em Delhi, filmando o discurso do então primeiro-ministro, Rajiv Gandhi, a uma nação esmagadoramente indiferente. A platéia estava tão desinteressada, na verdade, que grande número de pessoas simplesmente foi embora enquanto Rajiv ainda estava falando.

A elite governante indiana há muito é cautelosa em liberar recursos públicos para mero exibicionismo. Acredita-se que o público reprovaria desperdício de dinheiro em, por exemplo, exibição de fogos de artifício, quando podia ser usado para os muito necessários projetos de irrigação. Contra isso, pode-se argumentar que a estima do público indiano por seus líderes caiu tanto, por causa dos recentes escândalos de corrupção e das endêmicas disputas interpartidos, que é difícil ver como um pouco de diversão poderia piorar as coisas. E não há, na verdade, colocada sobre a mesa nenhuma proposta especial de algum esquema que valha a pena.

Seria de esperar, portanto, um toque de animação mais subcontinental com a chegada dos cinqüenta anos. Na Índia, os planos que foram revelados começam no convencionalmente tedioso (membros da Assembléia Nacional Indiana escutarão gravações de discursos dos fundadores da nação, Gandhi e Nehru) e caminham para a pobre dramaticidade amadorística de "reencenar" a aprovação da Resolução Quit India de 1942 em Bombaim, ou para o certamente bizarro — ou seja, a proposta aparentemente séria de comemorar o aniversário erigindo uma estátua de Gandhiji (vestido, sem dúvida, apenas em sua legendária tanga) *na Antártida*. E no Paquistão — afinal, é aniversário de cinqüenta anos do Paquistão também — promete-se ainda menos; de acordo com a Alta Comissão Paquistanesa em Londres, o governo de Nawaz Sharif decidiu "comemorar com humildade". Os políticos paquistaneses não são famosos por sua humildade, de forma que isso é, à sua maneira, uma primeira vez. Cinqüenta anos atrás, o sr. Nehru, ao assumir o posto de primeiro-ministro da Índia, descreveu a Independência como o momento "em que a alma de uma nação, há muito silenciada, encontra expressão". A explicação para a falta de ânimo da nação para atirar no ar seu *topi Nehru* está no subseqüente esgotamento administrado pela história àquela alma recém-liberada. Se em agosto de 1947 muitos indianos tinham esperanças idealistas de um grande recomeço, agosto de 1997 é perpassado por uma sensação de fim. Uma outra era está terminando: a primeira era, pode-se dizer, da história da Índia pós-colonial. Não foi a prometida idade de ouro da liberdade. A atmosfera dominante é de desencanto. Cidadãos e comentadores públicos igualmente fornecem uma longa e convincente lista de razões para esse desencanto, a começar pelo lado sombrio da própria Independência; ou seja, claro, a Partição. A decisão de separar o lar do islamismo, o Paquistão, do corpo subcontinental da Índia levou a sangrentos massacres nos quais 1 milhão de hindus, siques e muçulmanos perderam a vida. Desde então, a Partição envenenou a história subseqüente das relações entre dois Estados recém-nascidos. Por que alguém haveria de querer comemorar o quinqüagésimo aniversário de uma das grandes tragédias do século?

Assim como muitos secularistas indianos, eu diria que a Partição foi um erro evitável, resultado não da inevitabilidade histórica ou da verdadeira vontade do povo, mas de antagonismos políticos — entre Gandhi e M. A. Jinnah, entre o Congresso e a Liga Muçulmana — que gradualmente transformaram o sr. Jinnah, originalmente um forte oponente à idéia de um Estado muçulmano separado, em seu mais ardoroso defensor e, finalmente, fundador. (Evidentemente, a tática britânica de dividir para governar em nada ajudou.) Minha própria família, como tantos de origem muçulmana, foi cortada ao meio pela Partição. Meus pais optaram por ficar em Bombaim, assim como também dois tios com suas famílias, mas minhas tias e suas famílias foram para o Paquistão Ocidental, como era chamado até 1971, quando o Paquistão Oriental separou-se e se transformou em Bangladesh. Tivemos sorte de escapar do pior, do derramamento de sangue, mas nossa vida foi definida e moldada pela fronteira que nos separa. Quem comemoraria o fechamento da Cortina de Ferro, a construção do Muro de Berlim?

O período posterior à Partição dá origem a mais uma conhecida litania de queixas. As grandes doenças sociais da nação não foram curadas. O famoso slogan da sra. Indira Gandhi, *Garibi hatao*, "Remover a pobreza", era uma promessa vazia; os pobres da Índia estão pobres como sempre e mais numerosos do que nunca, em parte graças à odiada campanha de esterilização forçada, de seu filho Sanjay, durante o período ditatorial da sra. G., com a "norma de emergência" de meados dos anos 1970, que atrasou por mais de uma geração outros métodos de controle da natalidade. Analfabetismo, trabalho infantil, mortalidade infantil, as privações impostas pelo sistema de castas aos de castas inferiores ou sem casta, todas essas grandes questões continuam sem resposta. (Uma guirlanda de sapatos, velho insulto indiano, em volta do pescoço da estátua do líder intocável, ou Dalit, dr. Ambedkar, provocou recentemente dias de tumulto em Bombaim.)

A antiga violência assume novas formas. A prática de queimar noivas para ficar com seus dotes está se incrementando. Existem fortes evidências de que o sacrifício ritual de crianças vem sendo praticado por alguns seguidores do culto da deusa Kali. A violência comunal explode regularmente. Terroristas que pedem um estado sique independente no Punjab e terroristas que defendem o separatismo da Caxemira seqüestram turistas no belo vale. Vimos derramamentos de sangue em larga escala em Meerut, em Assam e em Ayodhya, Uttar Pradesh, depois que os nacionalistas hindus destruíram a Babru Masjid, uma mesquita que alguns acreditavam estar no local de nascimento da divindade hindu sr. Rama.

Minha cidade natal, Bombaim, durante muitos anos considerou-se imune aos piores males comunais da Índia; uma série de explosões em 1993 destruiu esse mito, dando prova de que os idealismos, a inocência da primeira era pós-Independência haviam sido eliminados, talvez para sempre — e isso no coração daquela grande metrópole que contém tudo o que há de melhor e de pior na nova Índia modernizada, tudo o que é mais dinamicamente inovador e mais desesperadamente empobrecido, mais voltado para a internacionalidade e mais estreitamente sectário.

E existe a corrupção. Em meu romance *O último suspiro do mouro*, um personagem fornece suas definições da moderna democracia indiana ("cada homem uma propina") e do que chama de teoria indiana da relatividade ("tudo para os *relatives* [parentes]"). Assim como a maior parte das coisas escritas sobre a Índia, isso parece um exagero, mas é, na verdade, uma afirmação discreta. A escala de corrupção pública é agora quase cômica de tão grande. Do escândalo Maruti dos anos 70 (imensas somas de dinheiro público desapareceram de um projeto de "carro popular" chefiado por Sanjay Gandhi) até o escândalo Bofors dos anos 80 (imensas somas de dinheiro público foram desviadas de um acordo de armas internacional, o que manchou a reputação de Rajiv Gandhi), até as tentativas dos anos 90 de consertar os movimentos do mercado de ações indiano usando, naturalmente, imensas somas de dinheiro público, as coisas vão indo de mal a pior. Dezenas de importantes figuras políticas, inclusive o último primeiro-ministro do Congresso, P. V. Narasimha Rao, estão sob investigação por corrupção. E existe Laloo Prasad Yadav, ministro-chefe do estado de Bihar (uma das partes mais pobres da Índia), que foi acusado de envolvimento com a chamada Fraude da Forragem em Bihar, um golpe envolvendo o desvio de, sim, imensas somas de dinheiro público para financiar ao longo de muitos anos a criação de grandes rebanhos de gado inteiramente fictício. Alega-se que mais de 150 milhões desapareceram em um esquema que nem o imortal Chichikov, anti-herói do grande romance de fraude *Almas mortas*, de Gogol, jamais poderia ter inventado.

Seria fácil continuar nessa veia. Ocorre a ascensão do nacionalismo extremista hindu, a decadência do Serviço Social do qual a democracia indiana dependeu por tanto tempo e a tendência a fragmentar-se a coalizão de apoio ao governo minoritário do primeiro-ministro I. K. Gujral. Partes dessa coalizão vêm se desprendendo com perturbadora freqüência — a facção Yadav desapareceu e o partido DMK sulista também ameaçou deixar a coalizão —, e o governo sobrevive apenas porque ninguém quer realmente uma eleição geral; ninguém, isto é, com exceção do militante partido hindu Bharatiya Janata (BJP), o maior partido isolado do Parlamento, atualmente excluído do poder, mas com potencial de conquistar ainda mais cadeiras da próxima vez, e assim se tornar mais difícil de enfrentar. E, se você é antiquado, pode reclamar do efeito da cultura MTV sobre a mocidade indiana, e se é fã de esportes pode lamentar a falta de atletas de nível mundial na Índia.

E mesmo assim sinto vontade de comemorar. A notícia não é de todo má (por exemplo, a eleição do primeiro presidente intocável da Índia, sr. Kocheril Raman Narayanan, resultará talvez em um ataque aos piores excessos do regime de castas). Acima de tudo, porém, quero exaltar as virtudes da coisa mais importante que passou a existir naquela meia-noite cinqüenta anos atrás, uma coisa que sobreviveu a tudo que a história atirou sobre ela: isto é, a chamada idéia de Índia. Passei muito tempo de minha vida adulta pensando e escrevendo sobre essa idéia. Na época de meu último ataque de aniversarite, em 1987, viajei por toda a Índia perguntando a indianos comuns o que achavam que era essa idéia e se achavam que era uma idéia de valor. É notável que, dados o tamanho e a diversidade da Índia e as fortes lealdades regionais dos indianos, todos com quem falei sentiam-se inteiramente confortáveis com o termo "Índia", inteiramente seguros de que entendiam o termo e de que "faziam parte" dele; e, no entanto, ao examinar a questão mais de perto, via-se que as definições deles eram radicalmente diferentes, assim como a idéia do que podia significar esse "fazer parte".

E essa multiplicidade, afinal, era a questão. Na era moderna, temos de entender nossos próprios eus como compósitos, muitas vezes contraditórios, mesmo incompatíveis internamente. Temos de entender que cada um de nós é muitas pessoas diferentes. Nossos eus mais jovens diferem de nossos eus mais velhos; somos capazes de ser ousados na companhia de nossos seres amados e temerosos diante de nossos empregadores, cheios de princípios quando instruímos nossos filhos e corruptos quando nos oferecem alguma tentação secreta; somos sérios e frívolos, ruidosos e calados, agressivos e fáceis de ofender. O conceito do século XIX de um eu integrado foi substituído por essa agitada multidão de "eus". E, no entanto, a menos que sejamos anormais ou perturbados mentais, em geral temos uma sensação relativamente clara de *quem somos nós*. Combino com meus muitos eus de chamar todos eles de "eu". Esse é o melhor jeito de captar a idéia de Índia. A Índia pegou a idéia moderna de eu e a ampliou até englobar quase 1 bilhão de almas. A sensação de eu da Índia é tão espaçosa, tão elástica, que consegue acomodar 1 bilhão de tipos de diferença. Concordo que seu 1 bilhão de eus chamam-se todos a si mesmos de "indianos". Essa é uma idéia bem mais original que as velhas idéias pluralistas de "cadinho de raças" ou "mosaico cultural". E funciona porque o indivíduo vê sua própria natureza em maior escala na natureza do Estado. É por isso que indivíduos indianos se sentem tão à vontade com a força da idéia nacional, porque é tão fácil "fazer parte" dela, apesar de todas as turbulências, da corrupção, da grosseria, da decepção de cinqüenta anos assombrosos.

Churchill disse que a Índia não era uma nação, apenas uma "abstração". John Kenneth Galbraith, mais afetiva e memoravelmente, a descreveu como "anarquia que funciona". Ambos, a meu ver, subestimaram a força da idéia de Índia. Ela pode ser a mais inovadora filosofia nacional a emergir no período pós-colonial. Ela merece ser comemorada; porque é uma idéia que tem inimigos, dentro da Índia, assim como fora de suas fronteiras, e comemorar isso é também defender essa idéia contra seus opositores.

(Encomendado e publicado pela revista Time)

Julho de 1997

Gandhi, agora

Um indiano magro sem muito cabelo e com dentes estragados sentado sozinho no chão nu, usando nada mais que uma tanga e uma armação de óculos barata, estudando o maço de notas manuscritas em sua mão. A foto em preto-e-branco ocupa a página inteira do jornal britânico. No canto superior esquerdo, colorida, uma pequena maçã listrada nas cores do arco-íris. Abaixo disso, um convite em gíria, com um erro gramatical tipicamente norte-americano, "Pense diferente". Tal é o poder dos grandes negócios internacionais. Mesmo o maior dos mortos pode ser sumariamente convocado para a imagem de suas campanhas. Uma vez, há meio século ou mais, esse homem ossudo deu forma à luta pela liberdade de uma nação. Mas isso, como dizem, faz parte da história. Cinqüenta anos depois de seu assassinato, Gandhi serve de modelo para a Apple. Suas idéias não contam de fato nessa nova encarnação. O que conta é que se considera que ele está *on-message*, alinhado com a filosofia corporativa do Mac.

O anúncio é tão estranho que merece ser um pouquinho desconstruído. Evidentemente, é rico em comédia não intencional.

M. K. Gandhi, como o próprio fotógrafo demonstra, era um oponente apaixonado da modernidade e da tecnologia, preferia o lápis à máquina de escrever, a tanga ao terno de executivo, o campo arado aos arrotos industriais. Se o processador de texto houvesse sido inventado em sua época, ele quase com certeza o acharia odioso. O próprio termo "processador de texto", com seu tom supertecnológico, dificilmente teria sido favorecido.

"Pense diferente." Gandhi, em seus dias de juventude um sofisticado e ocidentalizado advogado, realmente passou a pensar diferente, com maior radicalidade que a maioria das pessoas. Ghandshyam Das Birla, um dos príncipes comerciantes que o apoiaram, disse uma vez: "Gandhi era mais moderno que eu. Mas tomou a decisão consciente de voltar à Idade Média". Não se trata, em princípio, da revolucionária nova direção de pensamento que os bons sujeitos da Apple estão tentando despertar. O que eles viram foi um "ícone", um homem tão famoso que ainda é instantaneamente reconhecível meio século depois de seu assassinato. Dê um duplo clique nesse ícone e você abre uma série de "valores", aos quais a Apple evidentemente desejava se associar: "moralidade", "liderança", "santidade", "sucesso" e assim por diante. Eles viram no "Mahatma" Gandhi a "grande alma", uma encarnação da virtude a ser colocada ao lado de, ah, Madre Teresa, Dalai-Lama, papa.

Talvez tenham se visto identificados também com o homenzinho que venceu um grande império. É verdade que o próprio Gandhi via o movimento pela Independência como uma espécie de Davi indiano em luta contra os filisteus do império-onde-o-sol-nunca-se-põe, conclamando para uma "batalha do Direito contra o Poder". A esforçada companhia Apple, batalhando com as coortes do todo-poderoso Bill Gates, queria talvez se consolar com a idéia de que, se um "cavalheiro semidespido" — como lorde Willingdon, um vice-rei britânico, uma vez chamou

Gandhi — podia pôr abaixo os britânicos, então talvez, só talvez, uma maçã bem atirada ainda fosse capaz de derrubar o Golias Microsoft.

Em outras palavras, Gandhi hoje está à disposição. Ele se tornou abstrato, a-histórico, pós-moderno, não mais um homem de e em seu tempo, mas um conceito solto, flutuante, uma parte do estoque disponível de símbolos culturais, uma imagem que pode ser emprestada, usada, distorcida, reinventada, para se encaixar em muitos propósitos diferentes, e a historicidade ou a verdade que vão para o inferno.

O filme *Gandhi*, de Richard Attenborough, ao ser lançado, me atingiu como um exemplo desse tipo de fabricação de santo ocidental, a-histórica. Temos Gandhi-como-guru, fornecendo esse produto elegante, a Sabedoria Oriental; e Gandhi-como-Cristo, morrendo (e, antes disso, fazendo freqüentes greves de fome) para que outros pudessem viver. Sua filosofia da não-violência parecia funcionar envergonhando os britânicos, a ponto de se retirarem; o filme parece sugerir que se pode conquistar a liberdade sendo mais virtuoso que o opressor, cujo próprio código moral o obrigaria então a se retirar.

Mas é tal a eficácia desse Gandhi simbólico que o filme, apesar de todas as suas simplificações e hollywoodizações, teve um efeito poderoso e positivo sobre muitas lutas contemporâneas pela liberdade. Os partidários das campanhas antiapartheid sul-africanos e as vozes democráticas de toda a América Latina ficaram entusiasmados com os efeitos galvanizadores do filme. Esse póstumo e exaltado "Gandhi internacional" evidentemente se transformou em um totem de verdadeira força inspiradora.

O problema com o Gandhi idealizado é que ele é tão absolutamente sem graça, pouco mais que um fornecedor de homilias e panacéias ("olho por olho deixará todo mundo cego") com apenas um ou outro lampejo de humor (quando lhe perguntaram o que achava da civilização ocidental, ele deu aquela célebre resposta: "Acho que seria uma boa idéia"). O homem real, se é possível usar tal termo depois de gerações de hagiografia e reinvenção, era infinitamente mais interessante, uma das mais complexas e contraditórias personalidades do século. Seu nome completo, Mohandas Karamchand Gandhi, foi memoravelmente — e literalmente — traduzido para o inglês pelo romancista G. V. Desani como "Escravo-ação Lua-fascinação Mercador" e ele era uma figura rica e tortuosa como esse glorioso nome sugere.

Inteiramente destemido diante dos ingleses, ele tinha medo do escuro e dormia sempre com uma luz queimando ao lado da cama.

Acreditava apaixonadamente na unidade de todos os povos da Índia, embora seu fracasso em manter o líder muçulmano Jinnah no âmbito do Congresso tenha levado à repartição do país. (A oposição de Gandhi negou a Jinnah a liderança do Congresso, o que pode ter impedido que assumisse a liderança da liga separatista muçulmana; sua retirada, sob pressão de Nehru e Patel, de uma derradeira oferta do próprio posto de primeiro-ministro a Jinnah, pôs fim à última débil chance de evitar a Partição. E, apesar de todo o seu propalado despojamento e modéstia, não fez nenhum gesto para protestar quando Jinnah foi atacado em uma sessão do Congresso por chamá-lo por um simples Mr. Gandhi, em vez do mais respeitoso Mahatma.)

Ele estava decidido a viver uma vida de asceta, mas, como brincou o poeta Sarojini Naidu, custava uma fortuna ao país manter Gandhi na pobreza. Toda a sua filosofia privilegiava os modos da aldeia sobre os da cidade, no entanto ele dependia financeiramente do apoio dos industriais bilionários como Birla. Suas greves de fome podiam impedir tumultos e massacres, mas ele também fez greve de fome uma vez para forçar os empregados de seu patrono capitalista a terminar a greve contra as duras condições de trabalho.

Ele procurou melhorar a condição dos Intocáveis da Índia, porém na Índia atual essas pessoas, que agora se chamam de dalits e formam um agrupamento político cada vez mais bem organizado e efetivo, se juntaram em torno da memória de seu próprio líder, o dr. Ambedkar, um velho rival de Gandhi. À medida que a estrela de Ambedkar subia entre os dalits, reduzia-se a estatura de Gandhi.

Criador das filosofias políticas da resistência pacífica e da não-violência construtiva, ele passou grande parte de sua vida longe da arena política, refinando suas teorias mais excêntricas do vegetarianismo, dos movimentos viscerais e das propriedades benéficas do excremento humano.

Eternamente apavorado por ter descoberto que seu pai estava morrendo no momento em que, aos dezesseis anos de idade, estava fazendo amor com sua esposa, Kasturba, Gandhi renunciou às relações sexuais, mas na velhice retomou o que chamava de experiências brahmacharya, durante as quais jovens nuas, muitas vezes esposas de seus amigos e colegas, eram solicitadas a deitar ao lado dele toda a noite, de forma que ele pudesse provar que havia dominado as urgências corporais. (Ele acreditava que a preservação de seus "fluidos vitais" aprofundaria seu entendimento espiritual.)

Ele, e apenas ele, foi responsável pela transformação da exigência da Independência em um movimento de massa nacional que mobilizou todas as classes da sociedade contra os imperialistas; no entanto, a Índia livre que veio a existir, dividida e comprometida com um programa de modernização e industrialização, não era a Índia de seus sonhos. Seu ocasional discípulo, Jawaharlal Nehru, era o arquiproponente da modernização, e foi a visão de Nehru, não a de Gandhi, que acabou — talvez inevitavelmente — sendo preferida.

Gandhi começou acreditando que a política de resistência pacífica e de não-violência podia ser efetiva em qualquer situação, em qualquer momento, mesmo contra uma força tão maligna quanto a Alemanha nazista. Mais tarde, ele foi obrigado a rever essa opinião e concluiu que embora os britânicos tivessem reagido a essas técnicas, devido à sua própria natureza, outros opressores podiam não reagir. Isso não é assim tão diferente da posição do filme de Attenborough e é, evidentemente, errado.

A não-violência de Gandhi é considerada em geral como o método usado pela Índia para conquistar a Independência. (Essa posição é assiduamente defendida tanto dentro quanto fora da Índia.) No entanto, a revolução indiana tornou-se efetivamente violenta, e essa violência decepcionou Gandhi a tal ponto que ele se manteve afastado das comemorações da Independência, em protesto. Além disso, o ruinoso impacto econômico da Segunda Guerra Mundial sobre o Reino Unido e — como diz o autor britânico Patrij French em *Liberty or death* [Liberdade ou morte] — o gradual colapso do domínio burocrático do Raj sobre a Índia de meados dos anos 30 em diante fizeram tanto pela conquista da liberdade quanto qualquer ação de Gandhi ou, de fato, do movimento nacionalista como um todo. É provável, na verdade, que as técnicas gandhianas não tenham sido determinantes para a chegada da Índia à liberdade. Elas deram à Independência o seu caráter exterior e foram sua causa aparente, mas forças históricas mais sombrias e profundas produziram o efeito desejado.

Hoje em dia, pouca gente pensa no caráter complexo da personalidade de Gandhi, na natureza ambígua de sua realização e de seu legado, ou mesmo nas causas reais da Independência indiana. Vivemos uma época apressada, cheia de slogans, e não temos tempo ou, pior, vontade, de assimilar verdades multifacetadas. A verdade mais áspera de todas é que Gandhi se torna cada vez mais irrelevante no país do qual ele foi "paizinho" — *Bapu*. Como apontou o analista Sunil Khilnani, a Índia ganhou existência como um Estado secularizado, mas a visão de Gandhi era essencialmente religiosa. Porém, ele "recuou" do nacionalismo hindu. Sua solução foi forjar uma identidade indiana com o corpo comum das antigas narrativas. "Ele se voltou para as lendas e histórias das tradições religiosas populares da Índia, preferindo suas lições às possíveis lições da história."

Não funcionou. O último gandhiano atuante na política indiana foi J. P. Narayan, que liderou o movimento que depôs Indira Gandhi no final de seu período de norma de Emergência (1974-7). Na Índia de hoje, o nacionalismo hindu é dominante, na forma do BJP e de seus truculentos sequazes, o Shiv Sena. Durante as atuais eleições, Gandhi e suas idéias raramente foram mencionados. A maioria daqueles que não são seduzidos por sectarismo político está atrelada a uma força igualmente potente, igualmente antigandhiana: o dinheiro. E o crime organizado também tem aflorado à esfera pública. No interior rural amado por Gandhi, gângsteres de verdade estão sendo eleitos para cargos oficiais.

Vinte e um anos atrás, o escritor Ved Mehta conversou com um dos principais associados políticos de Gandhi, o ex-governador-geral da Índia independente, C. Rajagopalachari. Seu veredicto do legado de Gandhi é desencantado, mas na Índia de hoje, no ritmo rápido do capitalismo de livre mercado, ainda soa verdadeiro:

> O glamour da moderna tecnologia, o dinheiro e o poder são tão sedutores que ninguém — ninguém mesmo — consegue resistir. Os poucos gandhianos que ainda acreditam em sua filosofia de vida simples em uma sociedade simples são todos malucos.

Então, o que é a grandeza? Em que reside? Se o projeto de um homem fracassa, ou sobrevive apenas de forma irrecuperavelmente embaçada, pode a força de seu exemplo ainda merecer honras supremas? Para Jawaharlal Nehru, a imagem que definia Gandhi era "como o vi marchando para Dandi, de cajado na mão, na Marcha do Sal, em 1930. Ali estava o peregrino em sua busca da Verdade, calado, pacífico, determinado e destemido, que continuaria em sua busca e peregrinação, sem pensar nas conseqüências". A filha de Nehru, Indira Gandhi, mais tarde disse: "Mais que suas palavras, sua vida foi sua mensagem". Hoje em dia, essa mensagem é mais bem entendida fora da Índia. Albert Einstein foi um dos muitos a louvar a realização de Gandhi; Martin Luther King, Jr., o Dalai Lama e todos os movimentos mundiais pela paz seguiram seus passos. Gandhi, que renunciou ao cosmopolitismo para conquistar um país, tornou-se, em sua estranha pós-vida, um cidadão do mundo. Seu espírito pode mostrar-se ainda resistente, esperto, forte, ladino e, sim, ético a ponto de evitar a assimilação pela McCultura global (e Mac cultura também). Contra esse novo império, a inteligência gandhiana é arma melhor que a piedade gandhiana. E a resistência passiva? Veremos.

Fevereiro de 1998

O Taj Mahal

O problema com o Taj Mahal é que ele está tão sobrecarregado de sentidos acumulados que se tornou quase impossível de ver. Um bilhão de imagens de caixa de chocolates e de guias turísticos nos mandam "ler" o mausoléu de mármore feito pelo imperador mogol Shah Jehan para sua esposa Mumtaz Mahal, conhecida por Taj Bibi, como o maior monumento mundial ao amor. Ele ocupa no Ocidente o primeiro lugar na breve lista de imagens do Exótico (e Eterno) Oriente. Assim como a *Mona Lisa*, assim como o Elvis, a Marilyn e o Mao em silk-screen de Andy Warhol, a reprodução em massa praticamente esterilizou o Taj.

E não se trata, de forma alguma, de um simples caso de apropriação ocidental ou "colonização" de uma obra-prima indiana. Em primeiro lugar, o Taj, que no século xix foi praticamente abandonado e caiu em um severo estado de abandono, provavelmente não estaria de pé hoje se não fosse pelos diligentes esforços conservacionistas dos britânicos colonialistas. Em segundo lugar, a Índia é perfeitamente capaz de supermercantilizar a si mesma.

Quando se chega aos muros externos dos jardins em que o Taj está localizado, é como se todo tipo de mascate e prostituta de Agra estivesse à sua espera para piorar ainda mais o problema da familiaridade-que-gera-desdém, vendendo imitações do Mahal de todos os tamanhos e preços. Isso leva a um certo dar de ombros desencantado. Recentemente, um amigo britânico que ia fazer sua primeira viagem à Índia me contou que havia resolvido deixar o Taj fora de seu itinerário devido à superexposição. Se insisti com ele para que não fizesse isso, foi por causa de minha vívida lembrança de abrir caminho pela primeira vez na multidão agitada, não apenas de vendedores de imitações, mas também de leituras recomendadas, através de toda a miríade de mascates do significado e da interpretação, até a presença da *coisa em si*, que absolutamente me dominou e fez com que todas as idéias sobre sua desvalorização parecessem total e completamente equivocadas.

Eu estava cético quanto à visita. Uma das lendas do Taj é que as mãos dos mestres pedreiros que o construíram foram cortadas pelo imperador para que nunca mais construíssem nada tão bonito. Outra é que o mausoléu foi construído em segredo por trás de altas paredes e um homem que tentou espiar antes da hora foi cegado por seu interesse em arquitetura. O Taj imaginado por mim era um tanto manchado por essas lendas cruéis.

O edifício em si deixou em frangalhos meu cetiscismo, porém. Anunciando-se a si mesmo enquanto si mesmo, insistindo com força absoluta em sua autoridade soberana, ele simplesmente obliterou os milhões e milhões de contrafações dele mesmo e, fulgurante, preencheu para todo o sempre o lugar em minha mente antes ocupado por seus simulacros.

E é por isso, enfim, que o Taj Mahal tem de ser visto: ele nos relembra que o mundo é real, que o som é mais verdadeiro que o eco, que o original é mais poderoso que sua imagem no espelho. A beleza das coisas belas ainda é capaz, nesta época saturada por imagens, de transcender imitações. E o Taj Mahal é, além do poder das palavras para expressá-lo, uma coisa adorável, talvez a coisa mais adorável de todas.

(*Escrito para o número da revista* National Geographic *dedicado às grandes maravilhas do mundo*)

Junho de 1999

The Baburnama

Zahiruddin Muhammad Babur (1483-1530), fundador do Império Mogol na Índia, é mais lembrado por três coisas: a história de sua morte, a controvérsia sobre sua mesquita e a excepcional reputação de *The Baburnama* [A história de Babur], seu livro.

Ainda era menino quando escutei pela primeira vez a lenda da morte de Babur. Seu filho e herdeiro Humayun estava doente, conta a história. A febre subia e os doutores da corte perdiam as esperanças de salvá-lo. Então Babur, depois de consultar um místico, andou três vezes em volta da cama de Humayun e ofereceu-se a Deus em lugar do filho. Diante disso, Humayun fortaleceu-se e sarou, enquanto Babur enfraqueceu e morreu, em 21 de dezembro de 1530. Essa história me atingiu com uma força quase mística. Lembro-me de ter ficado horrorizado com a prontidão nada natural de Abraão em sacrificar o filho que dizia amar — Isaque segundo o Velho Testamento, Ismael na versão muçulmana. Era isso que o amor de Deus tornava os pais capazes de fazer? Era o bastante para fazer qualquer um olhar o pai com certa preocupação. A história de Babur serviu como antídoto. Nela o amor de Deus era usado para permitir o sacrifício oposto e, de alguma forma, mais "natural": o pai morrer para que o filho vivesse. A história de Babur e Humayun alojou-se fundo em mim como o paradigma do amor paterno.

Hoje em dia, o nome de Babur ainda é associado a lendas, mas de um tipo diferente e mais controvertido. A Babri Masjid, mesquita que ele construiu em Ayodhya, uma cidade do que foi um dia o reino de Awadh (Oudh) e é hoje o importante estado de Uttar Pradesh, foi demolida em 1992 por extremistas hindus que acreditavam que ela havia sido construída sobre as ruínas de um templo hindu consagrado ao herói mítico do Ramayana, o próprio sr. Ram (ou Rama); um templo, além disso, que havia sido construído para marcar o local do Ramjanmabhoomi — o verdadeiro local de nascimento do herói-deus.

Ayodhya era na verdade o nome da cidade de Rama, de onde ele partiu para resgatar sua amada Sita de seu seqüestrador, o sr. Ravana. Mas não há muitas razões para se acreditar que a Ayodhya dos tempos modernos esteja no mesmo local do reino fabuloso do Ramayana. E — sei que corro o risco de despertar a ira dos militantes hindus — não há provas reais de que o mitológico sr. Rama, uma encarnação do grande deus Vishnu, tenha sido um personagem histórico. Mesmo os fatos mais simples continuam duvidosos; os arqueólogos discordam quanto ao local, e ele ser transformado no Ramjanmabhoomi "verdadeiro" é comparável a achar que Cristo nasceu na praça da Manjedoura da Belém moderna. (Diz-se também que muitos templos hindus na Índia são construídos sobre as ruínas de altares budistas.)

Todas essas dúvidas e senões são postos de lado pela ira dos fanáticos. Babur, o sanguinário matador de infiéis, o dedicado destruidor de templos, é aos olhos deles culpado da acusação, e todos os muçulmanos da Índia são indiretamente manchados por esse crime. (O nacionalismo hindu é de opinião de que a Índia é um país de muitos povos: hindus, siques, parses, budistas, jainistas, cristãos — e mogóis.) Dizem eles, além do mais, que a Babri Masjid é apenas a primeira das mesquitas de sua lista de destruição. Em Mathura, alegam eles, outra mesquita se encontra em cima do local de nascimento, também demolido, de outra divindade — na verdade, outra encarnação de Vishnu —, o sr. Krishna, aquele das leiteiras e da pele azul lustrosa.

A autobiografia de Babur, que constitui a terceira e mais duradoura pretensão à fama, é inconvenientemente silenciosa — ou, na opinião dos críticos mais ruidosos, convenientemente — sobre o tempo que Babur passou em Ayodhya e seus arredores. Em todos os manuscritos ainda existentes, há um intervalo de cinco meses entre abril e setembro de 1528, período durante o qual Babur estava em Oudh e durante o qual a Babri Masjid foi construída. Assim, não há nenhuma prova de que alguma coisa, qualquer que fosse, tenha sido demolida para a construção da mesquita, nem do contrário. Em nossa épica paranóica, talvez seja necessário destacar que não há nada de suspeito nesse intervalo. Quatrocentos e setenta e tantos anos é um longo tempo. Coisas se perdem em quatro séculos e meio, às vezes as coisas (como o *Hamlet* de Thomas Kyd, por exemplo) que mais queremos encontrar.

O caráter de um homem pode ser apagado com a passagem do tempo. Quando os fatos são insuficientes, o que preenche o espaço é a interpretação. Tomemos duas recentes descrições de uma mesma cena da vida do imperador: a captura temporária no Punjab do fundador do siquismo, Guru Nanak, pelo exército conquistador de Babur. O crítico N. S. Rajaram, um desconstrucionista dos "mitos secularistas" indianos, apólogo da destruição da Babri Masjid e, no geral, nada fã de Babur, escreve que "em seu *Babur vani*, Nanak o denunciou em termos nada incertos, dando um vivo relato do vandalismo de Babur em Aimanabad".

Contra isso, Amitav Ghosh nos conta em um recente ensaio que os siques

> há muito prezam uma história, conservada na tradição das escrituras, sobre um encontro entre Babur e o fundador de sua fé, Guru Nanak [...] Ao saber de um milagre realizado pelo Guru, Babur foi visitá-lo na prisão. Tal era a presença do Guru que diz-se que Babur caiu a seus pés, com o grito: "No rosto deste faquir se vê o próprio Deus".

Ghosh admite que os siques se tornaram "dedicados adversários do Estado mogol no século XVII", mas argumenta convincentemente que o florescimento do hinduísmo, inclusive o desenvolvimento vaishnavite da teologia e da sagrada geografia do culto a Krishna, que ocorreu no Norte da Índia sob o poder de Babur e seus sucessores, teria sido impossível em um clima de perseguição. "O hinduísmo dificilmente seria reconhecível hoje", escreve Ghosh,

> se o vaishnavismo tivesse sido ativamente suprimido no século XVI: outras formas devocionais podem ter ocupado seu lugar, mas não temos como saber quais teriam sido. É um simples fato que o hinduísmo contemporâneo como prática viva não seria o que é não fosse pelas práticas devocionais iniciadas sob o domínio mogol. A triste ironia do ataque à mesquita Babri é que os fanáticos hindus que a atacaram destruíram um símbolo das próprias acomodações que tornaram possível a sua crença.

Rajaram contesta, com força quase igual, que Babur

> era mais que normalmente impiedoso. Ele levou ao extremo o conceito de Jihad — uma guerra total de aniquilação de seus ad-

versários conforme prescrita pelo islã, do qual era praticante. Ele era um produto de sua época e de seu meio e é exatamente assim que devemos vê-lo. Caiar de branco sua ficha empapada em sangue para transformá-lo em uma figura cavalheiresca, um príncipe encantado, é um exercício de fantasia juvenil. Babur via a crueldade como virtude e o terror como uma útil ferramenta tática. Nisso ele era um verdadeiro descendente de Timur e Gengis Khan — ambos seus ancestrais. O testemunho ocular de Guru Nanak nos dá um quadro de Babur e de seus métodos melhor que quase qualquer livro de história moderno. O mesmo vale para *The Baburnama*: é uma fonte primordial de grande importância que serve para demolir as lendas românticas sobre ele.

(De forma um tanto grosseira, Rajaram relembra que a expressão *Babur ki aulad*, "filho de Babur", é um xingamento comum lançado contra muçulmanos indianos.)

Como essa disputa soa contemporânea! Hoje, mais uma vez, nos vemos lançados entre apologistas e detratores do islamismo. Em parte por causa dessas discordâncias modernas, aqueles que defenderiam os muçulmanos indianos das acusações dos nacionalistas hindus naturalmente reforçam a civilização e a tolerância do islamismo mogol. Conforme já disseram muitos autores, a dinastia fundada por Babur — sua verdadeira *aulad* — era famosa pela abrangência politeísta. No auge do império mogol, o neto de Babur, Akbar, chegou a ponto de inventar um novo credo, o Din-i-Illahi, que buscava ser a fusão de tudo o que havia de melhor na espiritualidade indiana. Contra isso, porém, afirma-se que o último dos chamados Grandes Mogóis, Aurangzeb, colocou seu máximo empenho iconoclasta na destruição da boa obra de seu predecessor, assolando o país com a destruição de templos. (Algumas das antigüidades mais preciosas da Índia, como o complexo de templos de Khajuraho, sobreviveram apenas porque na época de Aurangzeb esses extraordinários edifícios com suas famosas esculturas eróticas haviam perdido importância e não figuravam nos mapas dele.)

Quem era, então, Babur — estudioso ou bárbaro, poeta amante da natureza ou senhor da guerra que inspira terror? A resposta pode ser encontrada em *The Baburnama*, e é bem incômoda: ele era ambas as coisas. Pode-se dizer que a disputa que ocorre dentro do islã em nossa era, a disputa que constitui, acredito, um traço da história do islã desde o começo até os dias de hoje — entre conservadorismo e progressismo, entra o aspecto agressivo, impiedoso, dominado por homens do islã, e sua cultura de livros mais suave, profundamente sofisticada, seus filósofos, músicos e artistas, essa mesma contraditória duplicidade que os modernos comentadores acham tão difícil de entender — era, no caso de Babur, um conflito interno. Os dois Babur são reais, e talvez a coisa mais estranha acerca de *The Baburnama* é que eles não parecem estar em choque entre si. Quando o autor de um livro olha para dentro e reflete, ele quase sempre fica melancólico, mas as nuvens escuras que se juntam acima dele não parecem ser produto de uma tempestade interna. Acima de tudo, elas têm a ver com a sensação de perda. O primeiro imperador mogol da Índia era também um homem exilado e com saudade de casa. Sua alma chorava pelo que hoje chamaríamos de Afeganistão.

O novo significado do Afeganistão para o mundo depois de 11 de setembro de 2001 altera a maneira como lemos *The Baburnama*. Até então o que provocava mais interesse era a parte indiana do livro, com seu relato em primeira mão de um império que durou duzentos anos, até os britânicos o suplantarem. Mas hoje são os inícios "afegãos" da obra que nos fascinam. Nomes de lugares de Kunduz a Kabul, tornados novamente familiares pelos boletins da guerra moderna, saltam para nós. As antigas traições dos senhores da guerra da região parecem ter coisas a nos ensinar sobre os poderes em luta de hoje. Babur é fascinantemente franco acerca de tudo isso. (Fica claro que, em seu tempo, a melhor reação à morte de um pai era se esconder em busca de proteção e planejar a morte dos irmãos, sabendo que esses irmãos estariam cheios de pensamentos igualmente amorosos por você.)

Porém essa terra traiçoeira era o lugar que Babur amava. Leia o que diz sobre Kabul, "a insignificante provinciazinha", com vívidos detalhes que dão vida a frases que seriam simplesmente descritivas. "Ao fim do canal há uma área chamada Gulkana, um local protegido, acolhedor, onde acontece muita sem-vergonhice." *The Baburnama*, não sem atrativos, encontra sexo e bebida aonde quer que vá. "O vinho de Kabul é embriagante. O vinho das encostas da montanha de Khwaja Khawand Sa'id é tido como forte." Frutas tropicais e frutas de clima frio são elogiadas, melões são menosprezados, campos são elogiados por não terem moscas enquanto outros são infestados por elas e devem ser evitados. Estradas de montanhas e passagens que se tornaram objeto de análises todas as noites na mídia mundial durante as recentes batalhas contra os talebãs e as forças da Al-Qaeda são aqui meticulosamente descritas. Ratos almiscarados deslizam e perdizes alçam vôo. Um mundo salta aos olhos.

Na Índia, de que ele tão notoriamente desgostava, os poderes descritivos de Babur ficam, talvez, mais fortes. Às vezes, ele sucumbe à fantasia. "Dizem que [...] há elefantes de dez metros de altura." Geralmente, porém, ele restringe suas observações ao que viu com os próprios olhos. "[Rinocerontes] mexem os chifres de um jeito incrível [...] Durante uma caçada, um pajem chamado Maqsud tem seu cavalo atirado à distância de um tiro de lança por um rinoceronte. Daí em diante, ele é apelidado de Maqsud Rinoceronte." Ele descreve as vacas, os macacos, os pássaros, os frutos da Índia; mas, apesar de seu evidente respeito pelo "excelente" sistema de numeração e "maravilhosos" sistemas de pesos e medidas, não consegue deixar de continuar atacando. "O Hindustão é um lugar de poucos encantos. Não há beleza em sua gente [...] as artes e ofícios não têm harmonia ou simetria [...] Não há gelo [...] Não há banhos." Ele gosta das monções, mas não da umidade. Gosta do inverno, mas não da poeira. O verão não é tão quente como em Balkh ou Kandahar, e isso é uma vantagem. Ele admira os "artesãos e praticantes de todos os ofícios", mas do que mais gosta é a riqueza. "O melhor aspecto do Hindustão é que é um país grande com muito ouro e dinheiro."

As contradições da personalidade de Babur estão bem ilustradas em seu relato da conquista de Chanderi, em 1528. Primeiro vem uma sanguinária descrição do assassinato de muitos "infiéis" e o aparente suicídio em massa de mais duzentos ou trezentos. ("Eles mataram-se uns aos outros quase até o último mantendo um homem a segurar uma espada enquanto os outros voluntariamente dobravam os joelhos [...] Uma torre de crânios de infiéis foi erguida na montanha a noroeste de Chanderi.") Depois, apenas três frases adiante, temos isto: "Chanderi é um lugar soberbo. Por toda parte há muitos riachos [...] O lago [...] é famoso por todo o Hindustão por sua água doce, boa. É realmente um belo laguinho".

O pensador ocidental com quem Babur mais se assemelha é seu contemporâneo florentino Nicolau Maquiavel. Em ambos os homens, uma fria apreciação das necessidades do poder, do que hoje seria chamado de *realpolitik*, combina-se com uma natureza profundamente cultivada e literária, sem falar do amor, às vezes excessivo, ao vinho e às mulheres. Evidentemente, Babur era realmente um príncipe, não apenas autor de *O príncipe*, e podia praticar o que pregava; enquanto Maquiavel, republicano natural, sobrevivente de tortura, era o espírito bem mais perturbado dessa dupla. Porém esses dois exilados involuntários foram, como escritores, abençoados, ou talvez amaldiçoados, com uma clareza de visão que parece amoral, como a verdade tantas vezes parece.

The Baburnama, primeira autobiografia da literatura islâmica, foi originalmente escrita em turco-chaghatay, língua do ancestral de Babur, Temur-i-Lang, o "manso Temur", mais conhecido no Ocidente como Tamerlão. A tradução [para o inglês] de Wheeler M. Thackston substitui a inadequada versão de Beveridge e é de leitura tão fluente, tão inteiramente sustentada pela detalhada erudição das muitas anotações de Thackston, a ponto de parecer definitiva. Nas notas de rodapé de Thackston encontramos muita coisa que Babur deixa por dizer — sobre, por exemplo, as formas do verso persa tais como a *qasida* e o gazal; ou sobre os gorros mongóis pontudos; ou sobre o lugar no céu da estrela Canopus. Ele não tem medo de discutir com Babur. Quando Babur especula que o nome de uma província, Lamghan, é derivado da versão islâmica do nome de Noé, "Lamkan", Thackston responde: "Ele está bastante errado nisso, pois as terminações -ghan e -qan de tantos toponímicos dessa área são de origem iraniana". Babur iria ficar bem contente de ter um tradutor e editor tão insubmisso. Uma grande tradução pode desvendar — pode, literalmente, des-cobrir — um grande livro; e, na tradução de Thackston, uma das obras clássicas da literatura mundial chega ao inglês como uma maravilhosa descoberta.

Janeiro de 2002

Um sonho do glorioso retorno

QUINTA-FEIRA, 6 DE ABRIL

Deixei a Índia muitas vezes. A primeira quando tinha treze anos e meio e fui para o colégio interno em Rugby, Inglaterra. Minha mãe não queria que eu fosse, mas eu disse que ia. Voei para o Ocidente muito animado em janeiro de 1961, sem saber de fato que estava dando um passo que iria mudar minha vida para sempre. Poucos anos depois, meu pai, sem me contar, vendeu de repente a Windsor Villa, a casa de nossa família em Bombaim. No dia em que soube disso, senti um abismo se abrir a meus pés. Acho que nunca perdoei meu pai por vender aquela casa, e tenho certeza de que se ele não a tivesse vendido eu ainda estaria morando nela. Desde então, meus personagens freqüentemente voam da Índia para o Ocidente, mas, romance após romance, a imaginação do autor ainda volta para a casa. Isso, talvez, é o que significa amar um país: que a forma dele é também a sua, a forma como você pensa, sente e sonha. Que você nunca consegue realmente abandonar.

183

Antes dos Massacres da Partição de 1947, meus pais saíram de Delhi e mudaram-se para o sul, calculando corretamente que haveria menos confusão na secular e cosmopolita Bombaim. O resultado foi que cresci naquela cidade tolerante, de mente aberta, cuja particular qualidade — chamemos de liberdade — venho tentando captar e celebrar desde então. *Os filhos da meia-noite* (1981) foi minha primeira tentativa de reclamar essa terra literariamente. Vivendo em Londres, eu queria pegar a Índia de volta; e a delícia com que os leitores indianos tomaram para si o livro, a paixão com que eles, por sua vez, me reclamaram, continua a ser a lembrança mais preciosa de minha vida literária.

Em 1988, eu estava planejando comprar uma base na Índia com o adiantamento que havia recebido por meu novo romance. Mas esse romance era *Os versos satânicos*, e quando foi publicado, o mundo mudou para mim, e eu não podia mais pisar no país que havia sido minha fonte primordial de inspiração artística. Sempre que pedia informações para visto, voltava invariavelmente a resposta de que eu jamais o obteria. Nada nos meus anos da peste, a década sombria que se seguiu à fatwa de Khomeini, me machucou mais que essa ruptura. Eu me sentia como um amante descartado, abandonado com seu amor não correspondido, intolerável. Dá para medir o amor pelo tamanho do buraco que ele deixa para trás.

Foi uma ruptura profunda, admitamos. A Índia foi o primeiro país a banir *Os versos satânicos* — que foi proscrito sem obedecer ao devido processo estipulado para essas questões, banido, antes de entrar no país, por um Congresso governamental fraco, liderado por Rajiv Gandhi, em uma desesperada e malsucedida tentativa de captar votos muçulmanos. Depois disso, parecia às vezes que as autoridades indianas estavam decididas a esfregar sal na ferida. Quando *O último suspiro do mouro* foi publicado, no outono de 1995, o governo indiano, em uma tentativa de aplacar o brutal Shiv Sena de Bal Thackeray em Bombaim (que fez muito mal à velha abertura de espírito livre da cidade e que eu, portanto, satirizava no romance), bloqueou a importação do livro pela alfândega, mas recuou depressa quando desafiado nos tribunais. Então, o empenho da emissora de televisão BBC para fazer uma prestigiosa dramatização de cinco horas de duração de *Os filhos da meia-noite*, com roteiro que eu mesmo adaptei do romance, foi frustrado quando a Índia recusou permissão para filmar. *Os filhos da meia-noite* ser considerado impróprio para filmagem em seu próprio país, o país que havia tão recentemente celebrado sua publicação com tanto reconhecimento e alegria, foi um grande e triste choque.

Houve outros golpes menores, mas não menos ferinos. Durante anos fui considerado *persona non grata* na Alta Comissão Indiana no braço cultural de Londres, o Centro Nehru. Na época do qüinquagésimo aniversário da Independência da Índia, fui igualmente barrado na comemoração do consulado indiano em Nova York.

Enquanto isso, em alguns territórios literários indianos, passou a ser moda denegrir meu trabalho. E o banimento de *Os versos satânicos* continua, evidentemente, em vigor.

Depois de 24 de setembro de 1998, quando um acordo entre os governos britânico e iraniano efetivamente colocou de lado a fatwa de Khomeini, as coisas começaram a mudar para mim na Índia também. A Índia me deu um visto por cinco anos há pouco mais de um ano. Mas surgiram imediatamente ameaças dos linhas-duras muçulmanos, como o imã Bukhari, da Juma Masjid de Delhi. Mais preocupante ainda é que alguns comentaristas me disseram para não visitar a Índia porque, se o fizesse, podia ficar parecendo uma peça de manobra do partido hindu-nacionalista Bharatiya Janata. Nunca fui homem do BJP, mas isso não impediria que eles me usassem para seus próprios fins sectários.

"O exílio", está escrito em algum ponto de *Os versos satânicos*, "é um sonho de glorioso retorno." Mas o sonho se desmancha, o retorno imaginado deixa de parecer glorioso. O sonhador desperta. Eu quase desisti da Índia, quase acreditei que o caso de amor havia terminado para sempre.

Mas acabou não sendo assim. Acabou acontecendo que estou de partida para Delhi depois de um intervalo de doze anos e meio. Meu filho Zafar, de vinte anos, vai comigo. Ele não vai à Índia desde que tinha três anos e está muito animado. Comparado comigo, porém, ele é a própria imagem da calma e da tranqüilidade.

SEXTA-FEIRA, 7 DE ABRIL

O telefone toca. A polícia de Delhi está extremamente nervosa com a minha chegada iminente. Será que eu poderia, por favor, evitar ser reconhecido no avião? Minha careca é muito reconhecível; será que eu poderia, por favor, usar um chapéu? Meus olhos também são fáceis de identificar: será que eu poderia, por favor, usar óculos escuros? Ah, e minha barba também, entrega tudo; será que eu poderia usar um cachecol para escondê-la? A temperatura na Índia está perto dos 38 graus, faço uma observação: um cachecol poderá ser um tanto quente. Ah, mas existem cachecóis de algodão...

Esses pedidos me são transmitidos em um tom de voz de não-mate-o-mensageiro por meu advogado indiano excepcionalmente imperturbável, Vijay Shankardass. Que tal, sugiro, esquentado, se eu passar a viagem inteira com a cabeça dentro de um saco de papel? "Salman", diz Vijay, cauteloso, "há muita tensão por lá. Eu próprio estou bem ansioso."

Os organizadores do Prêmio Commonwealth para Escritores, a convite do qual estou viajando a Delhi, estão enviando mensagens confusas. Mr. Pavan Varma, um funcionário público também encarregado das relações com a mídia para o evento, ignora todos os pedidos de discrição e dá uma entrevista coletiva para dizer que eu provavelmente irei ao banquete de premiação. Em sentido contrário, Colin Ball, chefe da Fundação Commonwealth, que está dando o prêmio, diz a Vijay que, se a proteção policial não se estender aos vinte e tantos visitantes estrangeiros que vão chegar ao Claridge Hotel para a cerimônia, ele pode ser forçado a retirar meu convite, muito embora eu não vá ficar no Claridge e ninguém tenha ameaçado os delegados, que as autoridades indianas não consideram estar correndo nenhum perigo. As únicas ameaças agora são essas de Mr. Ball.

Estou indo à Índia porque as coisas estão melhores agora e acredito que chegou a hora de ir. Estou indo porque, se não for, nunca saberei se dá para ir ou não. Estou indo porque, apesar de tudo o que aconteceu entre mim e a Índia, apesar dos machucados em meu coração, o anzol do amor está cravado fundo demais para ser arrancado. Acima de tudo, estou indo porque Zafar pediu para ir comigo. Já era hora de ele ser apresentado a seu outro país.

Mas a verdade é que não sei o que esperar. Será que me sentirei bem-vindo ou rejeitado? *Não sei se estou voltando para dizer alô ou até logo.* Ah, pare de ser tão melodramático, Salman. Não morra na praia. Apenas pegue o avião e vá.

Então: vôo para Delhi e ninguém me vê fazê-lo. Aqui está o homem invisível em sua poltrona da classe executiva. Aqui está ele, assistindo ao novo filme de Pedro Almodóvar numa telinha que se abre, enquanto o avião sobrevoa, ahn, o Irã. Aqui está o homem invisível com máscara para dormir e roncando.

E aqui estou eu ao final da jornada, descendo no calor do aeroporto internacional de Delhi com Zafar a meu lado e só Vijay Shankardass consegue nos ver. *Abracadabra!* O realismo mágico reina. Não me perguntem como aconteceu. O esperto prestidigitador nunca explicou o truque.

Sinto um impulso de beijar o chão ou, melhor, o tapete azul da pista do aeroporto, mas fico com vergonha de fazê-lo diante dos olhares vigilantes de um pequeno exército de guardas de segurança. Deixo o tapete sem beijar, saio do terminal para o calor ardente de Delhi, de secar os ossos, tão diferente da umidade de toalha molhada de minha Bombaim natal. O dia quente me envolve como um abraço. Uma estrada se desenrola diante de nós como um tapete. Embarcamos em um carro Hindustan Ambassador branco, caindo aos pedaços, um carro que é ele próprio um brilho do passado, o British Morris Oxford, há muito defunto na Grã-Bretanha, mas vivo e passando bem aqui nesta tradução indiana. O sistema de ar condicionado do Ambassador não está funcionando.

Estou de volta.

SÁBADO, 8 DE ABRIL

A Índia não faz cerimônia e avança de todas as direções, me jogando no meio de sua infindável discussão, clamando por minha atenção total como sempre. *Compre armadilhas para baratas Chilly! Beba água mineral Hello! Não corra, não morra!*, gritam os outdoors. Há mensagens de novos tipos também. *Aprenda Oracle 81. Forme-se em Java também.* E, como prova de que os longos anos de protecionismo terminaram, a Coca-Cola está de volta e vinga-se. Na última vez em que estive aqui, estava proibida e deixara o caminho aberto para as horrendas imitações locais,

Campa-Cola e Thums Up. Agora existe uma Coke vermelha a cada cem metros. O slogan do momento da Coca está escrito em híndi transliterado para alfabeto romano: *Jo Chaho Ho Jaaye.* Que poderia ser traduzido, literalmente, por "que se realize tudo o que você deseja".

Resolvo pensar que isso é uma bênção.

BUZINE, POR FAVOR, pede a placa na parte de trás de um milhão de caminhões a bloquear a rua. Todos os outros caminhões, carros, bicicletas, motonetas, táxis e os auto-riquixás *phut-phut* obedecem entusiasticamente, dando as boas-vindas a Zafar e a mim com a enérgica apresentação da tradicional sinfonia da rua indiana.

Wait for side! Sorry-bye-bye! Fatta boy! [Espere o lado! Desculpe, tchau! Gordão!]

As notícias são igualmente cacofônicas. Entre a Índia e o Paquistão, como sempre, reina o azedume. O ex-primeiro-ministro do Paquistão Nawaz Sharif acaba de ser condenado à prisão perpétua depois de um julgamento que parecia muito um show dirigido pelo último ditador militar a tomar o poder, o general Pervez Musharraf. O exército de vociferantes comentadores da Índia conecta essa história com a revelação do novo míssil paquistanês, o Shaheen-II, e alerta sombriamente para o agravamento das relações entre os dois países. Um político do Partido Bharatiya Janata (BJP) acusa o imã Bukhari de "afirmações sediciosas" em alguma questão pró-Paquistão, anti-Índia. *Plus ça change.* Os ânimos, como sempre, estão exaltados.

Inevitavelmente, Bill Clinton, em sua recente visita ao subcontinente, foi atraído para esses velhos antagonismos. Do ponto de vista indiano, ele disse quase todas as coisas certas. Em particular, sua dureza com o Paquistão, com a ditadura, a bomba nuclear, o não-liberalismo, conquistou-lhe muitos amigos, e isso depois de muitos anos durante os quais os indianos estavam convencidos de que a base da política exterior norte-americana na região, na expressão do dr. Kissinger, "tendia para o Paquistão".

Quando chego, a Índia está, no geral, se aquecendo ao fulgor da visita de Clinton. O velho e rosado sedutor conseguiu de novo. O mundo cinematográfico de Bombaim está assanhado. "Os corações hindustanis", conta uma revista de entretenimento no inimitável estilo da prosa da cidade, "enlouqueceram com o Grande Pai do Tio Sam." Uma starlet, Suman Ranganathan, descrita como "*sexy babe*" e também como "*apni sizzling mirchi*", ou seja, "nossa própria pimenta quente e borbulhante", ficou muito entusiasmada com Big Bill, que é, declara ela, "simpático, aberto, alguém que percebe a pulsação das pessoas".

Na Índia, como me relembra meu amigo, o famoso crítico de arte Geeta Kapur, as pessoas muito raramente se incomodam com a vida privada dos políticos. Sabe-se que um líder muito antigo do BJP manteve uma amante durante anos sem afetar em nada a sua carreira. Os indianos vêem, portanto, todo o escândalo Lewinsky com uma divertida perplexidade. Se várias pimentas quentes resolvem borbulhar para o homem mais poderoso do mundo, quem se surpreenderá?

Cheguei há apenas um instante e já todo mundo com quem falo — Vijay Shankardass, amigos a quem telefono, ansioso para anunciar minha chegada, até policiais — me presenteia com opiniões sobre o novo estilo da política indiana. Se Bombaim é a Nova York da Índia — glamourosa, cintilante, vulgar-chique, uma cidade-comércio, uma cidade-cinema, uma cidade-favela, incrivelmente rica, horrendamente pobre —, então Delhi é como Washington. A política é o único jogo da cidade. Ninguém fala de outra coisa por muito tempo.

Um dia, as minorias da Índia procuraram proteção no Congresso de tendência esquerdista, então a única máquina governamental organizada. Agora, o desarranjo do Partido do Congresso e sua guinada para a direita são aparentes em toda parte. Sob a liderança de Sonia Ghandi, a máquina um dia poderosa está parada e enferrujando.

Pessoas que conhecem Sonia há muitos anos insistem comigo para não engolir a história de que ela nunca esteve interessada em política e só permitiu ser convocada à liderança por causa de sua preocupação com o partido. Pintam o retrato de uma mulher completamente seduzida pelo poder, mas incapaz de manejá-lo, carente de habilidade, charme, visão, na verdade de tudo, a não ser da fome de poder em si. Em torno dela circulam os cortesãos sicofantas da dinastia Nehru-Gandhi, trabalhando para impedir a emergência de novos líderes — P. S. Chidambaram, Madhavrao Scindia, Rajesh Pilot —, que podem ter o frescor e a vontade de reviver o destino do partido, mas aos quais não é permitido usurpar a liderança, que, na opinião da curriola de Sonia, pertence apenas a ela e seus filhos.

A última vez que estive na Índia foi em 1987, fazendo um documentário de televisão sobre o quadragésimo aniversário da Independência. Nunca me esqueci de ter ouvido, no Red Fort, Rajiv Gandhi fazer um discurso inacreditavelmente tedioso em híndi incorreto de escolar, enquanto a platéia simples e esmagadoramente ia embora. Agora, aqui na televisão, está a viúva dele, falando um híndi ainda mais incorreto que o dele, uma mulher convencida de seu direito de governar, mas que não convence quase ninguém além de si mesma.

Lembro-me de uma outra viúva. Nesse documentário de 1987, incluímos uma entrevista com uma mulher sique, Ravel Kaur, que tinha visto o marido e os filhos serem assassinados por gangues sabidamente lideradas e organizadas pelo pessoal do Congresso. Indira Gandhi havia sido assassinada havia pouco por seus guarda-costas siques, e toda a comunidade sique de Delhi estava pagando o preço disso. O governo de Rajiv Gandhi não abriu processo por causa de nenhum desses homicídios, apesar de muitas e claras provas identificarem a maioria dos assassinos. Para Vijay Shankardass, que conhecia Rajiv havia anos, esses eram dias de desilusão. Ele e a mulher esconderam vizinhos siques em casa para mantê-los em segurança. Ele foi até Rajiv pedir que algo fosse feito para deter os assassinatos, e ficou profundamente chocado com a aparente indiferença de Rajiv. "Salman, ele estava *tão* calmo." Um dos auxiliares próximos de Rajiv, Arjun Das, estava menos plácido. "*Saalón ko phoonk do*", grunhiu ele. "Explodam os filhos-da-puta." Mais tarde, ele também foi assassinado.

Através da Alta Comissão Indiana em Londres (meu amigo e xará, Salman Haidar, então alto-comissário, foi forçado ao serviço censório), o governo Rajiv fez todo o possível para impedir que nosso filme fosse exibido, por causa da entrevista com a viúva sique. Mesmo ela não sendo nenhuma terrorista sique, mas uma vítima do terrorismo anti-sique; mesmo ela se opondo às exigências radicais siques de um Estado próprio e que ela pedisse nada mais que justiça para o morto, a Índia procurou calar sua voz. E, digo isso com prazer, fracassou.

Tantas viúvas. Em *Os filhos da meia-noite*, satirizei a primeira viúva a assumir o poder na Índia, a sra. Indira Gandhi, pelo abuso desse poder durante ao anos quase ditatoriais da Emergência, em meados da década de 70. Eu não tinha como prever quão ressonante — alternadamente trágico e patético — continuaria a ser o tropo da viúva.

As viúvas têm também papel de destaque no filme inacabado *Water* [Água], da diretora indo-canadense Deepa Mehta, que se passa, em parte, em um abrigo para viúvas na cidade sagrada de

Benares, onde mulheres desoladas vão rezar e lamentar às margens do Ganges sagrado. Ameaças de violência dos grupos extremistas hindus interromperam as filmagens. Mehta abandonou os esforços para completar o filme e voltou ao Canadá em desespero. Anos atrás, as cenas de clímax de *Os filhos da meia-noite* também têm lugar em um abrigo para viúvas de Benares. Isso, evidentemente, é pura coincidência, mas outro escritor, Sunil Gangopadhyay, de Bengala, está fazendo sérias acusações contra Deepa Mehta. Ele a acusa de plágio, dizendo que passagens substanciais de seu romance *Those days* [Aqueles dias] haviam sido "levantadas" e incorporadas ao roteiro da sra. Mehta. Ela admite que "se inspirou" no livro de Gangopadhyay, mas nega a acusação de plágio. A tradutora do autor, Aruna Chakravati, replica que o roteiro de Mehta é muito inferior ao romance épico-histórico de Gangopadhyay: não "iluminado", mas "estagnado".

A acusação de plágio é uma das razões por que grande parte da elite cultural indiana deu um apoio apenas frouxo a Deepa Mehta contra seus oponentes truculentos. As pessoas dizem que ela não deveria ter procurado se aproximar do ministro da Informação do BJP, Arun Jaitley, que, assim como o BJP em geral, é abominado por boa parte da comunidade das artes. Além disso, ela em nada ajudou a si mesma e a seu filme dando tantas declarações públicas francas demais, o que endureceu as atitudes de seus oponentes e tornou menos possível que o filme fosse algum dia terminado. Ela deveria ter feito o filme primeiro e gritado depois, dizem as pessoas.

O pintor Vivan Sundaram diz que o episódio nos mostra com grande clareza as duas caras do BJP: a instância "moderada" do governo de Atul Benhari Vajpayee, que deu a permissão inicial para a cineasta filmar, e a posição de "linha-dura" do grosso do partido, cujas gangues jogaram parte do cenário do filme no Ganges e ameaçaram a vida de Mehta, até a liderança do BJP ser forçada a interromper a filmagem.

* * *

O Congresso tem estranhos aliados hoje em dia. Sua decadência pode ser talvez mais bem avaliada pela baixa qualidade de seus aliados. No estado de Bihar, a bizarra dobradinha política de Laloo Prasad Yadav e sua esposa, Rabri Devi — nos quais foram vagamente inspirados os inteiramente fictícios, e profundamente corruptos, políticos Piloo e Golmatol Doodhwala de *O chão que ela pisa* —, está mais uma vez assumindo o centro do palco. Alguns anos atrás, Laloo, então ministro-chefe de Bihar, viu-se implicado no Escândalo da Forragem, uma fraude em que imensas somas de subsídios para o gado foram atribuídas para a manutenção de vacas que não existiam de fato. (Em meu romance, Piloo, o "*Scambaba* Deluxe" [papaifraude de luxo], arma um esquema semelhante envolvendo cabritos inexistentes.) Laloo foi preso, mas conseguiu garantir o cargo de ministro-chefe para Rabri e continuou alegremente controlando o Estado, por procuração, de dentro da cela da prisão.

Desde então ele entra e sai da cadeia. No momento, está dentro, e Rabri está, pelo menos oficialmente, governando, enquanto outro suculento escândalo de corrupção vem à tona. As autoridades dos impostos querem saber como Laloo e Rabri conseguem viver em alto estilo (possuem uma casa particularmente grandiosa) com os salários relativamente humildes que mesmo ministros antigos recebem na Índia. Rabri foi "*chargesheeted*" — indiciada — para recusar-se a renunciar; ou melhor, Laloo, da prisão, anuncia que está fora de questão sua esposa, a ministra-chefe, deixar o cargo.

Como escritor com tendências satíricas, fico deliciado com a saga Yadav, com sua descarada desonestidade, com sua tão sincera falta de vergonha, com a alegria com que Laloo e Rabri continuam simplesmente sendo seus hediondos personagens. Mas a sobrevivência deles é também sinal da crescente corrupção da cultura política indiana. Trata-se de um país em que gângsteres conhecidos, que controlam o Estado de dentro da cela da prisão, recebem apoio manifesto de ninguém menos que a líder do Partido do Congresso, a própria Sonia Gandhi.

DOMINGO, 9 DE ABRIL

Zafar, aos vinte anos, é um rapaz grande, gentil, que, ao contrário do pai, mantém escondidas suas emoções. Mas é um sujeito de sensibilidade profunda e está se relacionando com a Índia com seriedade, com atenção, dando início ao processo de fazer seu próprio retrato dela, que pode liberar dentro dele um outro eu, ainda desconhecido.

De início, ele observa as coisas que visitantes observam na primeira vez: a terrível pobreza das famílias que vivem junto aos trilhos da ferrovia dentro do que parecem latas de lixo e sacos plásticos, os homens de mãos dadas nas ruas, a "terrível" qualidade da MTV indiana e os "horríveis" filmes de Bollywood. Passamos pelos acantonamentos do exército espalhados e ele me pergunta se as forças armadas são um fator político da mesma importância aqui que no vizinho Paquistão, e parece impressionado quando lhe digo que os soldados na Índia nunca buscaram poder político.

Não consigo atraí-lo para as roupas nacionais indianas. Eu próprio visto um fresco e solto pijama-kurta no momento em que chego, mas Zafar resiste. "Não é meu estilo", insiste, preferindo ficar com seu uniforme de jovem londrino, camiseta, calça *cargo* e tênis. (Ao final da viagem ele está usando pijamas brancos, mas não as kurtas; mesmo assim, foi algum progresso.)

Zafar nunca leu mais que os primeiros três capítulos de *Os filhos da meia-noite*, apesar da dedicatória ("Para Zafar Rushdie, que, contra todas as expectativas, nasceu de tarde"). Na verdade, a não ser por *Haroun e o mar de histórias* e *Leste, Oeste*, ele não terminou nenhum de meus livros. Filhos de escritores são sempre assim. Precisam que seus pais sejam pais, não romancistas. Zafar sempre teve uma coleção completa de meus livros orgulhosamente exposta no quarto, mas lê Alex Garland e Bill Bryson e eu finjo não ligar.

Agora, coitado, está tendo de fazer um curso inteiro sobre a minha obra, assim como da minha vida. No Red Fort, depois da Partição, meu tio e minha tia, como muitos muçulmanos, tiveram de ser protegidos pelo exército contra toda a violência que rolava lá fora; uma versão disso aparece em meu romance *Vergonha*. E aqui, cruzando a Chandmi Chowk, a movimentada rua principal da Velha Delhi, estão as alamedas que seguem em curvas para dentro dos velhos *mohallas* ou bairros muçulmanos, em um dos quais, Ballimaran, meus pais viveram antes de se mudarem para Bombaim; e é aí também que Ahmed e Amina Sinai, os pais do narrador de *Os filhos da meia-noite*, enfrentam a tempestade pré-Independência a se formar.

Zafar aceita bem todo esse turismo literário. Olhe, aqui em Purana Qila, o Old Fort que dizem ter sido construído no local da legendária cidade de Indraprastha, onde Ahmed Sinai deixou um saco de dinheiro para aplacar a gangue de chantagistas incendiários. Olhe, lá estão os macacos que rasgaram o saco e jogaram fora o dinheiro. Olhe, aqui na National Gallery of Modern Art estão as pinturas de Amrita Sher-Gil, a artista meio indiana, meio húngara que inspirou o personagem de Aurora Zogoiby de *O último suspiro do mouro*... Tudo bem, pai, ele pensa, mas é gentil demais para dizer. Tudo bem, vou ler, desta vez vou mesmo. (Provavelmente não vai.)

No Red Fort há cartazes anunciando um espetáculo noturno de *son et lumière*. "Se mamãe estivesse aqui", ele diz, de repente, "ia insistir em ver isso." A bela e inteligente mãe de Zafar, minha primeira esposa, Clarissa Luard, a muito estimada responsável pela área de literatura do British Arts Council, anjo da guarda de jovens escritores e pequenas revistas, morreu de uma recidiva de câncer do seio em novembro passado, com apenas cinqüenta anos. Zafar e eu passamos as últimas horas dela a seu lado. Ele foi seu único filho. "Bom", respondo, "ela esteve aqui, sabe." Em 1974, Clarissa e eu passamos mais de quatro meses viajando pela Índia, ralando em hotéis baratos e ônibus de longa distância, usando o adiantamento que eu havia recebido por meu primeiro romance, *Grimus*, para financiar a viagem, e tentando esticar o dinheiro até onde desse. Agora, começo a fazer questão de contar a Zafar o que a mãe dele achou disto e daquilo — como ela adorou a serenidade deste lugar ou a agitação daquele outro. O que começou como uma pequena expedição de pai e filho adquire uma dimensão extra.

Eu sempre soube que, depois de tudo o que aconteceu, essa primeira visita seria a mais intrigante. Não se exceda, pensei. Se tudo correr bem, as coisas ficam mais fáceis. A segunda visita? "Rushdie volta de novo" não é lá uma grande notícia. E a terceira — "ah, lá vem ele outra vez" — mal parece uma notícia. No longo trajeto de volta à "normalidade", o hábito, até o tédio, foram armas úteis. "Eu pretendo", comecei a dizer para as pessoas na Índia, "levar a Índia à submissão."

Eu devia ter entendido que, se eu próprio estava um pouco inseguro sobre o rumo que as coisas tomariam, todo mundo à minha volta devia estar apavorado. As coisas melhoraram na Inglaterra e nos Estados Unidos, e os procedimentos de rotina foram em grande parte retomados. Eu me desacostumei dos problemas da operação de proteção máxima. O que está acontecendo na Índia, quanto a isso, me dá a sensação de entrar em um túnel do tempo e ser levado de volta para os velhos dias do ataque iraniano. Minha equipe de proteção não poderia ser mais gentil ou mais eficiente, mas, nossa!, eles são muitos e estão nervosos. Na Velha Delhi, onde vivem muitos muçulmanos, eles ficam especialmente alertas, sobretudo quando, apesar de minha capa de invisibilidade, um membro do público dá o *faux pas* de me reconhecer.

"Sir, houve uma exposição! Ocorreu exposição!", gemem meus protetores. "Sir, ele disseram o nome, sir! O nome foi dito!" "Sir, por favor, o chapéu!"

É inútil dizer que eu tendo mesmo a ser bastante reconhecido porque, bem, eu tenho este aspecto e outras pessoas não; ou que, a cada "exposição", a reação das pessoas envolvidas foi amigável, até de encantamento. Meus protetores têm um roteiro de pesadelo na cabeça — pelotões de ataque etc. — e a mera vida real não é suficiente para apagar isso.

Esse foi um dos aspectos mais frustrantes desses últimos anos. As pessoas — jornalistas, policiais, amigos, estrangeiros —, todos escrevem roteiros para mim e eu me vejo trancado dentro dessas fantasias. O que nenhum dos roteiristas jamais parece produzir é a possibilidade de um final feliz — um final em que os problemas que enfrentei sejam gradualmente superados e eu retome a vida literária normal, que foi tudo o que sempre quis. Porém isso, todo esse entrecho não antecipado, é o que realmente transpirou.

Meu maior problema hoje em dia é esperar que todo mundo deixe de lado seus pesadelos e se dêem conta dos fatos.

Vou jantar com Vivan Sundaram e Geeta Kapur, em casa deles, no bairro Shanti Niketan de South Delhi. Antes de ir, a polícia solicita que eu peça a Vivan e Geeta que não contem a ninguém que estou indo. Durante nossa refeição, um oficial de polícia sênior telefona para pedir a eles que não contem a ninguém que estive lá. No dia seguinte, recebem outro telefonema insistindo em discrição. Eles acham divertido, mas eu acho irritante. Isso está ficando ridículo.

Vivan é sobrinho de Amrita Sher-Gil, e alguns dos melhores quadros dela estão nas paredes da casa dele, assim como o luminoso retrato de família que ele fez do mundo de Amrita. É um grande quadro, que mostra a sala de estar de Sher-Gil e é uma obra que o atrai incessantemente e ao mesmo tempo continua lindamente misteriosa. O olhar direto de Amrita — só ela no quadro olha diretamente para nós — equilibra-se com a interiorização sonhadora dos outros membros da família. Uma atmosfera de um mundo perdido domina a sala, ao mesmo tempo dourada e sufocante; e nisso está sua força. Tenho paixão pela arte indiana contemporânea, e apenas olhar essa grande pintura outra vez dá a sensação de volta ao lar.

"Então, as coisas estão diferentes?", Vivan pergunta, e eu digo, não tanto quanto eu pensei que estariam. As pessoas não mudam, o coração do lugar é o mesmo. Mas evidentemente houve mudanças. Um amigo ficou gravemente doente, mas está se recuperando. Outro amigo querido está seriamente doente. E, é claro, as mudanças óbvias. O BJP no poder. O novo *boom* da tecnologia, que deu ainda mais ânimo e riqueza à burguesia indiana.

Menciono a visita de Clinton, que Geeta e Vivan retratam como um momento definidor para a Índia rica que cresceu exponencialmente desde minha última visita, alimentada pela nova tecnologia. Nos Estados Unidos, 40% das pessoas que trabalham no Vale do Silício são de origem indiana, e na própria Índia a nova era eletrônica fez muitas fortunas. Clinton não poupou elogios para esses novos *techno-boomers*, e fez questão de visitar Hyderabad, uma das novas cidades do *boom*. Para os ricos indianos, a vinda dele foi ao mesmo tempo uma validação e uma apoteose. "Você não acredita como eles gostaram", diz Geeta. "Tanta gente querendo se curvar e dizer, sir, sir, nós simplesmente adoramos a América."

"A Índia e os Estados Unidos são duas grandes democracias", acrescenta Vivan. "A Índia e os Estados Unidos são sócios e iguais. Era essa a idéia, e isso foi dito sem nenhuma intenção de ironia."

A Índia que continua escravizada por sectários religioso-comunalistas do tipo mais extremo e medieval; a Índia que está lutando algo como uma guerra civil na Caxemira; a Índia que não consegue alimentar, educar, nem dar cuidados médicos adequados a seu povo; a Índia que não consegue prover seus cidadãos de água potável; a Índia em que a ausência de simples instalações de privadas obriga milhões de mulheres a controlar suas funções naturais de tal forma que elas só podem se aliviar sob a capa da escuridão; essas Índias não desfilaram diante do presidente dos Estados Unidos. Em seu lugar, a entusiasmada Índia nuclear, a ostentativa Índia empresarial, a supernerd Índia dos computadores, a Índia da alta-roda de glamour e rock, todos piruetaram e rodopiaram sob os refletores da mídia internacional que acompanham o Líder do Mundo Livre aonde quer que ele vá.

SEGUNDA-FEIRA, 10 DE ABRIL

Um começo um tanto paranóico para o meu dia. Fico sabendo que o chefe do British Council na Índia, Colin Perchard, me recusou permissão para usar o auditório do conselho para uma entrevista coletiva no fim de semana. Além disso, o alto-comissário britânico, sir Rob Young, foi instruído pelo Ministério do Exterior a ficar longe de mim — ele "não deve sair do estábulo", diz ele a Vijay.

Robin Cook, o secretário do Exterior britânico, está chegando à Índia no dia em que devo partir e, ao que parece, está ansioso para não ser associado a mim. Ele está com viagem marcada para o Irã dentro de pouco tempo, e naturalmente essa viagem não pode ser comprometida. (Mais tarde: a viagem de Cook foi afinal cancelada, por causa dos "julgamentos dos espiões" judeus no Irã em cortes fechadas. Assim são as coisas.)

Notícias melhores vêm de Collin Ball da Fundação Commonwealth, que moderou sua posição e não ameaça mais retirar meu convite para o jantar de premiação. Como Cinderela, ao que parece, eu devo ir ao baile. Mas no meu estado paranóico acho que, se a fundação está tão nervosa com minha mera presença, é muito pouco provável que desejem a associação ainda mais próxima comigo que me outorgar o prêmio inevitavelmente estabeleceria.

Relembro a mim mesmo por que de fato estou aqui. O Prêmio Commonwealth para Escritores é apenas um pretexto. Fazer essa viagem com Zafar é que foi a verdadeira vitória. Para nós dois, a Índia é o prêmio.

O escândalo Hansie Cronje tira a política das primeiras páginas e os meus próprios grunhidos de minha cabeça. Cronje, capitão do time de críquete sul-africano e garoto-propaganda da nova África do Sul, está sendo acusado pela polícia indiana, junto com três de seus colegas de time, Herschelle Gibbs, Nicky Boje e Pieter Strydom, de ter tirado dinheiro dos agentes de apostas Sanjiv Chawla e Rajesh Kalra para ajeitar os resultados dos jogos internacionais que acontecem em um dia.

É uma notícia sensacional. A polícia indiana diz possuir transcrições de conversas telefônicas que não deixam margem a dúvidas. Há indícios de uma ligação com chefões do sindicato do crime do submundo, como o notório Dawood Ibrahim. As pessoas começam a especular se isso não será a ponta de um enorme iceberg. Será que o críquete pode sobreviver se os espectadores não sabem se estão assistindo a uma competição justa ou a uma espécie de pró-luta livre vestida em roupas de flanela branca? "Eles eram tratados como deuses", diz um fã, "e agora são bandidos."

Rumores sobre resultados arranjados estão no ar há anos, enevoando a reputação de alguns dos principais jogadores do esporte: Salim Malik, do Paquistão, Shane Warne, da Austrália, o antigo capitão da Índia, Mohammed Azharuddin, que foi acusado de corrupção por um colega de time, Manoj Prabhakar. Um antigo astro internacional da Inglaterra, Chris Lewis, deu às autoridades do críquete britânicas os nomes de três astros ingleses supostamente corruptos (esses nomes não foram dados a público). Mas, até então, nenhuma das acusações foi comprovada e a lama não chegou a manchar.

Não é segredo que a versão de um dia do jogo se transformou em um grande gerador de dinheiro e, à medida que o número dessas partidas proliferou, o interesse dos sindicatos de apostas e agentes de apostas com ligações no submundo aumentou no Extremo Oriente. Mas nenhum fã de críquete quer acreditar que seus heróis são idiotas. Essa cegueira voluntária é uma forma de corrupção também.

Momentos depois, as negativas começam. Hansie é um cavalheiro, mais limpo que uma criança, tão honesto quanto a luz do dia. E, para começar, por que os policiais indianos tinham colocado escuta nos telefones dos jogadores sul-africanos? E as vozes nas fitas nem soam sul-africanas.

O próprio Cronje dá uma entrevista coletiva negando as acusações, insiste que seus colegas de time e sua conta no banco confirmarão que ele nunca tentou fraudar uma partida, nem recebeu dinheiro para isso. E por trás de toda reação está o que, aos ouvidos indianos, soa, suspeitamente, como racismo. Comentadores dos países jogadores de críquete brancos foram os mais rápidos em partir para o contra-ataque, desprezando as acusações, lançando dúvidas sobre o profissionalismo e mesmo a integridade dos policiais indianos que investigavam o caso.

O oficial encarregado da minha equipe de proteção é o bondoso Akshey Kumar, que adora literatura, pode falar com conhecimento sobre a obra de Vikram Seth e Vikram Chandra, Robinson Mistry e Arundhati Roy, e tem orgulho de ter duas filhas na universidade em Boston, na Tufts. K. K. Paul, que está tocando a investigação sobre Cronje, é amigo dele, um detetive soberbo, diz Kumar, e homem de grande probidade. Além do mais, sendo a África do Sul uma nação amiga, as autoridades indianas jamais permitiriam que essas acusações fossem dadas a público, a menos que estivessem cento e dez por cento convencidas da força do caso que Paul e seu time haviam movido. Portanto, Kumar aconselha com grande sabedoria, vamos esperar para ver.

Fazemos uma viagem por terra para mostrar as atrações para o rapaz: Jaipur, Fatehpur, Sikri, Agra. Para mim, a própria estrada sempre foi a atração principal.

Há mais caminhões do que eu lembrava, muitos mais, buzinando e letais, muitas vezes rodando diretamente para cima de nós pelo lado errado da estrada. Há destroços de trombadas frontais a cada poucos quilômetros. Olhe, Zafar, esse é o altar de um importante santo muçulmano; todos os caminhoneiros param ali e rezam para ter sorte, mesmo os hindus. Depois voltam para seus veículos e arriscam hediondamente a própria vida e a dos outros.

Olhe, Zafar, aquilo é um trator-reboque carregado de homens. Em época de eleição, o *sarpanch* ou chefe de cada aldeia recebe ordens de fornecer essas cargas para os comícios políticos. Para Sonia Gandhi, a exigência é de dez tratores por aldeia. As pessoas estão tão desiludidas com os políticos hoje em dia que ninguém iria aos comícios de livre e espontânea vontade.

Olhe, aquelas são as chaminés poluidoras dos fornos de tijolos fumegando nos campos. Fora da cidade o ar é menos sujo, mas também não é limpo. Em Bombaim, entre dezembro e fevereiro, pense nisso, aviões não podem pousar nem levantar vôo antes das onze da manhã por causa do *smog*.

A nova era está aqui, sim, Zafar, se você soubesse ler híndi poderia ver as novas palavras da nova era foneticamente transliteradas nessa língua em tipo Devanagiri: *Pneus Millenium. Celular Oasis. Modern's fast-food chinesa.*

Ele quer aprender híndi. É bom com línguas e quer aprender híndi e urdu e voltar sem toda a parafernália que nos cerca desta vez: sem mim, para ser franco. Bom. Ele pegou o vírus. Uma vez mordido pela Índia, Zafar, ninguém nunca mais se cura.

Olhe, Zafar, os incompreensíveis acrônimos da Índia. O que é uma prancha WAKF? O que é uma HSIDC? Mas uma sigla revela uma genuína alteração na realidade. Você a vê por toda parte agora, a cada cem metros ou menos: STD-ISD-PCO. PCO é *personal call office* [escritório de chamados pessoais], e agora qualquer um pode entrar nessas cabinezinhas, telefonar para qualquer lugar da Índia, ou, na verdade, do mundo, e pagar na saída. Essa é a genuína revolução das comunicações na Índia. Ninguém precisa mais se isolar.

Nas *dhabas* da beira da estrada onde paramos para matar a sede, estão falando de Hansie Cronje. Ninguém tem a menor dúvida de que ele é mais culpado que o pecado.

Bill Clinton visitou o palácio-fortaleza de Amber no alto do morro, nos arredores de Jaipur, mas seu pessoal de segurança não permitiu que ele aproveitasse a famosa atração turística local. Ao pé do morro Amber, há uma fila de táxis-elefantes. Você compra um bilhete no Escritório de Reserva de Elefantes e então sobe o morro nas costas de seu paquiderme alugado. Onde o presidente falhou, eu e Zafar fomos bem-sucedidos. Fico contente de saber — em um momento de *schadenfreude* — que a segurança de alguém é mais estrita e mais restritiva que a minha.

Mas Clinton assistiu, sim, as dançarinas rodarem e cabriolarem para ele no Jardim Açafrão de Amber. Disso ele deve ter gostado. O Rajastão é colorido. As pessoas usam roupas coloridas, fazem danças coloridas, montam elefantes coloridos para ir até coloridos palácios antigos, e são essas coisas que um presidente tem de conhecer.

Ele tem de saber também que em um campo de testes perto de Pokhran, no deserto Thar, do Rajastão, o know-how indiano levou a Índia para a era nuclear. O Rajastão é, portanto, o berço da nova Índia, que deve ser pensada como parceira e igual dos Estados Unidos da América. (Clinton efetivamente puxou o assunto do Tratado de Banimento de Teste, mas não conseguiu convencer a Índia a assinar. Afinal de contas, os Estados Unidos também não o ratificaram.)

O que não deveria ser levado à atenção de Clinton — porque não tem lugar nem na Índia colorida e turística, dos táxis-elefantes, nem na nova Índia empresarial, impetuosa, com bilhões na internet, que agora está sendo vendida para o mundo — é que o Rajastão, junto com o estado vizinho de Gujarat, está atualmente morrendo de sede, nas garras da pior seca em mais de um século.

O que não se pode permitir que o presidente chegue a pensar é que o dinheiro gasto pela Índia na ridícula bomba poderia ter ajudado a tratar e alimentar os doentes e famintos. Ou que é absurdo para o primeiro-ministro Vajpayee apelar ao povo da Índia para ajudar a combater a maciça destruição produzida pela seca, fazendo contribuições caridosas, "não importa se pequenas", enquanto o governo da Índia ainda está gastando uma fortuna na outra arma do Rajastão para destruição em massa.

Está quente: quase 41 graus. As chuvas falharam nos últimos dois anos e ainda faltam dois meses para a próxima monção. Os poços estão secando e os aldeões estão sendo obrigados a beber água suja, o que lhes dá diarréia, que causa desidratação e assim o círculo vicioso aperta suas garras.

Quando estive aqui pela última vez, doze anos atrás, a região estava sofrendo a então pior seca de todos os tempos. Viajei por Gujarat na época e vi muito da mesma espécie de devastação aparente por toda parte no Rajastão rural de hoje. À medida que aumenta o abismo entre o festim dos que têm e a fome dos que não têm, a estabilidade do país deve estar correndo mais e mais riscos. Tenho farejado alguma coisa diferente no ar e, relutante como sou em colocar em palavras o que não é muito mais que um instinto, sinto de fato uma grande volatilidade nas pessoas, uma crepitação de raiva logo abaixo da superfície, um pavio mais curto.

No jantar, Zafar come um camarão estragado. Eu me culpo por isso. Deveria ter relembrado a ele as regras básicas para viajar pela Índia: sempre beber água engarrafada, certificar-se de que o selo da garrafa está sendo quebrado na sua frente, nunca comer saladas (não terá sido lavada com água engarrafada), nunca colocar gelo nos drinques (ele não terá sido feito com água engarrafada)... e *nunca, nunca comer frutos do mar a menos que você esteja junto ao mar.*

O camarão do deserto de Zafar acaba com ele. Passa a noite sem dormir, vomitando, diarréico. De manhã está com péssima aparência e temos uma longa jornada à nossa frente, por estradas esburacadas e difíceis. Agora ele também precisa se cuidar para não ficar desidratado. Ao contrário dos aldeões que estamos deixando para trás, temos muita água engarrafada para beber e medicação adequada. E, é claro, estamos indo embora.

TERÇA-FEIRA, 11 DE ABRIL

Um dia cansativo. Longa viagem exaustiva até Agra e de volta a Delhi. Zafar sofre, mas continua estóico. Está fraco demais para andar pela magnífica Fatehpur Sikri e só consegue se arrastar pelo Taj, que ele declara ser menor que o esperado. Fico muito aliviado quando consigo finalmente colocá-lo em uma confortável cama de hotel.

Ligo as notícias na televisão. Cronje confessou.

QUARTA-FEIRA, 12 DE ABRIL

CRONJE: SOU UM BANDIDO, diz a manchete garrafal do jornal da manhã. O ex-semideus do críquete admitiu ter pés de barro: vem "sendo desonesto", tem aceitado dinheiro e agora foi despedido da capitania sul-africana e chutado para fora do time nacional. K. K. Paul e seus homens foram inteira e dramaticamente vingados.

O dinheiro que Cronje recebeu era irrisório, afinal: meros 8200 dólares. Preço nada alto para o bom nome de alguém.

Enquanto isso, na África do Sul, o público predominantemente branco apaixonado pelo críquete (os negros sul-africanos estão muito mais interessados em futebol) corre atrás de seu amado Hansie. Coloquem-no de volta no time, dizem as pesquisas de opinião, e a mídia também o apóia até o fim. Em Durban, uma multidão de brancos ataca Sadha Govender, presidente do Programa de Desenvolvimento do Críquete KwaZulu-Natal, que é insistentemente esbofeteado e chutado. "*Charros* derrubaram Cronje", gritam os brancos. (Govender é de origem indiana. *Charros* são os indianos.)

O apelido de vestiário de Hansie Cronje — que lhe foi dado muito antes do atual escândalo — era Crime. Como na expressão o crime não compensa. Segundo contam, ele era extremamente pão-duro para pagar uma rodada de bebida. Agora que o governo da África do Sul está tendendo a concordar com sua extradição para ser julgado na Índia e que seus advogados o advertem de que deve ficar preparado para um mandado de prisão, ele deve ter começado a pensar que aquele apelido era uma profecia.

Fico impressionado com a relativa ausência de triunfalismo na reação indiana à queda de Cronje. "Do que estamos nos regozijando?", alerta Siddarth Sazena do *The Hindustan Times*, querendo dizer: não sejamos justiceiros nessa questão. Os agentes de apostas eram indianos, afinal, e nas revelações que agora devem jorrar podemos descobrir que também não somos anjos. Um dos agentes, Rajesh Khalra, já está preso e um suspeito de intermediação, o ator de cinema Kishen Kumar, será preso assim que sair do hospital, onde está se tratando de um súbito problema cardíaco.

Hoje, num *dhaba* de beira de estrada, Zafar viu um rapaz sorrindo em um cartaz da Pepsi. "Quem é esse?", quis saber. "Esse" era Sachin Tendulkar, o grande superastro do críquete indiano, o melhor rebatedor do mundo. Meu Deus, pensei, se um dia um escândalo tocar em Tendulkar, vai realmente destruir o jogo. As pessoas não suportariam isso.

Outro possível intermediário, Hamid "Banjo" Cassim, empresário sul-africano, é citado pela polícia indiana. Afirma-se que tem ligações com o agente de apostas Sanjiv Chawla e também com Mohammed Azharuddin... e Sachin Tendulkar. Azharuddin e Tendulkar negam a transgressão imediatamente e com fúria, e ninguém os acusa efetivamente de nada. Mas há uma sombra sobre o sol.

A Roper Starch Worldwide, uma agência de pesquisa de marketing, lançou um barômetro da felicidade mundial. Em média, parece que apenas 24% da população do mundo se descreve como feliz. Os países mais felizes são os Estados Unidos (46%), a Índia (37%) e o Reino Unido (36%). A Índia detém a medalha de prata da felicidade! Seu direito a um lugar na mesa mais importante do mundo está confirmado! Os países mais infelizes do mundo são a China (9%) e a Rússia (3%). Os números do atual nível de felicidade entre os fãs de críquete da África do Sul não constam da pesquisa.

O nível de felicidade nacional da Índia subiu esta manhã com a boa notícia de que a indiana de nascimento Jhumpa Lahiri ganhou o prêmio Pulitzer por seu primeiro livro de contos, *Intérprete dos males*. Ela está na primeira página de todos os jornais, sorrindo por sua sorte e, apesar da atitude um tanto ambígua por aqui em relação à obra "Indianos da diáspora", ela recebe críticas elogiosas em toda parte. É uma escritora muito talentosa e eu participo da sensação geral de orgulho por sua conquista.

O Sri Lanka quer que o Reino Unido seja considerado um Estado terrorista, porque abriga tantos grupos terroristas: o LTTE (Tigres de Tâmil), o Hamas da Palestina, o PKK curdo, o Harkat-ul-Ansar da Caxemira e, segundo o Sri Lanka, dezesseis outros grupos da lista norte-americana de terrorismo. Não posso deixar de sentir que o Sri Lanka tem razão. Os Estados Unidos estão acusando o Paquistão e o Afeganistão de formar uma "central do terror" porque dão abrigo a Osama bin Laden e a vários separatistas caxemirenses. Se não fosse uma questão muito inepta em meio a toda essa felicidade, por que a Grã-Bretanha não está sendo indiciada também?

Em algum momento da década de 30, meu avô paterno, Mohammed Din Khaliqi, um bem-sucedido empresário de Delhi, comprou uma casa de veraneio para a família, um modesto chalé de pedra, na cidadezinha de Solan, nas montanhas Shimla. Ele batizou a casa de Anis Vila em honra de seu único filho, Anis Ahmed. Esse filho, meu pai, que depois assumiu o sobrenome Rushdie, me deu de presente a casa no meu aniversário de 21 anos. E, onze anos atrás, o governo estadual de Himachal Pradesh apossou-se dela sem nem ao menos pedir licença.

Não é fácil tomar a propriedade de um homem na Índia, mesmo para um governo estadual. Para conseguir se apossar de Anis Vila, as autoridades locais declararam falsamente que era "propriedade de pessoa evacuada". A lei referente a propriedades de pessoas evacuadas foi criada depois da Partição para permitir que o Estado tomasse posse das casas deixadas por indivíduos e famílias que tinham ido embora para o Paquistão. Essa lei não se aplica a mim. Eu era cidadão indiano até me naturalizar britânico e nunca tive passaporte paquistanês, nem residi naquele país. A Anis Vila foi tomada erroneamente e isso pode ser comprovado.

Vijay Shankardass e eu ficamos amigos próximos por causa de Solan. Um dos mais famosos advogados da Índia que, incidentalmente, tem uma orgulhosa história de vitórias contra a censura, ele enfrentou as autoridades de Himachal a meu favor. O processo levou sete anos e nós vencemos. Dois aspectos dessa sentença são impressionantes. Sete anos, pelo padrão indiano, é *incrivelmente rápido*. E derrotar um governo, mesmo quando o direito está claramente do seu lado, exige certo esforço. A vitória de Vijay foi muito admirada na Índia e ele merece todos os elogios que recebeu.

Para Vijay, o caso Solan era apenas uma parte da tarefa maior de endireitar minha relação com a Índia, coisa que se tornou para ele uma espécie de cruzada pessoal. Ele dedicou a isso muito tempo, experimentando o terreno, fazendo lobby com políticos, trabalhando incansavelmente em meu favor. A presente viagem teria sido impossível sem ele. Ele fala manso, tem excepcionais dotes de negociação e persuasão e tenho com ele uma dívida de gratidão que nunca será paga.

Retomamos a posse da vila de Solan em novembro de 1997. Desde então, o telhado foi arrumado, a casa limpa e pintada e um dos banheiros reformado. É impressionante que a eletricidade, o encanamento e o telefone, todos funcionem. Em preparação à nossa visita, alugaram mobília e enxoval em uma loja da cidade, ao custo surrealista de cem dólares, para uma casa de seis cômodos. Um zelador mora no local com a família. Solan cresceu e está irreconhecível, mas a vista das montanhas que se tem da casa continua clara e intocada.

Zafar está a apenas algumas semanas de seu 21º aniversário. Ele ir comigo a Solan hoje fecha um círculo. E alivia também uma responsabilidade que há muito sinto em memória de meu pai, morto em 1987. Está vendo, Abbaa, retomei a casa. Quatro gerações de nossa família, vivos e mortos, podem agora congregar-se aqui. Um dia, ela pertencerá a Zafar e seu irmãozinho, Milan. Numa família desenraizada e espalhada como a nossa, este pequeno terreno de continuidade significa muita coisa.

Para chegar a Solan é preciso fazer uma viagem de três horas no "vagão poltronas" com ar condicionado do Expresso Shatabdi de Nova Delhi até a cidade de Chandigarh, projetada por Le Corbusier, capital tanto de Punjab quanto de Haryana. Depois, sobe-se às montanhas de carro, por uma hora e meia. Pelo menos, isso é o que se faz se você não é eu. A polícia não queria que eu tomasse o trem. "Sir, a exposição é muito grande." Eles estão nervosos porque o gerente do hotel de Jaipur contou à Reuters que eu estava lá. Vijay conseguiu eliminar a história da Reuters por enquanto, mas o escudo de invisibilidade está ficando mais frágil. Em Solan, como até a polícia reconhece, ou diz que reconhece, o gato sem dúvida vai escapar do saco. É para lá que todo mundo espera que eu vá. Anteontem, a televisão estatal Doordarshan mandou uma equipe a Anis Vila para xeretar e interrogar Govind Ram, o zelador, que resistiu bravamente. Quando eu estiver efetivamente lá, porém, a notícia sem dúvida vai vazar.

Um desenvolvimento bem desagradável: as autoridades policiais que telefonam para Akshey Kumar a cada cinco minutos para perguntar como estão indo as coisas inventaram que o vazamento de Jaipur foi arquitetado por mim e Vijay. Esse germe de suspeita logo desabrochará em uma doença completa.

Zafar está se sentindo melhor, mas me recuso a impor a ele o que será uma viagem de dezessete horas de carro. Coloco-o no trem, sorte dele. Devo encontrá-lo na estação de Chandigarh com minha inconspícua comitiva de quatro sedãs pretos.

Existe um outro trem que parte de Delhi, um trem cuja existência nem era sonhada na última vez em que vim à Índia. Trata-se do Expresso Samjhauta, uma ligação ferroviária direta, sem paradas, entre a capital da Índia e a cidade de Lahore, no Paquistão. Quando estou me preparando para comemorar esse sinal de melhores relações entre os velhos adversários, descubro que a continuidade do serviço está em perigo. O Paquistão reclama que a

Índia não está fornecendo sua parte do equipamento de rodagem. A Índia reclama, com mais seriedade, que o Paquistão está usando o trem para contrabandear drogas e dinheiro falsificado para a Índia.

Drogas são uma questão importante, claro, mas a questão do dinheiro falsificado também é importante. No Nepal, hoje, as pessoas relutam em aceitar notas de quinhentas rupias indianas, por causa da quantidade de notas falsas em circulação. Há não muito tempo um diplomata da missão paquistanesa em Delhi foi pagar a mensalidade escolar de seu filho pequeno e usou uma mistura de dinheiro genuíno e dinheiro esquisito. O menino foi expulso e, embora depois fosse aceito de volta, a ligação entre o governo paquistanês e o dinheiro ruim já estava claramente estabelecida.

(Na sexta-feira, 14, a Índia e o Paquistão concordaram em deixar o trem correr por enquanto. Mas não se pode dizer que isso simbolize um espírito de cooperação amigável. Ao contrário, é apenas mais um problema, mais uma locação para a luta entre os dois vizinhos.)

Vou buscar Zafar em Chandigarh e quando estamos subindo as montanhas meu coração se aquece. Montanhas sempre alegram moradores da planície. O ar refresca, altas coníferas se inclinam nas encostas íngremes. Quando o sol se põe, as luzes das primeiras estações montanhesas cintilam acima de nós. Ultrapassamos um trem de bitola estreita em sua lenta e pitoresca subida para Shimla. Para mim esse é o ponto mais alto da viagem até agora e percebo que Zafar também está emocionado. Paramos para jantar em uma *dhaba* perto de Solan, e o proprietário me diz que está contente de me receber e alguém vem correndo pedir um autógrafo. Ignoro a expressão preocupada no rosto de Akshey Kumar. Muito embora eu raramente tenha estado aqui em minha vida, com certeza não depois dos doze anos de idade, me sinto em casa.

Está escuro quando chegamos à vila. Da estrada, temos de subir 122 degraus para chegar a ela. Embaixo, há um portãozinho, e Vijay, também emocionado, me dá formalmente as boas-vindas à casa que ele reconquistou para minha família. Govind Ram corre e assusta Zafar ao se curvar para tocar nossos pés. Não sou um homem supersticioso, mas sinto ao meu lado a presença de meu avô, que morreu antes de eu nascer, e a presença de meus pais ainda jovens. O céu está incendiado de estrelas. Saio para o quintal. Preciso ficar sozinho.

QUINTA-FEIRA, 13 DE ABRIL

Sou despertado às cinco da manhã pela música amplificada e os cantos de um *mandir*, um templo hindu do outro lado do vale. Me visto e ando em volta da casa à luz do amanhecer. Com seus telhados vermelhos inclinados e pequenas torres nos cantos, é mais bonita do que eu me lembrava, mais bonita do que nas fotografias que Vijay tirou, e a vista é tão deslumbrante quanto o prometido. É uma estranha sensação andar em volta de uma casa que você não conhece e que de alguma forma pertence a você. Leva algum tempo para nós dois nos integrarmos, a casa e eu, mas na hora em que os outros acordam ela já é minha.

Passamos a maior parte do dia seguinte vagando pela propriedade, sentados no jardim à sombra de grandes coníferas antigas, comendo os ovos mexidos especiais de Vijay. Concluo que a viagem valeu a pena: sei disso pela expressão no rosto de Zafar.

À tarde, fazemos uma excursão à cidade vizinha, antiga capital de verão britânica. Eles a chamaram de Simla, mas ela voltou a ser Shimla agora que foram embora. Vijay me mostra o tribunal onde lutou pela Anis Vila e vamos também à antiga residência do vice-rei, um grande prédio antigo que um dia abrigou a crucial Conferência Simla pré-Independência em 1945 e agora abriga uma empresa de pesquisa chamada Instituto Indiano de Estudos Avançados. A estrutura do edifício, evidentemente, está seriamente deteriorada e ele poderá em breve não ser mais seguro.

Zakar caminha sério em torno da mesa de conferência onde as sombras de Gandhi, Nehru e Jinnah estão sentadas, mas quando saímos ele pergunta: "Por que aquele leão de pedra ainda segura a bandeira inglesa?". A resposta provável, arrisco, é que ninguém notou aquilo ainda. A Índia está independente há mais de meio século, mas a bandeira de são Jorge ainda está lá em cima do telhado.

Preciso me abaixar e desviar um pouco para escapar do *wallah* do BJP que agora comanda o instituto. Nossa, estou aqui não apenas como observador, mas também como observado e não posso cair na armadilha de aparecer com o homem do BJP. Convém dar uma disfarçada para evitar um aperto de mão, que certamente seria fotografado.

Ao contrário de V. S. Naipaul (que descubro também estar na Índia), não vejo a ascensão do nacionalismo hindu como uma grande manifestação do espírito criativo da Índia. Vejo-o como a negação da Índia em que cresci, como o triunfo do sectarismo sobre o secularismo, do ódio sobre a camaradagem, da feiúra contra o amor. É verdade que o primeiro-ministro Vajpayee tentou que seu partido tomasse uma direção mais moderada, e que o próprio Vajpayee é surpreendentemente popular entre os muçulmanos, mas ele fracassou na tentativa de reformular o partido à sua própria imagem.

O BJP é a manifestação política do movimento extremista hindu, o RSS (Rashtryia Swyamsevak Sangh), do mesmo modo que o SinnFein na Irlanda do Norte é o ramo político do IRA (Exército Republicano Irlandês) provisório. Para mudar o BJP, Vajpayee teria de levar a liderança do RSS com ele. Lamentavelmente, é o contrário que está acontecendo. O chefe relativamente moderado do RSS, professor Rajendra Singh — "Rajju Bhaiyya" —, foi deposto pelo linha-dura K. S. Sudarshan, que começou alertando Vajpayee para não pisar na linha RSS.

As opções do primeiro-ministro são limitadas. Ele poderia ceder e soltar os cachorros do conflito religioso. Poderia tentar fazer o que Indira Gandhi realizou brilhantemente em 1969, quando os fazedores de reis do Congresso tentaram transformá-la em marionete deles. (Ela renunciou ao próprio partido, formou o Congresso I ou Congresso Indira, levou a maior parte dos membros do Parlamento com ela, convocou uma eleição geral e destruiu a velha-guarda nas pesquisas de opinião.) Ou, como parece mais provável, ele poderia resistir até a próxima eleição e então renunciar. Nesse ponto, a máscara de moderado do BJP cairia, ele não seria mais capaz de manter íntegro o tipo de coalizão ampla que atualmente dá apoio à sua posição de poder e, dado o estado deplorável em que o Partido do Congresso se encontra, a Índia entraria em outra fase de governos fragmentados, instáveis. Não é uma previsão feliz, mas é o que sugerem as probabilidades. E é uma boa razão para manter distância dos burocratas do BJP, por menos importantes que sejam.

Há uma conferência em andamento no instituto. O professor B. B. Lal, usando como prova cacos de cerâmica cinzenta encontrados em sítios associados à grande guerra Kuru-Pandava, conclui que a idade do reverenciado *Mahabharata* pode ser de apenas 3 mil anos, e não 5 mil, como se pensava. O que o BJP/RSS vai achar de uma revisão tão radical desse texto sagrado hindu?

Minha metamorfose de observador a observado, do Salman que eu conheço para o "Rushdie" que eu mal reconheço, continua em marcha. Por toda parte há rumores de minha presença na Índia. Fico profundamente deprimido ao saber que algumas organizações islâmicas prometeram fazer barulho, e barulho é notícia, e então talvez, penso, isso possa ser visto como o significado de minha viagem à Índia, o que será muito, muito triste e, de fato, mau.

Durante o jantar no restaurante Himani de Solan, estou beliscando uma versão indiana apimentada de comida chinesa quando sou abordado por um repórter da Doordarshan chamado Agnihotri, que por acaso está passando férias ali com a família. E pronto: ele tem o seu furo e a história está na rua. Momentos depois, um repórter da imprensa local chega e me faz algumas perguntas amigáveis. Nada disso é muito inesperado, mas como resultado desses encontros fortuitos a agitação da polícia atinge novos níveis e entra em ebulição até a confusão total.

De volta a Anis Vila, Vijay recebe em seu celular a ligação de um oficial da polícia chamado Kulbir Krishan, de Delhi. Krishan está em algum lugar no meio da invisível cadeia de comando dos pilotos de escrivaninha, mas o que ele diz faz Vijay perder a compostura pela primeira vez em todos os anos de nossa amizade. Ele quase treme ao me contar: "Estão nos acusando de ter chamado aqueles jornalistas ao restaurante. Esse homem me disse que não fomos cavalheiros, que não mantivemos nossa palavra e que tínhamos, se você puder acreditar na expressão, 'falado fora de hora'. No fim o sujeito disse: 'Vai haver tumulto em Delhi amanhã e, se nós atirarmos e morrer alguém, vocês é que terão sangue nas mãos'".

Fico horrorizado. Logo fica claro para mim que há duas questões em jogo. A primeira, menos importante, é que, depois de uma semana aceitando todo tipo de limitações e condições de segurança, estamos sendo acusados de desonestidade e má-fé. A segunda questão é de vida ou morte. Se a polícia de Delhi se tornou tão assanhada com a violência que está até se preparando para matar gente, então deve ser detida antes que seja tarde demais.

Não é hora de gentilezas. Zafar fica olhando, perplexo, enquanto eu descarrego minha raiva no pobre e decente Akshey Kumar (que não tem culpa de nada) e digo a ele que, a menos que Kulbir Krishan volte ao telefone *imediatamente*, peça desculpas a Vijay e a mim pessoalmente e garanta que não existe nenhum plano de matar ninguém amanhã, eu insistirei em dirigir a noite inteira de volta a Nova Delhi e, ao amanhecer, vou ficar esperando na porta do primeiro-ministro Vajpayee para pedir a ele que trate desse problema pessoalmente.

Depois de algum tempo de explosões do tipo "Eu vou ao alto comissariado britânico! Vou convocar uma entrevista coletiva! *Vou escrever um artigo no jornal!*", o infeliz Kulbir efetivamente liga de novo para falar de "mal-entendido" e prometer que não haverá tiros nem morte.

"Se me expressei fora de contexto", é a memorável conclusão dele, "então sinto muitíssimo, de fato." Eu estouro em uma gargalhada diante do total absurdo dessa formulação e desligo o telefone. Mas não durmo bem. O sentido de toda esta viagem será definido pelo que acontecer nos próximos dois dias e, mesmo esperando e acreditando que a polícia está exagerando, não posso ter certeza. Delhi é a cidade deles, e eu, eu sou Rip Van Winkle.

SEXTA-FEIRA, 14 DE ABRIL

Deixamos Solan ao amanhecer e vamos de carro deixar Zafar e Vijay na estação Chandigarh. (Eu, evidentemente, farei o trajeto todo pela estrada.) Zafar está se recuperando do ataque do camarão, mas Vijay parece esgotado, esfalfado. Ele repete várias vezes que nunca ninguém havia lhe falado com tamanha grosseria e propõe-se a não deixar a questão em paz. Dá para ver que chegou a seu limite com a polícia, com a viagem e provavelmente comigo. Amanhã à noite, digo a ele, tudo isso estará terminado e você vai poder voltar a ser um advogado e não pensar mais em Salman Rushdie e seus problemas nem uma vez. Ele dá um riso frouxo e entra no trem.

É o dia do banquete do prêmio Commonwealth para Escritores, mas não estou pensando nisso. Durante toda a volta a Delhi, vou imaginando quais instintos se mostrarão mais afiados: o meu ou o de meus protetores. Como a minha viagem retorno-do-nativo vai terminar: bem ou mal? Logo saberei.

Ao meio-dia e meia estou trancado em uma reunião com R. S. Gupta, o assistente especial do comissariado encarregado da segurança de toda a cidade de Delhi. É um homem calmo, enérgico, acostumado a ter as coisas do seu jeito. Ele pinta um quadro sombrio. Um político muçulmano, Shoaib Iqbal, planeja ir à oração do meio-dia das sextas-feiras na mesquita mais importante da cidade, a Juma Masjid, na Velha Delhi, e lá obter apoio para uma manifestação contra mim e contra o governo indiano por ter permitido que eu entrasse no país. A congregação estará na casa das centenas de milhar e, se o imã da mesquita — que é Bukhari — apoiar o chamado à manifestação, os números poderão ser imensos e paralisar a cidade. "Estamos negociando com ele", diz Gupta, "para manter os números pequenos e o evento pacífico. Talvez tenhamos sucesso."

Depois de umas duas horas de espera em alta tensão, durante as quais sou efetivamente confinado a meus aposentos — "Sir, nenhum movimento, por favor" —, a notícia é boa. Menos de duzentas pessoas saíram às ruas — e duzentos manifestantes, na Índia, é um número menor que zero — e tudo correu sem incidentes. O pesadelo não ocorreu. "Felizmente", diz o sr. Gupta, "conseguimos controlar tudo."

O que realmente aconteceu em Delhi hoje? A visão de mundo da segurança é sempre impressionante e muito persuasiva, mas continua a ser apenas uma versão da verdade. É uma das características das forças de segurança de toda parte do mundo tentar obter tudo. Se tivesse havido uma demonstração de massa, teriam dito: "Está vendo, todo o nosso nervosismo era muito justificado". Mas não houve protestos; então me dizem: "Conseguimos impedir a confusão por causa de nossa previsão e habilidade".

Talvez. Mas pode ser também que, para a vasta maioria dos muçulmanos indianos, a controvérsia a respeito de *Os versos satânicos* seja agora assunto velho e, apesar dos esforços dos políticos e do imã (ambos fizeram discursos cheios de sangue e trovão), ninguém ia se dar ao trabalho de protestar. Ah, tem um romancista na cidade que vai a um banquete? Como é o nome dele? Rushdie? E daí?

Essa é, decerto, a posição assumida, quase sem exceção, pela imprensa indiana na análise dos acontecimentos do dia. A pequena manifestação que ocorreu é notada, mas a agenda política particular de seus organizadores também é mencionada.

É um dia quente em Delhi e sopra um vento quente. Uma tempestade de areia cruza a cidade. Quando todos assimilamos a notícia de que o único temporal em Delhi é de origem meteorológica, podemos finalmente começar a relaxar e a admitir que talvez todo mundo estivesse mais nervoso que o necessário e que a longa disputa que me manteve afastado da Índia tenha realmente terminado.

O roteiro dentro da cabeça das pessoas está sendo reescrito. O fim previsto não veio a ocorrer. O que acontece no lugar é excepcional e, para mim e Zafar, um acontecimento de enorme impacto emocional, ultrapassando em força até mesmo a tumultuosa recepção de Os filhos da meia-noite vinte anos atrás. O que explode não é violência, mas alegria.

Às 19h45, Zafar e eu entramos na recepção do prêmio Commonwealth no hotel Oberoi e, desse momento até deixarmos a Índia, as comemorações não param nunca. Jornalistas e fotógrafos nos cercam, os rostos engalanados com sorrisos nada jornalísticos. Amigos rompem a muralha da mídia e nos abraçam. O ator Roshan Seth, recém-recuperado de sérios problemas cardíacos, me abraça e diz: "Olhe para nós, yaar, os dois devíamos estar mortos e ainda estamos fortes e rijos". A eminente colunista Amita Malik, amiga de minha família desde os velhos tempos de Bombaim, logo se recupera do embaraço de confundir Zafar com um guarda-costas e fica relembrando o passado, deslumbrada, elogiando o brilho de meu pai, seu dom da resposta rápida e contando histórias de meu tio favorito, Hameed, que morreu jovem demais, há muito tempo.

Jovens escritores talentosos — Raj Kamal Jha, Namita Gokhale, Shauna Singh Baldwin — vêm dizer coisas generosas sobre o significado de minha obra para o trabalho deles. Uma das grandes damas da literatura indiana em língua inglesa, a romancista Nayantara Sahgal, aperta minhas mãos e sussurra: "Bemvindo ao lar". Olho em torno e lá está Zafar sendo entrevistado para a televisão, falando com fluência e de maneira tocante sobre a nossa felicidade em estar aqui. Meu coração transborda. Eu realmente não ousara esperar por isso, estava contaminado pelo medo da polícia e havia protegido meu coração contra muitos tipos de desapontamento. Agora posso sentir as defesas caindo, uma a uma, a felicidade subindo como um amanhecer tropical, rápido, brilhante e quente. São poucos os momentos como este na vida de uma pessoa. Desculpem-me por falar talvez demais sobre este momento. É muito raro conseguir realizar um desejo tão profundo.

Em algum momento o Prêmio Commonwealth para Escritores vai para J. M. Coetzee, graças ao voto decisivo do espectro da festa, a juíza indiana de cara de pedra Shashi Deshpande. Mas nem o azedo julgamento dela conseguirá estragar esta festa. A Índia é o prêmio.

SÁBADO, 15 DE ABRIL

"Rushdie na Índia: como Soljenitsin voltando ao lar, mas sem a raiva nem as profecias medievais. Só existe alegria, muita alegria." Como demonstra a manchete da primeira página do *Indian Express* nessa hipérbole afetuosa, o espírito de festa transborda pela mídia, afogando as poucas vozes negativas veladas. Em todas as minhas conversas com a imprensa tentei não reabrir velhas feridas, dizer aos muçulmanos indianos que não sou, nunca fui inimigo deles e frisar que estou na Índia para refazer laços quebrados e começar, por assim dizer, um novo capítulo. Hoje o *Asian Age* concorda: "Vamos virar a página". Em outra publicação, na *Outlook*, existe prazer pela Índia ter "se penitenciado por ser a primeira a proibir *Os versos satânicos* submetendo-o à perseguição e agonia que se seguiram". O *Pioneer* expressa sua satisfação pelo fato de a Índia, uma vez mais, defender "valores democráticos e o direito individual de se expressar". E, em veia menos elevada, deliciosamente me faz a acusação improvável de ter "transformado as sofisticadas mulheres dos partidos da cidade em um bando de colegiais risonhas" que dizem para o marido: "Querido, [ele] pode mandar os bonitões de Bollywood de volta para a escola".

Dilip Padgaonkar, do *Times of India*, coloca as coisas da maneira mais comovente: "Ele se reconciliou com a Índia e a Índia com ele [...] algo sublime aconteceu a ele, o que deve permitir que continue a hipnotizar com suas histórias. Ele voltou para onde seu coração sempre esteve. Ele voltou para casa". No *Hindustan Times*, há um editorial intitulado: "Reconsiderem a proibição". Esse sentimento ressoa por toda a mídia. No *Times of India*, um estudioso islâmico, entre outros intelectuais, apóia o fim da proibição. Nas pesquisas de opinião da mídia eletrônica, 75% são a favor de permitir que *Os versos satânicos* seja afinal livremente publicado na Índia.

Vijay dá uma festa de despedida para mim. A esposa dele, Rani, perita em sistemas presidiários e reforma penal, acaba de voltar de uma conferência em Viena bem a tempo. E há uma surpresa: minhas duas tias atrizes, Uzra Butt e sua irmã Zohra Segal lá estão, junto com minha prima Kiran Segal, filha de Zohra e um dos maiores expoentes entre as professoras da escola Odissi de dança indiana clássica. Essa é a ala brincalhona da família, de língua afiada e olhos espertos. Uzra e Zohra são as grandes velhas damas do teatro indiano e todos nós já estivemos apaixonados por Kiran uma vez ou outra. Zohra e Kiran moraram em um apartamento em Hampstead durante algum tempo, nos anos 60, e quando eu estava no colégio interno em Rugby às vezes passava férias no quarto de hóspedes da casa delas, ao lado da porta do quarto de Kiran, na qual havia uma grande caveira admonitória e dois ossos cruzados. Agora descubro que Vijay Shankardass e Roshan Seth ficaram ambos nesse mesmo quarto de hóspedes, no mesmo período. Nós três olhávamos desejosos para a caveira com os ossos, mas nenhum de nós passou por ela.

"Não vejo você dançar há anos", digo para Kiran.

"Volte logo", diz ela. "Aí eu danço."

Junho de 2000

PARTE II

MENSAGENS DOS ANOS DA PESTE

ESTA É UMA SELEÇÃO DE UM GRANDE NÚMERO
DE TEXTOS QUE PUBLIQUEI DURANTE A LONGA
CAMPANHA CONTRA A FATWA A "OS VERSOS SATÂNICOS"

DE UM DISCURSO À CONFERÊNCIA INTERNACIONAL
SOBRE A LIBERDADE DE EXPRESSÃO, WASHINGTON,
ABRIL DE 1992

Gostaria de agradecer a todos os que ajudaram a tornar possível esta viagem. Não foi uma coisa simples, e como é estranho! Era de esperar que fosse uma questão simples um escritor interessado em liberdade de expressão comparecer a uma conferência sobre o assunto. Sua viagem não deveria exigir planos envoltos em segredo nem merecer nenhuma atenção especial das forças de segurança. Tenho a sensação de estar dentro de uma daquelas histórias de ficção científica em que o presente foi alterado, de forma que a Inquisição aparece em Piccadilly Circus e há bruxas queimando no Potomac.

A fatwa do imã Khomeini entortou e deformou o mundo. Antigas paixões de sangue foram libertadas, armadas com a mais moderna tecnologia. Batalhas que pensamos que não precisariam mais ser travadas — batalhas contra conceitos como "blasfêmia" e "heresia", que ao longo de toda a história da humanidade foram as tropas de choque da intolerância — foram retomadas em nossas ruas. Muitas pessoas que deveriam saber se comportar defenderam a violência real e a ameaça de violência e colocaram a culpa nas vítimas. Mesmo agora, na Grã-Bretanha, existe um poderoso lobby que regularmente denigre meu caráter. É difícil para mim ser meu próprio advogado nessa questão, difícil insistir em meu próprio valor. Quando o faço, sou acusado de arrogância e ingratidão. Mas, quando não luto por mim, meu caso é rapidamente esquecido. Uma dupla escravidão.

Como costumávamos dizer nos anos 60, há uma falha na realidade. Não ajustem suas mentes. O que foi feito com *Os versos satânicos*, seu autor, editores, tradutores e vendedores de livros é um crime contra a liberdade. O romance não é o crime; o autor não é o criminoso.

Claro que sei que não sou o único escritor sob ataque. Tentei duramente ao longo dos últimos três anos mostrar que as palavras "blasfêmia" e "heresia" foram atiradas contra vários escritores, um após o outro, principalmente no mundo muçulmano. Tentei insistentemente lembrar às pessoas que estamos testemunhando uma guerra contra a independência da mente, uma guerra pelo poder.

O mal específico de silenciar a expressão de uma opinião é que isso rouba a espécie humana, a posteridade, assim como a geração existente — [roubando] aqueles que discordam da opinião, ainda mais do que aqueles que a sustentam. [Pois] se a opinião está certa, eles são privados da oportunidade de trocar o erro pela verdade; se está errada, eles perdem o que é um benefício quase tão grande quanto esse, a percepção mais clara e a impressão mais viva da verdade produzida por seu choque com o erro.

Essas palavras são do grande ensaio de John Stuart Mill "Sobre a liberdade". É extraordinário o quanto o artigo de Mill se aplica diretamente ao caso de *Os versos satânicos*. A exigência de proibição do romance e, de fato, da erradicação de seu autor é precisamente o que Mill chama de "pretensa infalibilidade". Os que fazem esse tipo de exigência o fazem, exatamente como Mill previa, por achar o livro e seu autor "imoral e ímpio".

"Mas", escreve ele, "é nesse caso que [a pretensão de infalibilidade] é mais fatal. São exatamente nessas ocasiões que os homens de uma geração cometem esses horríveis erros que despertam a perplexidade e o horror da posteridade." Mill dá dois exemplos dessas ocasiões: os casos de Sócrates e Jesus Cristo. A esses pode ser acrescentado um terceiro caso, o de Galileu. Esses três homens foram acusados de blasfêmia e heresia. Todos foram atacados pelas tropas de choque da intolerância. E no entanto eles são, como todo mundo sabe, os fundadores das tradições filosófica, moral e científica do Ocidente. Podemos dizer, portanto, que blasfêmia e heresia, longe de serem os maiores males, são os métodos com os quais o pensamento humano produziu seus avanços mais vitais. Os escritores do Iluminismo europeu, que, todos, se levantaram contra as tropas de choque uma vez ou outra, sabiam disso. Foi pelo nervosismo que sentia com o poder da Igreja, não do Estado, que Voltaire sugeriu ser aconselhável para escritores viverem perto da fronteira, a fim de que, se necessário, pudessem saltar para o lado seguro. Fronteiras não protegem mais um escritor, não se essa nova forma de terrorismo, o terrorismo por decreto e recompensa, tiver espaço para acontecer.

Muita gente diz que o caso Rushdie é único, que nunca se repetirá. Essa complacência também é um inimigo a ser derrotado. Volto a John Stuart Mill.

O ditado que diz que a verdade sempre triunfará sobre a perseguição é uma daquelas falsidades agradáveis que toda a experiência
refuta. A história fervilha de exemplos de verdade eliminada pela
perseguição. Se não suprimida para sempre, pode ser atrasada em
séculos [...] A perseguição sempre foi bem-sucedida, a não ser
quando os hereges eram um partido forte demais para ser eficientemente perseguido.

Aí está, em poucas palavras. A perseguição religiosa nunca
é uma questão de moralidade, é sempre uma questão de poder.
Para derrotar os modernos queimadores de bruxas é preciso
mostrar a eles que nosso poder também é grande — que nossos
números são maiores que os deles e nossa determinação também. É uma batalha de vontades.

Sociedades livres são sociedades em movimento, e com o
movimento vem o atrito. Pessoas livres lançam faíscas, e essas
faíscas são a melhor prova da existência da liberdade. Sociedades
totalitárias procuram substituir as muitas verdades da liberdade
pela verdade única do poder, seja ele secular ou religioso; para
deter o movimento da sociedade, para apagar sua faísca. O propósito primeiro da não-liberdade é invariavelmente acorrentar
a mente.

O processo criativo é igual ao processo de uma sociedade
livre. Muitas atitudes, muitas visões de mundo se agitam e entram em choque dentro do artista, e desse atrito nasce a faísca, a
obra de arte. Essa multiplicidade interna é freqüentemente muito
difícil para o artista suportar e, mais difícil ainda, explicar. Denis
Diderot, o grande romancista-filósofo do Iluminismo francês,
falou da disputa dentro dele entre ateísmo, racionalismo mate-
rialista e uma profunda necessidade de um mergulho espiritual
e moral. "Enfurece-me", dizia ele, "ver que estou enleado em uma
filosofia diabólica que minha mente é forçada a aceitar, mas que

meu coração recusa." Um escritor ainda maior, Fiódor Dostoiévski, também se agoniou com a coexistência em seu coração da fé absoluta e da absoluta descrença. E, antes dele, William Blake disse, como elogio, que Milton, esse gênio devoto, enquanto poeta era, naturalmente, do partido do diabo. Dentro de todo artista — dentro, talvez, de toda imaginação humana — existe, parafraseando Blake, um casamento entre Céu e Inferno.

PUBLICADO EM 7 DE FEVEREIRO DE 1993,
COM O TÍTULO DE "O ÚLTIMO REFÉM"

Quatro anos. Passaram-se quatro anos e ainda estou aqui. Estranho como isso parece ao mesmo tempo uma vitória e uma derrrota.

Por que uma vitória? Porque quando, em 14 de fevereiro de 1989, ouvi a notícia de Teerã, minha reação instantânea foi: estou morto. Lembrei-me de um poema de meu amigo Raymond Carver ao ouvir de seu médico que estava com câncer no pulmão.

Ele perguntou você é um homem religioso que se ajoelha
em bosques na floresta e se permite pedir ajuda [...]
Eu disse não ainda mas pretendo começar hoje mesmo

Mas eu não sou um homem religioso. Eu não me ajoelhei. Fui dar uma entrevista em uma televisão e disse que eu queria ter escrito um livro mais crítico. Por quê? Porque, quando o líder de um Estado terrorista acaba de anunciar sua intenção de matar você em nome de Deus, você só pode vociferar ou resmungar. Eu não quis resmungar. E porque, quando o assassinato é ordenado em nome de Deus, você começa a ter menos consideração pelo nome de Deus.

Depois, pensei: se existe um deus, não acho que ele vá se importar com *Os versos satânicos*, porque ele não seria um grande deus se se abalasse de seu trono por causa de um livro. Por outro lado, se não existe um deus, ele certamente não se importa. Então o problema não é entre mim e Deus, mas entre mim e aqueles que pensam — como Bob Dylan um dia nos lembrou — que podem fazer o que quiserem porque têm Deus do seu lado.

A polícia me procurou e disse, fique em casa, não vá a lugar nenhum, estamos fazendo planos. Oficiais da polícia em patrulha ficaram de vigília por mim essa noite. Deitado eu não dormia, escutando, à espera do anjo da morte. Um de meus filmes favoritos era e é *O anjo exterminador*, de Luis Buñuel. É um filme sobre pessoas que não conseguem sair de uma sala.

Na tarde seguinte — quando a televisão rugiu com ódio e sede de sangue — me ofereceram proteção da Divisão Especial. Os oficiais que vieram me ver disseram que eu podia ir para algum lugar por uns dias enquanto os políticos resolviam as coisas. Você se lembra? Quatro anos atrás, nós todos pensamos que essa crise seria resolvida em questão de dias. Que, no final do século XX, um homem fosse ameaçado de morte por escrever um livro, que um líder de um Estado religioso-fascista ameaçasse um cidadão livre de um país livre distante do seu, era uma coisa muito louca. Que isso seria detido. A polícia pensou assim. Eu também pensei assim.

Então lá fomos nós, não para nenhuma fortaleza supersecreta, mas para um hotel no campo. No quarto ao lado, estava um repórter do *Daily Mirror* que havia se hospedado com uma dama que não era sua esposa. Eu me afastei, não querendo incomodar. E nessa noite, quando todos os jornalistas do país estavam tentando descobrir para onde eu tinha ido, esse cavalheiro — como posso colocar isso? — perdeu o seu furo.

Era para terminar em poucos dias, mas quatro anos depois ainda continua. E o que me dizem é que o nível de ameaça à minha vida não diminuiu nada. Me dizem que não há ninguém sob a proteção da Divisão Especial cuja vida esteja em maior perigo que a minha. Daí, uma vitória e uma derrota: uma vitória porque estou vivo, apesar de um "amigo" ter me descrito como um morto de licença. Uma derrota porque ainda estou nesta prisão. Que vai aonde eu vou. Não tem paredes, nem teto, nem algemas, mas não achei a saída em quatro anos.

Eu estava sob pressão política. Não creio que seja do conhecimento geral como era pesada essa pressão. A questão dos reféns britânicos estava sempre aparecendo. Pediam-me que fizesse uma declaração de desculpas: senão alguma coisa poderia acontecer a algum refém britânico, e isso, insinuavam, seria culpa minha. A declaração que concordei em fazer não foi nem escrita por mim, mas pelo falecido John Lyttle, o homem encarregado pelo arcebispo de Canterbury e outras personalidades e eminências de tratar dos casos de seqüestro. Mudei duas palavras, e mesmo essa alteração exigiu certa briga. Não fez bem a ninguém. Isso foi feito para ajudar os reféns, mas foi retratado como meu primeiro fracasso em salvar meu maldito pescoço. Khomeini confirmou a fatwa. Foram oferecidas recompensas de muitos milhões de dólares.

Agora havia pressão para eu simplesmente desaparecer. O argumento era que eu já havia causado confusão suficiente. Eu não deveria falar do assunto nem me defender. Havia um grande problema de ordem pública e, uma vez que as autoridades estavam fazendo tanta coisa para me proteger, eu não deveria dificultar mais a vida deles. Não vá a lugar nenhum, não veja ninguém, não diga nada. Seja uma não-pessoa e agradeça por estar vivo. Escute as calúnias, as distorções, os discursos assassinos, as conciliações, e cale a boca.

Durante quase um ano e meio não tive nenhum contato com nenhum membro do governo britânico ou funcionário público, nem no Ministério do Interior, nem no Ministério do Exterior. Eu estava no limbo. Disseram-me que o Ministério do Interior vetara qualquer reunião comigo porque isso seria considerado ruim para as relações raciais. Por fim, telefonei para William Waldegrave, naquela época ministro do Exterior, e perguntei se não seria uma boa idéia nos encontrarmos. Ele não pôde — não teve permissão, eu acho. Mas consegui por fim uma reunião com um diplomata do Ministério do Exterior, e em uma ocasião com o próprio secretário do Exterior, Douglas Hurd. Esses encontros foram realizados com a condição de serem mantidos em absoluto segredo, "para que os reféns nada sofram".

A propósito, não me lembro de Teerã nem dos que detinham reféns no Líbano jamais terem feito essa ligação. Mas talvez eu esteja errado. Se revelo agora esses detalhes, é porque é seguro fazê-lo. Até o dia em que Terry Waite foi solta, eu era uma espécie de refém dos reféns. Aceitei que o caso deles tinha de ser resolvido primeiro; que, até certo ponto, meus direitos tinham de ser postos de lado em favor dos deles. Eu só esperava que, depois que eles fossem libertados, chegasse a minha vez; que o governo britânico e a comunidade mundial buscassem um fim para essa crise também.

Foi uma longa espera, com muitos momentos bizarros ao longo dela. Um filme paquistanês que me retratava como torturador, assassino e bêbado usando uma horrenda variedade de roupas safári em tecnicólor teve recusado seu certificado de exibição na Inglaterra. Eu vi um vídeo do filme; era horrendo. Terminava com a minha "execução" pelo poder de Deus. A feiúra dessas imagens ficou comigo durante um bom tempo. Porém, escrevi ao Conselho Britânico de Classificação Cinematográfica prometendo que eu não tomaria nenhuma medida legal contra eles ou contra o filme e pedi que liberassem sua exibição. Disse a eles que não queria a dúbia proteção da censura. A proibição ao filme foi retirada e ele depressa desapareceu. Uma tentativa de exibi-lo em Bradford foi saudada com fileiras de poltronas vazias. Foi uma ilustração perfeita do argumento pela liberdade de expressão: as pessoas realmente são capazes de decidir sozinhas. Mesmo assim, era estranho estar contente com o lançamento de um filme cujo assunto era a minha morte.

Às vezes, eu ficava em casas confortáveis. Às vezes, tinha não mais que um pequeno quarto onde não podia me aproximar da janela para não ser visto lá de fora. Às vezes, conseguia sair um pouquinho. Outras vezes, era difícil fazê-lo.

Tentei visitar os Estados Unidos e a França, e os governos desses países impossibilitaram minha entrada.

Uma vez, tive de ir para o hospital para arrancar um dente do siso. Descobri depois que a polícia havia feito planos de emergência para me remover. Eu seria anestesiado e levado dentro de um saco plástico de cadáver, em um carro funerário.

Fiquei amigo de minhas equipes de proteção e aprendi muita coisa sobre o funcionamento interno da Divisão. Aprendi como descobrir se você está sendo seguido em uma estrada, me acostumei com os aparelhos sempre presentes, aprendi a gíria da força policial — motoristas, por exemplo, são conhecidos como OFDs, que quer dizer *only fucking drivers* [só umas porras de uns motoristas].* Polícia rodoviária é Ratos Negros. Meu próprio nome

---

* Um OFD que conseguiu deixar que roubassem um Jaguar blindado em sua posse foi instantaneamente batizado de rei da Espanha por seus colegas, porque o rei da Espanha se chama Juan Carlos [o nome falado com pronúncia inglesa soa quase igual a "*one car lost*", um carro perdido].

nunca era usado. Aprendi a atender por outros nomes. Eu era "o Principal".

Aprendi a me familiarizar com muita coisa que seria impensável quatro anos atrás, mas nunca me acostumei com nada disso. Eu sabia desde o começo que o hábito seria uma rendição. O que aconteceu com minha vida é uma coisa grotesca. É um crime. Nunca admitirei que se tornou meu estado normal.

"O que é loiro, tem peito grande e vive na Tasmânia? Salman Rushdie." Eu recebia cartas, às vezes ainda recebo, dizendo, desista, mude de nome, faça uma operação, comece outra vida. Essa é uma opção que nunca considerei. Seria pior que a morte. Não quero a vida de outra pessoa. Quero a minha.

Os oficiais de proteção demonstraram grande compreensão e me ajudaram a ultrapassar os momentos piores. Serei sempre grato a eles. São homens valentes. Colocam a vida em risco por mim. Nunca ninguém havia feito isso por mim.

Eis uma coisa que precisa ser dita. Desconfio que, por não ter sido morto, muita gente acha que ninguém está tentando me matar. Muita gente provavelmente acha que tudo isso é um pouco teórico. Não é. Nos primeiros meses, um terrorista árabe explodiu a si mesmo em um hotel de Paddington. Depois, uma jornalista que havia visitado os redutos da Hizbollah no vale Beka'a no Líbano me contou que tinha visto a fotografia desse homem no "quadro de mártires" de uma sala com uma legenda dizendo que o alvo teria sido eu. E, na época da Guerra do Golfo, soube que o governo iraniano havia contratado assassinos. Depois de meses de extremo cuidado, me disseram que os assassinos haviam sido — para usar a linguagem cheia de eufemismos dos serviços de inteligência — "frustrados." Achei melhor não perguntar as causas dessas frustrações.

E em 1992 três iranianos foram expulsos da Grã-Bretanha. Dois deles haviam trabalhado na missão iraniana em Londres, o terceiro era um "estudante". O Ministério do Exterior me informou que eram espiões e que, sem dúvida, estavam na Grã-Bretanha por questões ligadas ao cumprimento da fatwa. O tradutor italiano de *Os versos satânicos* quase foi morto, o tradutor japonês *foi* morto. Em 1992, a polícia japonesa anunciou o resultado de sua investigação de doze meses. Na opinião deles, os assassinos eram terroristas profissionais do Oriente Médio que entraram pela China. Enquanto isso, um esquadrão de ataque assassinou o ex-primeiro-ministro Shapour Bakhtiar em Paris. Cortaram fora a cabeça dele. Outro esquadrão matou um cantor iraniano dissidente na Alemanha. Cortaram-no em pedaços e colocaram em um saco. Nada muito teórico nesses fatos.

A Inglaterra é um país pequeno, cheio de gente, e muitas dessas pessoas são naturalmente inquisitivas. Não é um país fácil para se desaparecer. Uma vez, eu estava em um prédio de onde tinha de sair, mas ocorrera um vazamento em um cano do sistema de aquecimento bem no corredor e haviam chamado um encanador. Um oficial da polícia ficou distraindo a atenção do encanador para eu poder me esgueirar para fora enquanto ele olhava para o outro lado. Uma vez, eu estava em uma cozinha, quando um vizinho apareceu inesperadamente. Tive de me esconder debaixo de um armário e ficar lá, abaixado, até ele ir embora. Outra vez, estava em um engarrafamento de trânsito diante da mesquita de Regent's Park no momento em que os fiéis saíam das orações de Eid. Fiquei sentado no banco de trás de um Jaguar blindado com o nariz afundado no jornal *The Daily Telegraph*. Meus protetores brincaram que era a primeira vez que me viam tão interessado no *Telegraph*.

Viver assim é sentir-se diminuído todos os dias, é sentir pequenas pontadas de humilhação se acumulando em torno de seu coração. Viver assim é permitir que as pessoas — inclusive sua ex-esposa — o chamem de covarde na primeira página dos jornais. Essas pessoas sem dúvida falariam bem de mim em meu funeral. Mas viver, evitar o assassinato, é uma vitória maior do que ser assassinado. Só fanáticos procuram o martírio.

Tenho 45 anos e não posso sair do lugar onde moro sem permissão. Não levo chaves comigo. Às vezes, há "maus momentos". Durante um desses "maus momentos" dormi em treze camas diferentes em vinte noites. Nesses momentos, uma louca e imensa dissonância preenche seu corpo. Nesses momentos, você começa a se descolar de si mesmo.

Aprendi a deixar as coisas passarem: a raiva, a amargura. Elas voltarão depois, eu sei. Quando as coisas estiverem melhores. Lidarei com elas então. Agora a minha vitória está em não quebrar, em não me perder de mim. Está em continuar com meu trabalho. Não há mais reféns. Pela primeira vez em anos, posso lutar por mim mesmo sem ser acusado de prejudicar os interesses de outros. Estou lutando o mais duro que posso.

Como todo mundo, me alegrei com o final do terrível sofrimento dos reféns do Líbano. Mas as pessoas mais ativas em minha campanha de defesa, Frances d'Souza e Carmel Bedford, da Article 19, sabiam que o grande alívio que sentimos ao se encerrar esse horrível capítulo era também um perigo. Talvez as pessoas não quisessem prestar atenção a alguém que diz, desculpe, temos ainda um outro problema. Eu talvez fosse visto como uma espécie de chato da festa. Por outro lado, havia rumores persistentes de que o governo britânico estava a ponto de normalizar as relações com o Irã e de esquecer inteiramente o "caso Rushdie". Que fazer? Calar a boca e continuar contando com a "diplomacia silenciosa" ou falar?

A meu ver, não havia escolha. A libertação dos reféns tinha liberado minha língua afinal. E seria absurdo travar uma guerra por liberdade de expressão mantendo silêncio. Concordamos em fazer a campanha mais barulhenta possível, para demonstrar ao governo britânico que ele não podia se permitir ignorar o caso e para tentar reaquecer o tipo de apoio internacional que demonstraria ao Estado de terror iraniano que a fatwa estava prejudicando os interesses deles, assim como os meus.

Em dezembro de 1991, poucos dias antes da soltura do último refém norte-americano, Terry Anderson, foi-me finalmente permitido entrar nos Estados Unidos para falar durante a comemoração dos duzentos anos da Declaração dos Direitos, na Universidade de Columbia. Os planos para a viagem foram um pesadelo. Até 24 horas antes de partir eu não sabia se teria permissão para ir. Deram-me autorização para viajar em um avião militar, um grande favor pelo qual fiquei imensamente grato. (Isso deveria ter ficado em absoluto segredo, só que um tablóide britânico resolveu publicar o fato e depois me acusar por colocar em risco a RAF.)

O momento da partida foi inacreditável. Era a primeira vez que eu saía da Grã-Bretanha em quase três anos. Durante um momento, a jaula pareceu um pouco maior. Então, em Nova York, fui recebido por uma caravana de onze veículos, complementada com batedores de motocicleta. Fui colocado em uma limusine branca blindada e atravessei Manhattan em alta velocidade. "É o que fazemos com Arafat", explicou o chefe da operação, que nesse dia usava o nome de "comandante Hudson". Timidamente, perguntei: "E o presidente?". Para o presidente eles fechariam muitas outras ruas laterais, explicou o comandante Hudson, "mas no seu caso achamos que isso daria um pouco na vista demais". E não havia nisso nenhuma ironia. O Departamento de Polícia de Nova York é muito rigoroso, e não faz piadas.

Passei esse dia em uma suíte no 14º andar com pelo menos vinte homens armados. As janelas estavam tapadas com acolchoados à prova de bala. Do lado de fora da porta havia mais homens armados com músculos e armas tamanho Schwarzenegger. Nessa suíte, tive uma série de encontros que devem permanecer secretos, a não ser, talvez, um. Pude me encontrar com o poeta Allen Ginsberg por vinte minutos. Assim que chegou, ele tirou as almofadas do sofá e colocou no chão. "Tire os sapatos e sente", disse. "Vou te ensinar uns exercícios de meditação simples. Vão ajudar você a lidar com esta situação terrível." Nosso agente literário comum, Andrew Wylie, estava presente; insisti que fizesse os exercícios também e, reclamando um pouco, ele fez. Enquanto fazíamos nossa respiração e entoávamos cânticos, pensei como era extraordinário eu, indiano de nascença, estar aprendendo budismo com um poeta americano sentado de pernas cruzadas em uma sala cheia de homens armados até os dentes. Nada como a vida: não dá para inventar uma situação dessas.

Nessa noite, uma imensa caravana me levou para a Columbia e pude dar a minha contribuição. Me lembro de ter dito: a livre expressão é a própria vida. No dia seguinte, a imprensa americana foi simpática e positiva. Estava claro que os americanos, tal como eu, viam a questão como uma instância em que uma antiga e garantida liberdade tornara-se questão de vida ou morte. Em casa as coisas eram diferentes. Voltei à Grã-Bretanha para enfrentar manchetes como RUSHDIE INFLAMA ÓDIO MUÇULMANO OUTRA VEZ (porque eu havia solicitado a publicação de uma edição em brochura de *Os versos satânicos*).

Durante o ano seguinte, à medida que eu visitava mais e mais países, essa dicotomia foi ficando cada vez mais aparente. No resto do mundo livre, o "caso Rushdie" era sobre liberdade de expressão e terrorismo de Estado. Na Grã-Bretanha, parecia-me que era sobre um homem que tinha de ser salvo de suas próprias atitudes. Em outras partes, as pessoas sabiam que o ultraje havia sido cometido não por mim, mas contra mim. Em certas áreas de meu próprio país, havia gente que tomava posição contrária.

A edição em brochura foi publicada na primavera de 1992, não pela Penguin, que se recusou a isso, mas por um consórcio. Eu consegui ir a Washington para o lançamento e, numa conferência pela liberdade de expressão, exibi o primeiro exemplar. Ao fazê-lo, minhas emoções me dominaram sem aviso prévio. Era tudo o que eu podia fazer para conter as lágrimas. (Devo mencionar aqui que a publicação da edição em brochura de *Os versos satânicos* ocorreu sem incidentes, apesar dos temores de muita gente e da covardia de algumas pessoas. Eu me lembrei, como me lembro muitas vezes, da famosa máxima de Roosevelt, que diz que o medo em si é a coisa de que mais se deve ter medo.)

Eu tinha vindo a Washington sobretudo para me dirigir aos membros das duas casas do Congresso. Na noite anterior à reunião, porém, me contaram que o secretário de Estado James Baker havia telefonado pessoalmente para os líderes de ambas as casas para dizer que não queria que a reunião ocorresse. A administração Bush manifestou rejeição à minha presença. Marlin Fitzwater, ao explicar a recusa da administração em encontrar-se comigo, disse: "Ele é só um autor promovendo seu livro".*

Apesar de todos os esforços do pessoal de Bush, consegui efetivamente me reunir com um grupo de senadores norte-americanos — liderados por Daniel Patrick Moynihan, de Nova York, e Patrick Leahy, de Vermont — que me convidaram para almoçar no Capitólio e, para minha surpresa, trouxeram alguns exem-

---

* Veja "Criação de avestruzes, p. 125".

plares de meus livros para eu autografar. Depois do almoço, em uma entrevista coletiva, Moynihan e outros falaram apaixonadamente a meu favor. Foi um momento crucial. Agora tornava-se possível o acesso a parlamentares e governos de toda a Europa e Américas. Fui convidado até a falar para um grupo suprapartidário da Câmara dos Comuns britânica, depois do que o Majlis (Parlamento) iraniano exigiu o cumprimento imediato da fatwa.

No verão de 1992, me foi possível ir à Dinamarca como convidado do PEN dinamarquês. Mais uma vez, a segurança foi muito pesada. Havia até um pequeno navio de guerra no porto de Copenhague que, me disseram, era "nosso". Isso resultou em muitas piadas sobre a necessidade de se proteger de um ataque da frota iraniana no Báltico, ou talvez de homens-rã fundamentalistas.

Durante minha estada na Dinamarca, o governo manteve distância de mim (embora, ao permitir minha visita e fornecer proteção, tenha manifestado claramente certo nível de apoio). O risco de comprometimento da exportação de queijo feta dinamarquês para o Irã foi citado como uma das razões da reticência do governo. Porém, recebi apoio entusiástico de políticos de todos os outros partidos, principalmente de Anker Jorgensen, o ex e provavelmente futuro primeiro-ministro trabalhista, com quem realizei uma entrevista coletiva conjunta a bordo de um barco no porto. Jorgensen prometeu realizar discussões com o partido governante para desenvolver uma política de apoio suprapartidário para o meu caso. Era menos do que eu esperava, mas era um passo adiante.

Fiz uma breve visita à Espanha. (Estou passando por cima das imensas dificuldades de organização, mas, acreditem, nenhuma dessas viagens foi fácil.) Lá, recebi uma oferta de mediação de Gustavo Villapalos, reitor da Universidade Complutense de Madri, homem muito próximo do governo espanhol e também extremamente bem relacionado no Irã. Ele logo me relatou que havia recebido sinais encorajadores de pessoas em altas posições no regime iraniano: era um excelente momento para resolver essa questão, haviam lhe dito. O Irã sabia que esse caso era o maior obstáculo individual para suas estratégias econômicas. Toda sorte de gente importante estava fazendo saber que queria uma solução: os nomes da viúva de Khomeini e do irmão mais velho dele foram mencionados. Poucas semanas depois, porém, os jornais europeus citaram Villapalos dizendo que eu havia concordado em reescrever partes de *Os versos satânicos*. Eu não havia dito nada disso. Villapalos me disse que havia sido citado erroneamente e pediu um encontro em Londres. Concordei. Desde então não soube mais dele.

Houve um progresso no final do verão, na Noruega. Mais uma vez, meus anfitriões eram a organização internacional dos escritores, PEN, e meu corajoso editor, Aschehoug. Mais uma vez, a mídia e o povo do país demonstraram calor e apoio fantásticos. E, dessa feita, tive reuniões com os ministros da Cultura e da Educação, recebi uma mensagem de amizade do primeiro-ministro, Gro Harlem Brundtland, e firmes promessas de apoio governamental das Nações Unidas e de outros fóruns internacionais, assim como dos contatos bilaterais da Noruega com o Irã.

Os países nórdicos, com sua preocupação tradicionalmente forte pelas questões de direitos humanos, estavam começando a embarcar. Em outubro, fui convidado a me dirigir a uma conferência do Conselho Nórdico em Helsinque: uma oportunidade para forçar uma inciativa nórdica conjunta. E, de fato, o Conselho Nórdico tomou uma forte resolução de apoio, e muitos delegados na conferência se comprometeram a levar o assunto para seus próprios parlamentos e governos.

Houve um empecilho, porém. O embaixador britânico, convidado pelo Conselho Nórdico para a sessão na qual eu me pronunciaria, recusou-se a ir. Disseram-me os organizadores que ficaram chocados com a grosseria de sua recusa. De volta para casa, fui abruptamente informado por uma superintendente-chefe claramente envergonhada pelo que tinha de dizer que minha proteção deveria terminar em breve, muito embora não houvesse nenhuma razão para acreditar que as coisas estivessem mais seguras. "Muitas pessoas vivem em perigo de vida na Grã-Bretanha", ela me disse, "e algumas morrem, sabe." Porém, logo depois o Article 19 assumiu a questão com o Number 10, essa política foi revertida e a campanha de defesa recebeu uma carta do gabinete do primeiro-ministro garantindo-nos inequivocamente que a proteção continuaria enquanto continuasse a ameaça.

Mais uma vez, declaro que sou muito grato pela proteção. Mas sei também que será preciso um passo maior para forçar o Irã a mudar sua política, e o propósito de minhas visitas ao estrangeiro é tentar criar a força para esse passo.

Em 25 de outubro de 1992, fui à capital da Alemanha, Bonn. A Alemanha é o parceiro comercial número um do Irã. Fui levado a acreditar que não chegaria a lugar nenhum. O que aconteceu na Alemanha pareceu, portanto, um pequeno milagre.

Minha visita foi arranjada por um pequeno milagre de mulher, membro do SPD do Bundestag, chamada Thea Bock. O inglês dela era tão ruim quanto meu alemão e, mesmo tendo muitas vezes de conversar por sinais, nos demos fantasticamente bem. Usando de persuasão, mão forte e pura e simples malandragem, e com a ajuda de outros membros do Parlamento, principalmente Norbert Gansel, ela conseguiu arranjar para mim encontros com a maior parte das pessoas do coração do Estado germânico — a muito poderosa e popular porta-voz do Bundestag, Rita Süssmuth; funcionários de alta patente do Ministério do Exterior; os membros principais do comitê de assuntos estrangeiros; e o líder do próprio SPD, Bjorn Engholm, que me deixou perplexo ao ficar ao meu lado na televisão, me chamando de seu "irmão espiritual". Ele prometeu o apoio total do SPD à minha causa e desde então vem trabalhando intensamente a meu favor. Em resumo, foi-me prometido apoio da Alemanha por pessoas dos mais altos níveis no Estado. Desde então esse apoio tem se concretizado. "Vamos proteger o senhor Rushdie", anunciou o governo alemão. O Bundestag aprovou uma resolução suprapartidária declarando que a Alemanha consideraria o Irã legalmente responsável pela minha segurança e que, se algum prejuízo me ocorresse, o Irã teria de enfrentar as conseqüências econômicas e políticas. (O Parlamento da Suécia e o do Canadá estão atualmente examinando resoluções semelhantes.) Além disso, o enorme acordo cultural Alemanha—Irã foi suspenso, e o ministro do Exterior, Klaus Kinkel, declarou que não sairá da gaveta enquanto a fatwa não for cancelada.

A disposição da Alemanha em usar pressões econômicas e culturais a meu favor sacudiu o Irã e levou o país a reafirmar a fatwa e renovar a oferta de recompensas. Isso foi uma tolice; serviu apenas para fortalecer a determinaçãao de diversos governos simpatizantes a assumir o caso. Depois da Alemanha, veio a Suécia, cujo governo conjuntamente com o PEN sueco me outorgou o prêmio Kurt Tucholsky, tradicionalmente atribuído a escritores que sofrem violações dos direitos humanos. Bengst Westerberg, o representante do primeiro-ministro da Suécia, fez um discuro apaixonado à imprensa, prometendo apoio completo e vigoroso do governo. O líder do Partido Social-Democrata sueco, Ingvar Carlsson, prometeu trabalhar junto com outros partidos socialistas europeus em meu benefício. Fui informado de que ele levou o caso ao Partido Trabalhista britânico, insistindo para que o partido se mexa mais. No momento em que escrevo, nem eu, nem o Article 19 fomos procurados pela liderança do Partido Trabalhista para nos informar sua posição e intenções. Convido John Smith e Jack Cunningham a corrigir isso assim que possível.

Um diplomata mais experimentado que a maioria* nos modos do Oriente Médio me disse: "O segredo da diplomacia é estar parado na estação quando o trem chega. Se você não estiver na estação, não reclame de perder o trem. O problema, claro, é que o trem pode chegar a muitas estações, então dê um jeito de estar em todas elas".

Em novembro, o promotor-geral do Irã, Morteza Moqtadaei, disse que todos os muçulmanos são obrigados a me matar, revelando assim a falsidade da afirmação de que a fatwa não tinha nada a ver com o governo iraniano. O aiatolá Sanei, o homem que está por trás das recompensas, disse que esquadrões de ataque voluntários seriam enviados. Então, no começo de dezembro, atravessei o Atlântico outra vez: até o Canadá, como convidado do PEN canadense. (Algum escritor algum dia já recebeu maior ajuda de seus colegas? Se um dia sair disto, a obra da minha vida será tentar retribuir ao menos um pouco da ajuda, da paixão, do afeto que recebi.) Em uma noite beneficente em Toronto, tantos escritores falaram em meu favor que alguém cochichou para mim: "Isto aqui é um danado de um bar mitzvah que estão fazendo para você"; e era mesmo. O premier de Ontário, Bob Rae, saltou para o palco e me abraçou. Tornou-se assim o primeiro chefe de qualquer governo a ficar ao meu lado em pú-

---

* Gianni Pico, que negociou a libertação de muitos reféns do Líbano.

blico. (Atrás do palco, antes do evento, ele havia efetivamente me beijado para um fotógrafo. Naturalmente, eu também o beijei.)

No dia seguinte, em Ottawa, encontrei-me, entre outros, com a secretária de Estado para assuntos externos do Canadá, Barbara MacDougall, e com o líder da oposição, Jean Chrétien. Prestei também um testemunho ao subcomitê de direitos humanos parlamentar. O efeito de tudo isso foi eletrizante. Quarenta e oito horas depois, resoluções exigindo que o governo canadense levasse a questão às Nações Unidas e a muitos outros lugares, como a Corte Internacional de Justiça, haviam sido tramitadas no Parlamento canadense com apoio suprapartidário, e o governo concordou em agir.

Outro trem em outra estação. Desde então, tive uma série de reuniões muito amigáveis em Dublin, com o novo ministro do Exterior, Dick Spring, e dois outros membros do gabinete, e com a presidente Mary Robinson, em Phoenix Park, a convite dela. Próxima parada, talvez, o presidente Clinton?

Eu sempre soube que esta seria uma longa batalha; mas pelo menos agora há movimento. Na Noruega, o acordo do petróleo planejado com o Irã foi bloqueado por políticos simpatizantes da campanha contra a fatwa; no Canadá, a linha de crédito de 1 bilhão de dólares prometida ao Irã também foi bloqueada.

Aonde quer que eu vá, digo sempre que esta luta não diz respeito apenas a mim. Nem mesmo diz respeito em primeiro lugar a mim. As grandes questões aqui são a liberdade de expressão e a soberania nacional. Além disso, o caso de *Os versos satânicos* é apenas o mais bem conhecido de todos os casos de escritores, intelectuais, progressistas e dissidentes sendo presos, banidos e assassinados em todo o mundo muçulmano. Os artistas e intelectuais do Irã sabem disso, e por essa razão eles tão corajosamente se manifestaram me dando apoio incondicional. Importantes intelectuais muçulmanos — o poeta Adonis, o romancista Tahar Ben Jalloun e inúmeros outros — pediram o fim das ameaças do Irã, não só porque se preocupam comigo, mas porque sabem que esta luta é deles também. Vencer esta luta é vencer um conflito em uma guerra muito maior. Perder teria consequências desagradáveis para mim, mas seria também uma derrota nesse conflito mais amplo.

Ao mesmo tempo que este artigo vai para a imprensa, chegam notícias de que Yasser Arafat denunciou a fatwa como contrária ao islamismo; enquanto aqui, na Grã-Bretanha, até o infame demagogo dr. Kalim Siddiqui acredita que é hora de "ambos os lados perdoarem e esquecerem". Depois de quatro anos de intimidação e violência, certamente há muito a perdoar. Mesmo assim, recebo de braços abertos até mesmo esse mais improvável dos ramos de oliveira.

DE UM DISCURSO PRONUNCIADO NA CAPELA
DO KING'S COLLEGE, CAMBRIDGE, NA MANHÃ
DO DOMINGO 14 DE FEVEREIRO DE 1993

Estar nesta casa é lembrar do que há de mais belo na fé religiosa: a capacidade de dar consolo e inspirar, a aspiração a essas adoráveis elevações, em que força e delicadeza se juntam tão perfeitamente. Além disso, ser convidado a falar aqui, neste dia, quarto aniversário da notória fatwa do falecido imã Khomeini, é uma honra especial. Quando era estudante nesta escola, entre 1965 e 1968, anos do poder da flor e do poder dos estudantes, poderia achar que a idéia de fazer um discurso em King's College não estava com nada, como costumávamos dizer; no entanto, tais são os caminhos da vida de uma pessoa que aqui estou. Sou grato à capela e à escola por terem me feito esse convite, que tomo como um gesto de solidariedade e apoio, apoio não apenas a um indivíduo, porém, mais importante, aos elevados princípios morais dos direitos humanos e das liberdades humanas que o decreto de Khomeini procura tão brutalmente atacar. Pois, assim como a King's Chapel pode ser considerada um símbolo do que há de melhor na religião, a fatwa se tornou um símbolo do que há de pior.

Parece muito apropriado falar aqui porque foi em meu último ano estudando história em Cambridge que entrei em contato com a história dos chamados versos satânicos ou tentações do profeta Maomé e de sua rejeição a essa tentação. Nesse ano, eu havia escolhido como disciplina especial um estudo sobre Maomé, a ascensão do islã e o califado. Foram tão poucos os estudantes que escolheram essa optativa que o curso foi cancelado. Os outros estudantes mudaram para outras disciplinas especiais. Eu, porém, estava ansioso para continuar, e Arthur Hibbert, um dos instrutores de história do King's, concordou em supervisionar meus estudos. E assim foi, acho, que fui o único estudante em Cambridge a fazer esse trabalho. No ano seguinte, pelo que me disseram, a disciplina não foi oferecida. Esse é o tipo de coisa que quase nos leva a acreditar na interferência de uma mão superior.

A história dos "versos satânicos" pode ser encontrada, entre outros lugares, nos escritos canônicos do escritor clássico al-Tabari. Ele nos conta que em uma ocasião o Profeta recebeu versos que pareciam aceitar a divindade das três mais populares deusas pagãs de Meca, comprometendo assim o rígido monoteísmo islâmico. Mais tarde, ele rejeitou esses versos como um truque do diabo — dizendo que Satã lhe havia aparecido com a forma do arcanjo Gabriel e recitado "os versos satânicos".

Historiadores há muito especulam sobre o incidente, imaginando se talvez a religião nascente não estaria recebendo a oferta de uma espécie de acordo com as autoridades pagãs da cidade, que foi considerado e depois recusado. Senti que a história humanizava o Profeta e portanto o tornava mais acessível, mais facilmente compreensível para o leitor moderno, para quem a presença da dúvida na mente humana e de imperfeições humanas na personalidade de um grande homem só podem tornar aquela mente, aquela personalidade mais atraente. Na verdade, segundo as tradições do Profeta, até mesmo o Arcanjo Gabriel foi compreensivo com o incidente, garantindo-lhe que tais coisas afetam todos os profetas e que ele não precisava se preocupar com o que acontecera. Parece que o Arcanjo Gabriel e o Deus em cujo nome ele falava eram muito mais tolerantes que alguns dos que atualmente falam em nome de Deus.

A própria fatwa de Khomeini pode ser vista como um conjunto de versos satânicos. Na fatwa, uma vez mais, o mal assume a aparência de virtude; e os fiéis são iludidos.

É importante lembrar o que é a fatwa. Não se pode chamá-la propriamente de sentença, uma vez que ela excede em muito a jurisdição de seu autor; uma vez que ela contraria princípios fundamentais da lei islâmica; e uma vez que foi promulgada sem a menor escusa de processos legais. (Até mesmo Stálin achou necessário fazer julgamentos de fachada!) Ela é, na verdade, uma franca ameaça terrorista e no Ocidente já teve efeitos muito nocivos. São muitas as provas de que escritores e editores passaram a ter medo de publicar qualquer material sobre o islã que não seja do tipo mais reverente e anódino. Existem exemplos de contratos para livros que foram cancelados, de textos que foram reescritos. Mesmo um artista tão independente como o cineasta Spike Lee sentiu a necessidade de submeter às autoridades islâmicas o roteiro de seu filme sobre Malcolm X, que foi durante algum tempo membro da nação do islã e realizou a *hajj*, ou peregrinação a Meca. E até hoje, quase um ano depois que a edição em brochura de *Os versos satânicos* foi publicada (por um consórcio especialmente constituído para isso) nos Estados Unidos e importada pela Grã-Bretanha, nenhum editor britânico teve a coragem de assumir a distribuição da edição em brochura, muito embora ela esteja nas livrarias há meses sem causar o menor frisson. No Oriente, porém, as implicações da fatwa são ainda mais sinistras. "Você tem de defender Rushdie", disse, recentemente, um escritor iraniano a um acadêmico britânico. "Ao defender Rushdie você estará defendendo a nós." Em janeiro, na Turquia, um esquadrão de ataque treinado no Irã assassinou o jornalista secular Ugur Mumçu. No ano passado, no Egito, assassinos fundamentalistas mataram Farag Fouda, um dos mais importantes pensadores seculares do país. Hoje, no Irã, muitos dos valentes escritores e intelectuais que me defenderam estão sendo ameaçados com esquadrões de morte.

No último verão, consegui participar de um seminário de literatura realizado em uma faculdade de Cambridge, no qual estiveram presentes estudiosos e escritores de todo o mundo, inclusive muitos muçulmanos. Fiquei tocado com a amizade e o entusiasmo com que os delegados muçulmanos me receberam. Um conhecido jornalista saudita me pegou pelo braço e disse: "Quero lhe dar um abraço, senhor Rushdie, porque o senhor é um homem livre". Ele estava plenamente consciente da ironia do que dizia. O que queria dizer é que a liberdade de expressão, a liberdade de imaginação é aquela liberdade que dá sentido a todas as outras. Ele podia andar nas ruas, publicar seu trabalho, levar uma vida comum e não se sentir livre, porque havia tanta coisa que não podia dizer, tanta coisa que nem ousava pensar. Recebi proteção da Divisão Especial; ele tinha de ficar vigilante contra a Polícia do Pensamento.

Hoje, como diz o professor Fred Halliday no *New Statesman & Society* desta semana, "a batalha pela liberdade de expressão e por direitos políticos e de gênero está sendo travada não nos salões e mesas de jantar maduros da Europa, mas no mundo islâmico". Em seu ensaio, ele dá alguns exemplos de como o caso de *Os versos satânicos* está sendo usado como um símbolo pelas vozes oprimidas do mundo muçulmano. Uma das muitas rádios iranianas no exílio, nos diz ele, até se intitulou A Voz dos Versos Satânicos.

Os versos satânicos é um texto decididamente secular que lida, em parte, com o material da fé religiosa. Para o fundamentalista religioso, principalmente o fundamentalista islâmico de hoje, o adjetivo "secular" é o mais sujo dos palavrões. Mas esse é um estranho paradoxo: em meu país de origem, a Índia, foi o ideal secular de Nehru e Gandhi que protegeu a grande minoria islâmica da nação e é a decadência desse ideal que leva diretamente aos sangrentos confrontos sectários a que o subcontinente está assistindo agora, confrontos que eram há muito previstos e podiam ter sido evitados não tivessem tantos políticos escolhido abanar as chamas do ódio religioso. Os muçulmanos indianos sempre souberam da importância do secularismo; é dessa experiência que brota o meu secularismo. Nos últimos quatro anos, meu comprometimento com esse ideal e com os princípios a ele subordinados de pluralismo, ceticismo e tolerância duplicou-se e multiplicou-se.

Tive de entender não só aquilo contra o que estava lutando — nesta situação, não é muito difícil —, mas também a favor do que estava lutando, pelo que vale a pena lutar nesta vida. O desdém do fanatismo religioso pelo secularismo e pela não-crença me levou à minha resposta. Que valores e moral são independentes da fé religiosa; que bem e mal vêm antes da religião; que — se me é permitido dizer isso na casa de Deus — é perfeitamente possível, e para muitos de nós até necessário, construir nossas idéias do bem sem nos refugiarmos na fé. É aí que mora a nossa liberdade, e é essa liberdade, entre muitas outras, que a fatwa ameaça e que não podemos deixar que ela destrua.

DO "DAILY MAIL", SETEMBRO DE 1993

Posso me congratular com o *Daily Mail* por sua coerência? O desprezível artigo de Mary Kenny em que sou chamado de malcriado, emburrado, sem graça, tolo, mesquinho, feio, limitado, arrogante e egocêntrico — ela parece não ver como é engraçado insistir tão amargamente que alguém deveria "tentar ser um pouco doce" — é, afinal, apenas o último de sua longa campanha para me tornar o vilão do chamado caso Rushdie.

Quanto ao custo de minha proteção, eu questiono os valores de Kenny,* mas expressei minha gratidão por essa proteção publicamente em muitas e muitas ocasiões — vocês parecem não ter ouvido — e o fiz também em particular, à polícia e ao

---

* O custo de minha proteção sempre ficou entalado na garganta de muitos comentadores britânicos. Estimativas que vão da loucura (1 milhão de libras esterlinas por ano) até o surrealismo (10 milhões de libras anuais) foram repetidas tantas vezes que se transformaram em pseudofatos. As autoridades britâncias me colocaram ao longo dos anos na invejável posição de me recusar a esclarecer os fatos enquanto "fontes importantes do Ministério do Interior" regularmente deixavam vazar informações enganosas. A verdade é a seguinte. Primeiro, embora os "trinta diferentes esconderijos" fornecidos a mim, segundo o *Mail*, a "um custo estimado de [...] 10 milhões de libras" não passem agora de mais um mito bem conhecido, o fato é que *nenhum esconderijo me foi fornecido em nenhum momento*. Fui sempre eu que arranjei minha própria acomodação e arquei com os custos. O custo para o contribuinte britânico foi nulo. Segundo, fui protegido por oficiais que, se não tivessem sido destacados para mim, continuariam fazendo parte da folha de pagamento da polícia; o custo adicional para os contribuintes britânicos para a minha proteção limitou-se portanto a despesas de horas extras. Terceiro, durante esses anos sombrios, paguei grandes somas de imposto de renda naqueles grandes contratos de livros e royalties altos que segmentos da mídia — e os membros islâmicos da Câmara dos Lordes — tanto desaprovam. Eu poderia sugerir que o Tesouro público britânico na verdade teve um bom lucro com nosso estranho relacionamento. Por fim, o contribuinte do Reino Unido nunca pagou a conta quando do estive fora da Grã-Bretanha.

primeiro-ministro. Eu sou *muito* grato por essa proteção. Muito provavelmente ela me salvou a vida. Mas não é apenas a minha liberdade que está sendo defendida, e sim também a soberania britânica — o direito de cidadãos britânicos não serem assassinados por um poder estrangeiro — e princípios de liberdade de expressão. Esta luta é contra o terrorismo estatal. Minha morte significaria que o Irã venceu a batalha. Será que a derrota do terrorismo, a preservação da liberdade de expressão e da integridade nacional valem tão pouco para vocês que vocês precisam ficar sempre reclamando do preço?

O que move o ataque de Mary Kenny a mim é o fato de eu ter criticado aspectos da sociedade britânica e de eu não votar no Partido Conservador. Ela caçoa de mim por ter apontado elementos de racismo na Grã-Bretanha; será que, na mesma semana do horrendo ataque ao jovem Quddus Ali, a existência desse racismo pode ser realmente negada? Ela me culpa por haver criticado a polícia no passado — será que realmente acredita, depois da recente onda de prisões invertidas e da descoberta de corrupção generalizada na polícia, que não tenho direito a isso? Sempre reconheci o que merecia ser reconhecido, e os oficiais da Divisão Especial que me protegeram sabem muito bem o quanto eu valorizava o seu trabalho.

Kenny menciona com escárnio meu ensaio sobre a eleição geral de 1963, "Nanny-Britain" [Grã-Bretanha Babá]; mas não foi o partido Tory que deu à sra. Thatcher a última avaliação negativa desprezando-a tão sem cerimônia? É verdade que não sou um eleitor Tory; depois dos recentes resultados eleitorais, quantos britânicos ainda o são? O Partido Conservador não é o Estado. Voto trabalhista não é um ato de traição. (Não que eu possa votar; uma das privações de uma vida com "endereço desconhecido" é que não se pode registrar como eleitor. Será que Mary Kenny se importa de eu ter sido privado do mais básico direito democrático?)

Kenny prossegue, sugerindo que eu tenho "responsabilidades sociais especiais" — mas, se eu sugerisse a mesma coisa, ela sem dúvida gritaria imediatamente que sou "arrogante". Ela exige que eu "volte minha atenção para fechar os abismos entre a humanidade". Eu descreveria o papel do escritor de forma um tanto mais modesta, mas nas últimas semanas e meses venho falando de justiça para a Bósnia, apoiei o frágil pacto PLO-Israel, critiquei o crescimento do sectarismo religioso que está colocando em perigo a constituição secular da Índia, exigi a atenção do mundo para as vozes progressistas e democráticas de todo o mundo muçulmano e árabe e tentei repetidamente chamar a atenção para os crimes contra essas pessoas — os assassinatos e perseguições a jornalistas, escritores e artistas na Turquia, Argélia, Sharjah, Egito e Paquistão, para não falar de minha velha amiga, a República Islâmica do Irã. Nenhum desses esforços apareceu no *Daily Mail*.

Quanto ao príncipe Charles, o ataque que fez a mim e à minha proteção foi noticiado na imprensa francesa, espanhola e britânica.* Isso me foi confirmado pelo filósofo francês Bernard-Henri Lévy, que estava presente quando o príncipe de Gales fez essas observações. Por isso é que trato os desmentidos do Palácio de Buckingham com certo grau de ceticismo. E, sim, é verdade, eu o ridicularizei em troca; será que sou — mesmo depois do Camillagate — o único britânico que não tem o direito de participar desse passatempo nacional?

---

* O *Mail* me atacou por responder à conhecida posição do príncipe de Gales de que estavam gastando muito dinheiro público comigo. Um jornalista espanhol me perguntou o que eu achava da observação de Ian McEwan de que a proteção do príncipe Charles custa muito mais caro do que a minha, mas que ele nunca escreveu nada de interesse. Respondi, de brincadeira, que concordava com Ian. A fúria do *Mail* — o mesmo *Mail* que devotara dezenas de páginas ao desejo do príncipe Charles de ser o tampão da sra. Parker-Bowles! — não respeitou limites.

Vamos falar claro: eu não ataco o país que me protege. Todo país é muitos países, e existem muitas Grã-Bretanhas que eu amo e admiro; por que mais teria escolhido viver aqui durante os últimos 32 anos? Porém tenho os mesmos direitos de qualquer outro cidadão — os mesmos direitos que o *Daily Mail* — de declarar o que não aprecio nesta sociedade e nesta liderança. Só desistirei desse direito (para cunhar uma frase) sobre o meu cadáver. A verdadeira arrogância está em achar, como fazem o *Daily Mail* e seus colunistas, que a sua visão deste país, da "sua Grã-Bretanha", é a única legítima; malcriado mesmo é um jornal que diariamente injuria e intimida todos aqueles que não cabem dentro de sua visão de mundo estreita e complacente.

Mary Kenny tem razão em dizer que, no caso Rushdie, a liberdade de expressão é algo por que todos nós estamos pagando. Eu estou lutando com toda a minha força para que chegue o dia em que a carga financeira possa ser aliviada. Enquanto isso, seria absurdo — não seria? — desistir dessa mesma liberdade. Então continuarei a expressar minhas idéias e vocês do *Daily Mail*, tenho certeza, continuarão a expressar as de vocês.

ESCRITO PARA O PARLAMENTO INTERNACIONAL DE ESCRITORES, FEVEREIRO DE 1994

Uma declaração de independência

Escritores são cidadãos de muitos países: o país finito, com fronteiras, da realidade observável e da vida diária; o reino sem limites da imaginação; a terra meio perdida da memória; as federações do coração, que são, ao mesmo tempo frias e quentes; os estados unidos da mente (calma e turbulenta, aberta e estreita, ordenada e perturbada); a nação celestial e a infernal do desejo e

— talvez a mais importante de nossas moradas — a desacorrentada república da língua. Esses são os países que o nosso Parlamento de Escritores pode, com honestidade, humildade e orgulho, pretender representar. Juntos eles compreendem um território maior que aquele governado por qualquer poder mundano; no entanto suas defesas contra esse poder podem parecer muito fracas.

A arte da literatura exige, como condição essencial, que o escritor seja livre para se deslocar entre seus muitos países, à sua escolha, sem precisar de passaporte nem visto, fazendo o que quiser deles e de si mesmo. Somos mineiros e joalheiros, verdadeiros e mentirosos, bufões e comandantes, vira-latas e bastardos, pais e amantes, arquitetos e demolidores. O espírito criativo, por sua própria natureza, resiste a fronteiras e pontos de limitação, renega a autoridade dos censores e dos tabus. Por essa razão, ele é com muita freqüência tratado como inimigo por aqueles poderosos ou mesquinhos potentados que se ressentem do poder da arte para construir imagens do mundo que entram em choque, ou minam, sua própria visão mais simples e menos aberta.

Porém não é a arte que é fraca, mas os artistas que são vulneráveis. A poesia de Ovídio sobrevive; a vida de Ovídio foi infernizada pelos poderosos. A poesia de Mandelstam continua viva; o poeta foi assassinado pelo tirano que ele ousou chamar pelo nome. Hoje, em todo o mundo, a literatura continua a afrontar a tirania — não polemicamente, mas renegando a sua autoridade, seguindo seu caminho próprio, declarando sua independência. O melhor dessa literatura sobreviverá, mas não podemos esperar que o futuro a liberte das correntes do censor. Muitos autores perseguidos de alguma forma também sobreviverão; mas não podemos esperar em silêncio que suas perseguições terminem. Nosso Parlamento de Escritores existe para lutar pelos escritores oprimidos e contra todos aqueles que os perseguem e ao seu trabalho, e para renovar continuamente a declaração de independência sem a qual escrever seria impossível; e não só escrever, mas sonhar; e não só sonhar, mas pensar; e não só pensar, mas a própria liberdade em si.

CARTA ABERTA A TASLIMA NASRIN, JULHO DE 1994

Cara Taslima Nasrin, você com certeza deve estar cansada de ser chamada de versão feminina de Salman Rushdie — que criatura bizarra e cômica seria essa! — quando o tempo todo você achou que era a feminina Taslima Nasrin. Desculpe por meu nome ter sido pendurado em seu pescoço, mas saiba, por favor, que há muita gente em muitos países fazendo de tudo para garantir que esse tipo de slogan não obscureça a sua identidade, nem os aspectos únicos de sua situação, nem a importância de lutar para defender você e seus direitos contra aqueles que ficariam contentes em vê-la morta.

Na realidade, são nossos adversários que parecem ter coisas em comum, que parecem acreditar na sanção divina ao linchamento e ao terrorismo. Então, em vez de transformar você em uma versão feminina de mim, os escritores de manchetes de jornal deviam descrever seus oponentes como "iranianos de Bangladesh". Que triste deve ser acreditar em um deus de sangue! Que islã eles inventaram, esses apóstolos da morte, e como é importante ter a coragem de discordar dele!

Taslima, fui convidado para inaugurar uma série de cartas abertas de apoio a você, cartas que serão publicadas em cerca de vinte países europeus. Grandes escritores concordaram em emprestar seu peso à campanha em seu favor: Czeslaw Milosz, Mario Vargas Llosa, Milan Kundera e muitos outros. Quando campanhas de cartas foram feitas por mim, achei-as imensamente fortalecedoras e animadoras e sei que ajudaram a dar forma à opinião pública e a atitudes governamentais de muitos países. Espero que nossas cartas levem a você o mesmo conforto e alegria e que a pressão exercida por elas seja útil.

Você divulgou a opressão das mulheres sob o islã e o que você disse precisava ser dito. Aqui no Ocidente existem muitos apologistas eloqüentes trabalhando para convencer as pessoas da ficção de que as mulheres não sofrem discriminação nos países islâmicos; ou que, se sofrem, isso nada tem a ver com a religião. A mutilação sexual das mulheres, segundo esse argumento, não tem base no islã; o que pode ser verdade em teoria, mas não na prática, em muitos países onde isso continua acontecendo, com incondicional apoio de seus mulás. E existem também os incontáveis (e incontados) crimes de violência doméstica, as desigualdades dos sistemas legais que dão menos valor às provas das mulheres que às dos homens, o afastamento das mulheres do mercado de trabalho em todos os países onde islamitas chegaram a deter o poder ou estiveram perto dele.

Você se pronunciou também sobre os ataques aos hindus de Bangladesh depois da destruição da mesquita Ayodhya na Índia por obra de extremistas hindus. Por isso o seu romance *Lajja* foi atacado por fanáticos, por isso sua vida foi colocada em perigo. No entanto, qualquer pessoa razoavelmente equilibrada concordaria que um ataque religioso de muçulmanos a hindus inocentes é tão mau quanto um ataque de hindus a muçulmanos inocentes. Essa eqüidade simples é o alvo da fúria dos intolerantes e, ao defender você, defendemos também essa eqüidade.

Você foi acusada de afirmar que o Alcorão devia ser revisado (embora tenha dito que se referia apenas à *sharia*). Você deve ter visto que na semana passada as autoridades turcas anunciaram um projeto de revisar a *sharia*,* de forma que nisso ao menos você não está sozinha. E há mais um ponto simples: mesmo que você tivesse dito que o Alcorão devia ser revisado para remover as ambigüidades sobre os direitos das mulheres, e mesmo que todos os muçulmanos do mundo discordassem de você, isso continuaria sendo uma opinião perfeitamente legítima, e nenhuma sociedade que deseja prender ou enforcar você por expressá-la pode se chamar de livre.

Simplicidade é o que os fundamentalistas estão sempre procurando, mas na verdade eles são obscurantistas em tudo. *Simples* é concordar que, se alguém diz "Deus existe", outro pode dizer "Deus não existe"; que, se um diz "abomino esse livro", outro pode dizer "mas eu gosto muito dele". O que não é nada simples é exigirem que se acredite haver apenas uma verdade, uma maneira de expressar essa verdade e um castigo (a morte) para aqueles que dizem que não é assim.

Como você sabe, Taslima, a cultura bengalesa — e falo da cultura de Bangladesh assim como da Bengala indiana — sempre se orgulhou de sua abertura, de sua liberdade para pensar e discutir, da disponibilidade para o debate demonstrada por seus intelectuais, de sua ausência de fanatismo. É uma desgraça que o seu governo tenha escolhido alinhar-se com os extremistas religiosos contra a sua própria história, sua própria civilização, seus próprios valores. Os bengaleses sempre entenderam que a liberdade de expressão não é um valor apenas ocidental; é um de seus grandes tesouros também. É aquela casa do tesouro, a casa do te-

---

* *Sharia* é a lei tradicional islâmica também conhecida como Lei de Alá. Refere-se não apenas aos rituais religiosos, mas a diversos aspectos da vida do dia-a-dia. A *sharia* é ditada por legisladores muçulmanos e não é considerada revelação divina, apenas uma interpretação humana da vontade divina. (N. T.)

souro da inteligência, da imaginação e da palavra que seus oponentes estão tentando saquear.

Vi e ouvi relatos de que você é toda sorte de coisas horríveis — uma mulher difícil, uma defensora (horror dos horrores) do amor livre. Quero lhe garantir que aqueles que estão trabalhando por você estão bem cientes de que esse assassinato de caráter é normal nessa situação e tem de ser descontado. E a simplicidade mais uma vez tem algo de valor a dizer sobre essa questão: mesmo defensores difíceis do amor livre devem ter o direito de continuar vivos, senão nos restariam apenas aqueles que acreditam que o amor é algo que tem de ter um preço — talvez um preço terrível — a pagar.

Taslima, sei que deve haver uma tempestade dentro de você agora. Num minuto você se sente fraca e desamparada, no outro forte e desafiadora. Ora se sente traída e sozinha, ora tem a sensação de estar representada por muitos que estão silenciosamente a seu lado. Talvez em seus momentos mais sombrios você sinta que fez alguma coisa errada — que as passeatas exigindo a sua morte devem ter um sentido. Esse é o gnomo que você tem de exorcizar primeiro. Você nada fez de errado. O erro é cometido pelos outros contra você. Você não fez nada errado e tenho certeza de que, um dia, logo, você estará livre.

REFLEXÕES SOBRE O OITAVO ANIVERSÁRIO DA FATWA, FEVEREIRO DE 1997

A Europa começa, como nos lembra o escritor italiano Roberto Calasso em *As núpcias de Cadmo e Harmonia*, com um touro e um estupro. Europa era uma donzela asiática raptada por um deus (que se transformou em um touro branco para a ocasião) e foi mantida prisioneira em uma terra nova que veio, com o tempo, a ter o seu nome. Prisioneira do eterno desejo de Zeus por carne mortal, Europa foi vingada pela história. Zeus é apenas uma história agora. É impotente, mas Europa está viva. No alvorecer mesmo da idéia da Europa, portanto, há um conflito desigual entre seres humanos e deuses e uma lição animadora: que o deus-touro pode vencer o primeiro combate, mas é a donzela-continente que triunfa no tempo.

Eu também estive envolvido em uma escaramuça com um Zeus posterior, embora seus raios tenham até agora errado o alvo. Muitos outros — na Argélia e no Egito, além do Irã — foram menos afortunados. Aqueles que se engajaram nessa batalha há muito entenderam sobre o que é ela. É sobre o direito de seres humanos, suas idéias, suas obras de arte, suas vidas, sobreviverem a esses raios — prevalecerem sobre a caprichosa autocracia de qualquer Olimpo que esteja em voga. É sobre o direito de fazer juízos morais, intelectuais e artísticos, sem se preocupar com o dia do Juízo Final.

Os mitos gregos são as raízes sulistas da Europa. No outro extremo do continente, as velhas lendas norueguesas da criação também contam como a raça humana suplantou os deuses. A batalha final entre os deuses noruegueses e seus terríveis inimigos já ocorreu. Os deuses mataram seus inimigos e foram mortos por eles. Agora, contam-nos, é hora de nós assumirmos. Não há mais deuses para nos ajudar. Estamos sós. Ou, para colocar de outro jeito (pois os deuses são tiranos também): estamos livres. A perda do divino nos coloca no centro do palco, para construir nossa própria moralidade, nossas próprias comunidades; para fazer nossas próprias escolhas; para abrir nosso próprio caminho. Uma vez mais, nas idéias mais antigas de Europa, encontramos uma ênfase naquilo que é humano acima daquilo que, em um ou outro momento, é tido como divino. Deuses podem vir e deuses podem ir, mas nós, com sorte, continuamos para sempre. Essa ênfase humanista é, a meu ver, um dos aspectos mais atraentes do pensamento europeu. É fácil, claro, dizer que a Europa significa também, durante sua longa história, conquista, pilhagem, extermínio e inquisições. Mas, agora que estamos sendo solicitados a participar da criação de uma nova Europa, é útil nos lembrarmos dos melhores sentidos dessa palavra que ressoa. Porque existe uma Europa de que muitos, se não a maioria, de seus cidadãos cuidam bem. Não é a Europa do dinheiro, nem da burocracia. Uma vez que a palavra "cultura" foi aviltada pelo excesso de uso, prefiro não usá-la. A Europa de que vale a pena falar, que vale a pena recriar, é de alguma forma algo mais amplo que uma "cultura". É uma civilização.

Hoje escuto os ecos melancólicos de um pequeno, intelectualmente empobrecido, pateticamente violento assalto aos valores dessa civilização. Refiro-me, sinto dizer, à fatwa de Khomeini, cujo oitavo aniversário ocorre hoje, e aos últimos barulhos bárbaros sobre "recompensa em dinheiro" que emergem da organização de fachada do governo iraniano, a Fundação 15 Khordad. Sinto muito dizer também que a reação da União Européia a essas ameaças foi pouco mais que simbólica. Não chegou a lugar nenhum. A Europa com a qual os europeus se preocupam teria feito mais do que meramente declarar que achava esse ataque inaceitável. Teria feito pressão máxima sobre o Irã ao mesmo tempo que removeria o máximo possível da pressão sobre as vidas daqueles que estão ameaçados. O que aconteceu foi exatamente o contrário. O Irã está sob muito pouca (eu diria mesmo nenhuma) pressão nesse assunto. Mas, durante oito anos, alguns de nós têm sofrido uma quantidade expressiva de estresse.

Durante esses oito anos, vim a entender os equívocos que existem no coração da nova Europa. Ouvi o ministro do Exterior da Alemanha dizer, com um dar de ombros, que "existe um limite" para aquilo que a União Européia está disposta a fazer pelos direitos humanos. Ouvi o ministro do Exterior da Bélgica me dizer que a União Européia sabe tudo sobre as atividades terroristas do Irã contra seus próprios dissidentes em solo europeu. Mas quanto à ação? Só um sorriso cansado do mundo; mais um dar de ombros. Na Holanda, me vi obrigado a explicar aos funcionários do Ministério do Exterior por que não seria uma boa idéia a União Européia aceitar a validade da fatwa em termos religiosos!

Essa nova Europa olhou para mim não como uma civilização, mas como uma empresa muito mais cínica. Os líderes da União Européia reverenciam de boca os ideais do Iluminismo — a liberdade de expressão, os direitos humanos, o direito de discordar, a importância da separação entre Igreja e Estado. Mas quando esses ideais se levantam contra as poderosas banalidades do que é chamado de "realidade" — comércio, dinheiro, armas, poder —, então é a liberdade que afunda. Falando como um europeu comprometido: é o bastante para fazer de você um eurocético.

Assim como tantos de meus conterrâneos britânicos, eu espero que logo haja um novo governo trabalhista. Venho insistindo com esse governo-à-espera para que entenda a importância das artes na obtenção de um sentido de renovação nacional que o Partido Trabalhista tem de procurar criar rapidamente. Pedi também ao sr. Blair que promova um novo espírito de urgência para lutar contra o Zeus do Irã e sua tentativa de raptar nossas liberdades e, ao fazê-lo, demonstrar o compromisso do Novo Trabalhismo com o verdadeiro espírito da Europa — não apenas com uma comunidade econômica, ou uma união monetária, mas com a civilização européia em si.

O governo do Novo Trabalhismo de Tony Blair tomou posse devidamente, tendo conquistado uma vitória esmagadora, em 1º de maio de 1997. Na quinta-feira, 24 de setembro de 1998, na Assem-

bléia Geral das Nações Unidas em Nova York, o ministro do Exterior do Reino Unido e o do Irã expediram um comunicado conjunto que efetivamente pôs um fim à história da fatwa: não imediatamente (veja a coluna "Dez anos da fatwa", p. 276), *mas gradualmente. Como dizem no cinema:*

(FADE OUT LENTO.)

PARTE III
COLUNAS

Dezembro de 1998:
Três líderes

O homem é, por natureza, um animal político, dizia Aristóteles, e portanto a vida pública de uma "boa" sociedade deve refletir a natureza de seus membros. Muitas das asserções do grande macedônio — que o escravo é "naturalmente" inferior ao senhor, a mulher ao homem, o "bárbaro" ao grego — hoje soam arcaicas. E, no entanto, a proposição básica de Aristóteles ainda soa verdadeira. As agruras de três importantes figuras políticas — Bill Clinton, Saddam Hussein e Augusto Pinochet — revelam como é profunda a nossa crença na justiça natural.

Talvez se possa dizer que o presidente Clinton escapou de seus perseguidores domésticos devido, em parte, à inacreditável loucura de seus antagonistas. Ele teve sorte com seus inimigos: o sexo-maníaco e hipócrita Kenneth Starr e seus partidários da Direita Cristã, que nos relembram que "fundamentalismo" é um termo nascido nos Estados Unidos; Newt Gingrich, que insistiu demais em ganhar a mão e perdeu a camisa; e Linda Tripp, a bruxa má do cabo, que, como Nixon, não entendeu que ao colocar escuta em si mesma apenas provaria a própria vilania, mesmo com as exclamações deletadas. Quando uma força antiga, o fanatismo puritano, se combina com o dogma do tablóide contemporâneo, aquela figura pública não tem direito à privacidade, e quando as elites da política e da mídia de Washington se agitam até espumar em grande pompa, mesmo o presidente estremece no trono. Clinton sobrevive porque tem a natureza humana do seu lado. A natureza humana distingue entre brincadeiras sexuais e má conduta política. Ela pode ser brutal; o que se pode dizer de Monica e Paula é que os americanos simplesmente não se importam com elas. Eles vieram a conhecer Bill Clinton muito mais intimamente do que em geral conhecem seus líderes, e ele, é claro, sempre conheceu os americanos melhor que qualquer outro político. Clinton está vencendo a luta porque ele é como o seu povo; porque, pode-se dizer, é espontâneo.

Na questão do Iraque, porém, a compreensão que a administração dos Estados Unidos tem da natureza humana vem sendo deficiente, para dizer o mínimo. A hipótese de ataques de bombardeio virem a provocar um golpe contra Saddam esteve sempre errada. No geral, as pessoas não vêem como aliados gente que despeja do céu em cima delas uma grande quantidade de altos explosivos. Como Yossarian, o herói de *Catch-22*, eles tomam as bombas como coisa pessoal.

Ao que parece, alguns iraquianos acreditam de verdade que Paula Jones e Monica Lewinski foram joguetes de uma conspiração sionista internacional planejada para fazer Clinton bombardear Bagdá. O ataque americano-britânico recém-abortado tem o mérito de demonstrar a minguante influência internacional das duas damas, mas por outro lado entrega o jogo nas mãos de Saddam. Ameaçar bombardear e não bombardear tem a vantagem de matar menos gente, mas a desvantagem de fazer a pessoa parecer boba.

Essas vozes que advogam um rápido fim para as sanções e uma subseqüente abertura do mercado iraquiano para produtos e idéias ocidentais podem não encontrar muito favor na análise militar americana, mas um Iraque livre das privações do embargo e da ameaça de ataque aéreo provavelmente seria mais propenso a pensar no Ocidente como amigo. O melhor jeito de derrubar Saddam Hussein pode ser ajudá-lo a criar um Iraque em que sua tirania seja não apenas odiosa, mas anacrônica.

O caso do outro tirano do mês deveria estar ficando mais fácil. Pinochet, afinal, conquistou o direito de ser chamado de o homem mais cruel ainda vivo na Terra. (Desculpe, Saddam.) Os senhores da lei britânica decretaram que ele não é imune à extradição. O princípio crucial da confiabilidade universal foi assim mantido. A atrocidade não será desculpada pela ocupação de um alto cargo.

Por que então o secretário do Interior britânico pediu mais tempo para resolver o futuro de Pinochet? O ex-tirano estava bem para poder aparecer ao lado de lady Thatcher outro dia mesmo, mas agora reclama que a pressão que está sofrendo provocou um problema mental relacionado ao estresse. As famílias dos mortos devem estar infelizes com seu estratagema. Pinochet não pode escapar com base nessa "compaixão". Jack Straw tem de confirmar imediatamente que para os assassinos em massa do mundo não pode haver compaixão.

"A natureza humana existe e é ao mesmo tempo profunda e altamente estruturada", escreve Edward O. Wilson, o biólogo e escritor que Tom Wolfe chama de "um novo Darwin". Se não existisse, vamos falar claro, então a idéia de conceitos universais — direitos humanos, princípios morais, lei internacional — não teria legitimidade.

É a existência de nossa humanidade comum que permite que a maioria de nós perdoe Bill Clinton por suas falhas. É por isso que tão pouca gente acha que bombardear iraquianos inocentes seja o jeito certo de castigar Saddam Hussein. E é por isso que queremos ver Pinochet nas mãos da Justiça. Um mundo que persiga Clinton, mas feche os olhos a Pinochet seria realmente um mundo de cabeça para baixo.

Janeiro de 1999:
O milênio

Se é janeiro, deve ser o ano do milênio. Só que não, porque ao final de 1999 teremos tido, ahn, exatamente 999 anos desde o último milênio. A febre do milênio deste ano é como aplaudir os cem anos de um jogador de críquete, ou o recorde de home runs de Mark McGwire, no começo, e não no final, da corrida crucial.

Estamos também comemorando o aniversário de 2 mil anos do nascimento de Jesus Cristo, conforme os cardeais católicos e os construtores do Domo britânicos, além de crentes de todas as cores, nos relembram sem parar. Não importa que isso coloque Jesus na estranha posição de ter dois aniversários no espaço de uma semana (o dia de Natal e o instante de mudança do milênio), ou que todo estudioso sério e mesmo chefes de igreja agora concordem que ele não nasceu de fato em nenhuma dessas duas datas. Falso milênio ou não, é o único que teremos.

Mas será que o falso milênio acabará sendo uma sombria comemoração do que se poderia chamar de falsa cristandade? O ano já exibe alguns notáveis exemplos de comportamento falsamente cristão, por exemplo, o general Pinochet assistindo à missa do galo — o que nos leva à interessante questão do papel do confessor. Muitos de nós gostariam bastante de ouvir a confissão do general. Mas um homem provavelmente já ouviu. A questão da penitência vale, portanto, um momento de reflexão. Exatamente quantos atos de contrição e ave-marias o general tem de rezar para expiar seus crimes?

"Valores" linha-dura, mas em essência falsamente cristãos, vêm sendo a força motriz por trás do ataque furiosamente sectário dos republicanos norte-americanos ao presidente sexualmente deplorável. Para um observador cuja admiração pela democracia americana nasceu na época das audiências de Watergate, aquelas graves, escrupulosas, bipartidárias deliberações sobre os crimes genuinamente sérios de um presidente anterior, o espalhafatoso debate sobre o impeachment de Clinton constitui um espetáculo decepcionante. Rolamos na lama em nome do doce Cristo. Mas um dos soldados cristãos, o porta-voz eleito Robert Livingston, já levantou seu santimonial petardo. Agora os pormenorizados relatos do pornógrafo Larry Flint podem assar no espeto muitos outros, e nada menos que uma autoridade moral como o malfadado televangelista Jim Bakker foi vista na CNN atacando suas próprias coortes cristãs por sua falta de interesse anticristã em perdoar e curar. Até que ponto vamos descer?

Existe um outro nome para a língua bífida da cristandade da direita americana: hipocrisia. E Washington, essa feia Escola de Escândalo cheia de Sneerwells, Backbites e Snakes,* está há meses nas garras de um tipo de fundamentalismo hipócrita. Se o Senado levar agora a triste saga a um final, será porque a sobriedade do Estado terá finalmente ganhado ascendência sobre os santarrões hidrófobos; porque políticos cônscios dos modos

---

* Personagens da peça de intriga do século XVIII *Escola de escândalo*, do autor irlandês Richard Sheridan. (N. T.)

do mundo terão afinal colocado os falsos cristãos de volta em seus canis.

O presidente Clinton, que dizem ter rezado com seus conselheiros espirituais enquanto o impeachment estava sendo votado, não é nada relaxado no departamento da falsidade também. Evidentemente sua atual taxa de surpreendente popularidade é, em parte, reação à franca baixeza do esquadrão Starr, mas deve-se também à popularidade nos Estados Unidos de sua decisão de bombardear o Iraque. Será que Clinton discutiu isso também com seus conselheiros espirituais? Será que seu igualmente devoto aliado britânico, o primeiro-ministro Blair, concorda que esses ataques essencialmente inúteis eram a maneira moral, cristã de agir?

Sei muito bem que falsa religião não é um vício exclusivamente ocidental. Podem crer (para cunhar uma frase) que eu conheço um pouco o fervor hipócrita com que militantes de outras crenças — muçulmanos, hindus, judeus — invocam seu deus ou deuses para justificar a tirania e a injustiça. Nenhum volume de hipocrisia ocidental pode chegar perto do falso islamismo de Saddam Hussein e dos crimes cometidos em seu nome. Mesmo assim, os fanáticos religiosos têm o desplante de acusar os secularistas sem Deus de não terem princípios morais!

Para uma pessoa atéia como eu, o item mais importante deste ano do milênio não é nada do que está nas agendas dos esquadrões de Deus. É a chamada dívida, os multitrilhões de dólares devidos que mantêm os países mais pobres do mundo em débito e sob o tacão dos ricos. Mesmo nos mais conservadores círculos fiscais, existe um consenso cada vez maior de que a dívida deve ser apagada, a menos que queiramos um terceiro milênio marcado pelo ressentimento, pela violência, pelo fanastismo e pelo despotismo, que são os efeitos inevitáveis dessa injustiça global. Por que não fazer então do cancelamento da dívida o presente de milênio da humanidade para si mesma? Isso, sim, poderia fazer de 1999 um verdadeiro marco na história humana. É uma idéia em que nossos interesses e princípios se encontram, de onde quer que sejamos, do rico norte ou do pobre sul, quem quer que sejamos, fraternos ou falsos. É uma política que apagaria a lembrança das miseráveis lewinskagens de 1998 e colocaria a presidência de Clinton nos livros de história por uma razão altamente moral. Cancelem a dívida no milênio! É até uma coisa cristã.

Fevereiro de 1999:
Dez anos da fatwa

Sim, tudo bem, em 14 de fevereiro fará dez anos que recebi meu nada amoroso cartão do dia dos namorados. Admito um dilema. Se ignorar a política (coisa que eu adoraria fazer), meu silêncio pareceria forçado ou temeroso. Falar é correr o risco de ensurdecer o mundo para aquelas outras falas, meus livros, escritos em minha verdadeira linguagem, a linguagem da literatura. Corro o risco de esconder o verdadeiro Salman por trás do nebuloso, sulfuroso Rushdie do caso Rushdie. Vivi duas vidas: uma mutilada pelo ódio e presa nessa história horrenda que estou tentando deixar para trás, e a vida de um homem livre, fazendo livremente seu trabalho. Duas vidas, mas não posso me permitir perder nenhuma das duas, pois perder uma acabaria com ambas.

Então vou dizer o que penso e, como todo mundo adora um aniversário, sem dúvida muita coisa será dita por aí pelos exércitos do fanatismo e da autoridade. Eles que apedrejem e trovejem. Eu falarei de coisas livrescas.

Quando me perguntam sobre os efeitos na minha escrita desse ataque de dez anos que ela sofreu, respondo alegremente que me deixou mais interessado em finais felizes; e que, como me disseram que meus livros recentes são os mais engraçados, que os ataques evidentemente incrementaram meu senso de humor. Essas respostas, verdadeiras à sua maneira, são destinadas a evitar questionamentos mais profundos. Pois como posso explicar a estranhos o meu senso de violação? É como se homens brandindo bastões entrassem ruidosamente na sua casa e destruíssem tudo. Eles chegam quando você está fazendo amor, ou parado, nu, embaixo do chuveiro, ou sentado na privada, ou olhando em profundo silêncio introvertido para as linhas que você rabiscou na página. Nunca mais você vai beijar, tomar banho, cagar ou escrever sem se lembrar da invasão. E, no entanto, para fazer essas coisas com prazer e bem-feitas, você tem de trancar a memória.

E como descrever o dano? Talvez como um peso. Como alguma coisa lembrada da infância no colégio interno: acordo e, deitado na cama, descubro que não consigo me mexer. Meus braços, pernas e cabeça ficaram impossivelmente pesados. Ninguém me acredita, claro, e todas as crianças riem.

"Não posso continuar", diz o Inominável de Beckett. "Vou continuar." As feridas de um escritor são sua fortaleza, e de suas feridas fluem seus mais doces, mais surpreendentes sonhos.

Em meio à cacofonia dos profissionalmente opiniáticos e dos profissionalmente ofendidos, pode uma voz ainda ser ouvida celebrando a literatura, a mais alta das artes, sua apaixonada, desapaixonada investigação sobre a vida na Terra, sua nua jornada pelo terreno humano sem fronteiras, sua feroz exprobação do dogma e do poder, e sua destemida ousadia de transgressor? Ao longo desses anos, conheci alguns dos mais valentes batalhadores do mundo pela liberdade literária e fui inspirado por eles. Recentemente, ajudei a fundar uma casa para escritores refugiados na Cidade do México (mais de vinte cidades já pertencem a esse esquema de cidade-refúgio) e fiquei orgulhoso de estar fazendo um pouquinho para aliviar a luta de outros em perigo por causa da intolerância. Mas além de lutar a luta, coisa que certamente continuarei a fazer, estou determinado a provar que a arte da literatura é mais resistente do que aquilo que a ameaça. A melhor defesa das liberdades literárias está em seu exercício, no continuar a fazer livros desimpedidos, destemidos. Então, apesar da tristeza, da confusão e do desespero, voltei a me dedicar ao nosso alto chamado.

Tenho consciência das mudanças em minha escritura. Sempre houve um cabo-de-guerra entre "lá" e "aqui", a força de atração das raízes e a da estrada. Nesse conflito entre *insiders* e *outsiders*, eu costumava me sentir simultaneamente de ambos os lados. Agora me encontro do lado daqueles que, por preferência, natureza ou circunstância, simplesmente não pertencem a lugar nenhum. Esse não-pertencer — penso nisso como *desorientação*, perda do norte — é meu país artístico agora. Onde quer que meus livros se encontrem, junto a uma poltrona favorita, perto de uma banheira quente, na praia ou na poça de luz tarde da noite na cama, esse é o meu único lar.

A vida pode ser dura, e há uma década o dia de São Valentim me lembra essa aspereza. Mas esses sombrios aniversários do horrendo cartão de namorados que recebi em 1989 foram também tempos de reflexão sobre o valor compensatório do amor. O amor parece mais e mais como a única questão.

Noticiou-se que os restos mortais do próprio são Valentim deverão sair do esconderijo. Em vez da caixa de papelão em que ficaram ignominiosamente guardados durante anos, terão um relicário no violento bairro Gorbals em Glasgow. Gosto dessa imagem: o santo patrono do romance fofinho descobre as duras verdades da vida no mundo real, enquanto esse mundo se enriquece por sua vez pelo florescimento do amor em suas ruas perversas.

Abril de 1999:
Rock-and-roll

Recentemente perguntei a Vaclav Havel sobre sua admiração pelo ícone do rock americano Lou Reed. Ele respondeu que não dava para avaliar a importância do rock na resistência tcheca durante os anos de trevas entre a Primavera de Praga e o colapso do comunismo. Eu estava saboreando a imagem mental dos líderes do underground tcheco curtindo o som do Velvet Underground tocando "Waiting for the man", "I'll be your mirror" ou "All tomorrow's parties" quando Havel acrescentou, com cara séria: "Por que você acha que escolhemos o nome de *Velvet Revolution* [Revolução de Veludo]?". Tomei isso como um exemplo do humor caradura de Havel, mas era uma piada do tipo que revela uma outra verdade, menos literal; uma verdade geracional, talvez, porque para os fãs de música popular de uma certa idade as idéias de rock e revolução estão inseparavelmente ligadas. "*You say you want a revolution*" [Você diz que quer uma revolução], disse John Lennon, nos gozando. "*Well, you know,/ we all want to change the world*" [Bom, sabe como é, nós todos queremos mudar o mundo]. E de fato, com a passagem dos anos, passei a ver essa ligação como pouco mais que romantismo juvenil. Então a descoberta de que uma revolução real havia sido inspirada no glamouroso rosnar do rock era bem comovente. Dava a sensação de uma espécie de validação.*

Porque agora que ninguém mais destrói guitarras nem protesta muito contra nada, agora que o rock-and-roll está na meia-idade, incorporado, e os ganhos dos megagrupos mais importantes são maiores que o de pequenas nações, agora que o rock é música de gente mais velha lembrando seus verdes anos, enquanto a garotada escuta gangsta rap, trance music e hip-hop, e Bob Dylan e Aretha Franklin são convidados para cantar em cerimônias de posse de presidentes, é fácil esquecer suas origens contestatórias, seu apogeu antiestablishment. No entanto, o áspero e confiante espírito de rebelião do rock-and-roll pode ter sido uma das razões por que esse estranho, simples e fascinante barulho conquistou o mundo há cerca de meio século, atravessando todas as fronteiras e barreiras de língua e cultura para se tornar o terceiro maior fenômeno globalizado da história, depois das duas guerras mundiais. Era o som da liberação e por isso falava aos espíritos livres dos jovens de toda parte e por isso também, evidentemente, nossas mães não gostavam dele.

Quando tomou conhecimento de meu apreço por Bill Haley, Elvis e Jerry Lee Lewis, minha mãe, alarmada, começou a advogar com empenho as virtudes de Pat Boone, um homem que um dia cantou uma balada sentimental para uma mula. Mas cantar para mulas não era o que eu estava procurando. Eu estava tentando imitar o lábio encrespado de Presley e a entontecedora rotação de seus quadris, e desconfio que rapazes de toda parte, da Sibéria à Patagônia, estavam fazendo a mesma coisa.

---

* Ao que parece isso não era uma piada. Depois descobri que ele havia dito a mesma coisa, bem sério, para Lou Reed.

O que soava para nós como liberdade parecia mau comportamento para o mundo adulto e, de certa forma, ambas as coisas eram verdadeiras. Rebolar a pélvis e esmigalhar guitarras são efetivamente efeitos colaterais infantis da liberdade; mas é verdade também, de todo modo, que aprendemos muito mais, depois de adultos, que a liberdade é perigosa. A liberdade, essa antiga anarquia que bate os pés, a antítese dionisíaca de Pat Boone: uma virtude mais alta e mais ampla que o bom comportamento e, apesar de todo o seu espírito de cabeluda rebelião de fim de noite, muito menos provável de causar danos sérios do que a obediência cega à convenção de não ultrapassar a linha. Melhor uns quartos de hotel destruídos do que um mundo destruído.

Mas existe em nós aquilo que não quer ser livre; que prefere a disciplina, a aceitação, as patrióticas melodias locais à selvagem e descabelada música amorosa do mundo. Existe em nós aquilo que deseja simplesmente acompanhar a multidão e culpar todos os que dizem não e sacodem a pélvis pelo fato de sacudirem nosso barco confortável. "Don't follow leaders" [Não siga líderes], alertava Bob Dylan em "Subterranean homesick blues" [Blues da saudade subterrânea], "Watch the parking meters" [Vigie os parquímetros]. No entanto continuamos querendo ser liderados, seguir mesquinhos senhores da guerra, homicidas aiatolás e brutos nacionalistas, ou chupar o dedo e escutar quietinhos os governos ama-seca que insistem em saber o que é melhor para nós. Assim abundam tiranos de Bombaim a Mumbai, e mesmo aqueles que são visionariamente livres não são mais, em sua maioria, muito rock-and-roll.

A música de liberdade assusta as pessoas e libera toda sorte de mecanismos de defesa conservadores. Enquanto Orfeu fosse capaz de levantar sua voz em canto, as Mênades não podiam matá-lo. Então elas gritaram e sua aguda cacofonia submergiu a música dele, suas armas acharam o alvo, ele caiu e elas o dilaceraram membro a membro.

Gritando contra Orfeu, também nos tornamos capazes de assassinato. O colapso do Comunismo, a destruição da Cortina de Ferro e do Muro deveriam ter trazido uma nova era de liberdade. Em vez disso, o mundo pós-Guerra Fria, de repente sem forma e cheio de possibilidades, deixou muitos de nós duros de medo. Nos retiramos para trás de cortinas de ferro menores, construímos muralhas menores, nos aprisionamos em definições de nós mesmos mais estreitas, sempre mais fanáticas — religiosas, regionais, étnicas — e nos preparamos para a guerra.

Hoje, enquanto o trovão de uma dessas guerras sufoca o cantar mais doce de nossos melhores aspectos, me vejo nostálgico do velho espírito de independência e idealismo que um dia, colocado contagiantemente na música, ajudou a levar uma outra guerra (a do Vienã) ao seu fim. Mas no presente a única música no ar é uma marcha fúnebre.

Maio de 1999:
O babaca do ano

Na batalha pelo título acaloradamente disputado de Babaca Internacional do Ano, dois concorrentes peso-pesados se destacam. Um é o escritor austríaco Peter Handke, que deixou perplexos mesmo seus mais ardorosos admiradores com a sua atual série de apaixonadas apologias ao regime genocida de Slobodan Milosevic; e que, durante uma recente visita a Belgrado, recebeu a Ordem do Cavaleiro Sérvio por seus serviços de propaganda. As idiotices anteriores de Handke incluem a sugestão de que os muçulmanos de Sarajevo regularmente se massacravam e depois culpavam os sérvios; e o desmentido do genocídio levado a cabo pelo sérvios em Srebrenica. Agora ele compara os bombardeios aéreos da OTAN à invasão alienígena do filme *Marte ataca!* e depois, misturando tolamente suas metáforas, compara os sofrimentos dos sérvios ao Holocausto.

Seu rival na loucura é o astro cinematográfico Charlton Heston. Como presidente da Associação Nacional do Rifle norte-americana, a reação de Heston ao massacre de inocentes recentemente perpetrado pelos jovens Dylan Klebold e Eric Harris na

Columbine High School de Littleton, Colorado, foi uma obra-prima de babaquice. Heston acredita que os Estados Unidos devem armar seus professores; ele parece acreditar que as escolas estariam mais seguras se os funcionários tivessem o poder de alvejar as crianças sob seus cuidados. (Joãozinho enfia a mão no bolso para pegar um lápis — blam! blam! o professor de geografia acaba com ele.)

Não vou fazer nenhum loquaz paralelo entre os bombardeios aéreos da OTAN e os assassinatos do Colorado. Não, a violência maior não gera a menor. Nem se devem ler muitas coisas na reverberação acidental entre as tendências hitleristas de Milosevic e a letal comemoração do aniversário de Hitler pelo que se chama de máfia de capa de chuva; ou a ressonância ainda mais arrepiante entre a mentalidade videogame dos assassinos do Colorado e os vídeos aéreos da vida real que os publicistas da OTAN nos mostram todos os dias.

Na questão da guerra, convenhamos também que tudo bem sentir-se ambivalente a respeito da confusa e inexplicavelmente cambiante política da OTAN. Num momento, nos dizem que o selvagem assalto de retaliação de Milosevic a Kosovo não poderia ter sido previsto; no momento seguinte, ouvimos dizer que deveria ter sido. Ou então: não vamos usar infantaria. Pensando melhor, talvez usemos. E nossos alvos de guerra? Estritamente limitados; queremos apenas criar um abrigo seguro para onde os refugiados kosovanos possam voltar. Não, não, vamos marchar sobre Belgrado e pegar Milosevic, não vamos cometer o mesmo erro que cometemos com Saddam!

Mas criticar a vacilação e a contradição não é a mesma coisa que a meio louca, meio cínica adesão ao mal de Handke. A justificativa moral da intervenção da OTAN é o desastre humanitário que vemos pela televisão toda noite. Culpar a OTAN pelo sofrimento dos refugiados significa absolver o exército sérvio de seus crimes. É preciso repetir e repetir: os culpados pela morte e pelo terror são aqueles que aterrorizam e matam.

E na questão dos assassinatos do Colorado, convenhamos que as armas não são a única causa do horror. Os assassinos aprenderam na internet a fazer bombas com canos e copiaram as capas compridas de *Matrix* e aprenderam a dar pouco valor à vida humana com — quem? Com os pais? Com Marilyn Manson? Com os góticos? O que não quer dizer absolutamente adotar a posição impenitente do sr. Heston. "Não é um problema de armas", nos diz ele. "É um problema de crianças." "Moisés" Heston tem novos mandamentos para nos entregar hoje em dia: Deveis defender o direito de portar armas contra todas as evidências e Deveis decerto não ser culpados só porque uns meninos foram mortos.

Kosovo e Colorado realmente têm alguma coisa em comum. As duas demonstram que, em nosso mundo instável, versões incompatíveis da realidade estão em choque umas com as outras, com resultados homicidas. Mas ainda podemos fazer julgamentos morais sobre as versões rivais do mundo que estão em guerra. E a única posição civilizada diante das versões de Handke e de Heston é que elas são indefensáveis.

Não importa que Handke seja co-autor do grande filme *Asas do desejo*; condenado como "monstro" por Alain Finkielkraut e Hans Magnus Enzensberger, pelo filósofo esloveno Slavoj Zizek e pelo romancista sérvio Bora Cosic, ele merece ser, como Susan Sontag coloca decididamente, "exterminado". (Intelectualmente, entenda-se, não literalmente. No caso de alguém ter ficado pensando.) Não importa também que Heston, com sua cara tão sutilmente móvel quanto o monte Rushmore, tenha ajudado milhões de espectadortes de cinema a curtir algumas horas de sono pacífico no escurinho do cinema. Ele merece ser "exterminado" também.

Quem ganha o prêmio? A loucura de Peter Handke faz dele cúmplice do mal em grande escala, mas felizmente ele é quase inteiramente impotente. Como o mais importante lobista pró-armas na América, porém, Heston está fazendo tudo o que pode para ter certeza de que as armas continuem a ser parte integrante de toda família americana; e assim, um dia desses, em algum lugar dos Estados Unidos, outro jovem pegará em armas e começará a matar seus amigos. Então, em vista da maior eficácia de sua loucura, entrego a palma a Charlton Heston. Mas o ano ainda não está nem na metade. Babacas maiores ainda podem aparecer para desafiá-lo. Prestem atenção neste espaço.

Junho de 1999:
Caxemira

Há mais de cinqüenta anos a Índia e o Paquistão vêm discutindo e periodicamente chegando às vias de fato por um dos lugares mais bonitos do mundo, a Caxemira, que os imperadores mogóis consideravam o paraíso na terra. O resultado dessa querela sem fim é que o paraíso foi repartido, empobrecido e ficou violento. Assassinato e terrorismo agora rondam os vales e montanhas de uma terra um dia tão famosa por sua paz que os forasteiros faziam piada sobre a falta de espírito de luta da população de Caxemira.

Tenho particular interesse pela questão da Caxemira, porque descendo em grande parte desse povo, porque adorei esse lugar a minha vida inteira e porque passei muito tempo desta vida ouvindo os sucessivos governos indianos e paquistaneses, todos eles mais ou menos venais e corruptos, enunciando em causa própria as hipocrisias do poder, enquanto as pessoas comuns na Caxemira sofriam as conseqüências de suas posturas.

É uma pena essa gente comum, pacífica, estar presa entre a rocha da Índia e o lugar duro que o Paquistão sempre foi! Agora, quando as mais novas potências nucleares do mundo estão de novo equipadas, suas novas armas tornando o diálogo de surdos mais perigoso que nunca, eu digo: uma peste em cima de suas duas casas. "Caxemira para o povo da Caxemira" é um velho slogan, mas é o único que expressa agora o que os sujeitos dessa disputa sempre sentiram; assim como, acredito, é o que a maioria deles ainda diria sentir, se tivesse liberdade para falar o que pensa sem medo.

A Índia sempre lidou muito mal com a questão da Caxemira, desde o começo. Em 1947, o marajá hindu do Estado "optou" pela Índia (é preciso admitir que depois de o Paquistão ter tentando forçar a barra "permitindo" que enxames de militantes atravessassem a fronteira), e apesar das resoluções da ONU apoiando a população grandemente muçulmana em seu direito a um plebiscito, os líderes da Índia sempre rejeitaram a idéia, repetindo insistentemente que a Caxemira é "parte integrante" da Índia. (A dinastia Nehru—Gandhi é originária da Caxemira.) A Índia vem mantendo uma forte presença militar no local há anos, tanto no vale da Caxemira, onde a maior parte da população está instalada, como nas fortalezas das montanhas, como o local do atual ponto de combustão. Essa força parece à maioria do povo da Caxemira um exército de ocupação, é há grande ressentimento por isso. No entanto, até recentemente, a maioria dos indianos, mesmo a *intelligentsia* liberal, recusava-se a encarar a realidade da crescente animosidade da população da Caxemira contra eles. O resultado é que o problema foi ficando cada vez pior, exacerbado por leis que ameaçam com longas sentenças qualquer nativo da Caxemira que fizer uma declaração anti-Índia em público.

O Paquistão, por seu lado, foi desde o início um Estado pesadamente militarizado, dominado pelo exército mesmo sob uma fachada de governo civil, e gasta uma imensa parte de seu orçamento — no pico, bem mais que metade dos gastos orçamentários totais — com as forças armadas. Esse grande gasto e o conseqüente poder dos generais se justificam pela existência de um inimigo perigoso do qual é necessário se defender e uma causa "quente" a perseguir. Portanto, sempre foi do interesse das altas patentes paquistanesas frustrar iniciativas de paz com a Índia e manter viva a disputa pela Caxemira. Isso, e não os alegados interesses do povo da Caxemira, é que está por trás da política paquistanesa para essa questão.

Hoje em dia, além do mais, as autoridades paquistanesas estão sob pressão dos mulás e islâmicos radicais de seu país, que caracterizam a luta para "liberar" (ou seja, tomar) a Caxemira como uma guerra santa. Ironicamente, o islã na Caxemira sempre foi livre-pensador, da variante sufi, na qual os *pirs*, ou homens santos locais, são reverenciados como santos. Esse islã aberto e tolerante é um anátema para os ativistas do Paquistão e poderia, sob domínio paquistanês, estar em risco. Portanto, o atual crescimento do terrorismo na região tem raízes no tratamento dispensado pela Índia à população da Caxemira, mas também no interesse do Paquistão em subverter a ordem. Sim, o povo da Caxemira se ressente muito da "ocupação" indiana de sua terra; mas também é quase certo que o exército paquistanês e o serviço de inteligência vêm treinando, ajudando e instigando os homens à violência.

A posse de armas nucleares pela Índia e pelo Paquistão faz urgente a necessidade de ir além desse beco sem saída e da moribunda linguagem de cinqüenta anos da crise. O que o povo da Caxemira quer — e a Índia e o Paquistão têm de se convencer disso — é uma terra unida, o fim das Linhas de Controle e da guerra nas altas geleiras do Himalaia. O que ele quer é um alto grau de autonomia, é poder conduzir sua vida. (Um esquema de dupla cidadania, com fronteiras garantidas pelo Paquistão e pela Índia juntos, é uma solução possível.)

A disputa da Caxemira já expôs a fragilidade da teoria da intimidação atômica da Guerra Fria, segundo a qual o perigo extremo de arsenais nucleares pouparia seus possuidores de embarcar até numa guerra convencional. Essa tese agora parece insustentável. Provavelmente não foi a intimidação, mas a sorte, que impediu que a Guerra Fria esquentasse. E aqui estamos nós em um mundo outra vez perigoso, em que os poderes nucleares estão efetivamente fazendo guerra. Numa época dessa, o status de caso especial da Caxemira tem de ser reconhecido e tomado como base para o avanço. O problema da Caxemira tem de ser desarmado, senão, no caso impensável de um cenário pior, pode terminar na destruição nuclear do próprio Paraíso, e de muitas outras coisas mais.

Agosto de 1999:
Kosovo

Na trilha dos assassinatos Gracko, o primeiro-ministro Tony Blair apelou aos albaneses de Kosovo para deixarem de lado suas inimizades. "Entramos neste conflito", disse o sr. Blair na capital provincial de Pristina, sexta-feira passada, "porque acreditamos na justiça, porque acreditamos que era errado promover limpeza étnica e genocídio racial aqui na Europa no final do século XX e não combatemos isso para ver reprimida outra minoria étnica [a minoria sérvia de Kosovo]." São palavras de bom coração, de mente elevada, decentes, palavras de um homem que acredita que lutou e venceu uma guerra justa, e para quem "justiça" compreende a idéia de reconciliação. Mas indicam também falta de imaginação. O que aconteceu com os albaneses de Kosovo foi uma atrocidade cujo efeito sombrio sobre o espírito pode estar além do poder que homens decentes como o sr. Blair querem afastar. O que aconteceu pode ser simplesmente imperdoável.

Tragicamente, essa não é a primeira falta de imaginação desse tipo. Nos primeiros dias do conflito, muitos albaneses de Kosovo também não captaram o grau de horror que estava a caminho. Em muitas aldeias, os homens resolveram fugir, convencidos de que o exército de Milosevic tinha a intenção de massacrá-los. Desapareceram na floresta, nas montanhas, fora do alcance do exército assassino. Mas calcularam mal: deixaram suas famílias para trás, incapazes de imaginar que suas esposas, filhos e parentes enfermos estariam correndo risco por causa dos soldados que avançavam. Subestimaram a capacidade humana para o atroz.

Agora vamos imaginar a terrível volta dos refugiados ao fim do conflito. Nervosos, esperando por alegria, aproximam-se de sua aldeia. Mas antes de chegar lá entendem que aconteceu o inimaginável. Os campos estão pontilhados de roupas ensangüentadas e membros cortados. Pássaros carniceiros batem as asas e se empinam. Há odores. Os homens dessa aldeia devem agora enfrentar uma verdade em que vergonha e humilhação profundas se misturam com grande dor. Estão vivos porque fugiram, mas seus entes queridos que deixaram para trás foram mortos em seu lugar. Os corpos que agora conduzem em carrinhos de mão para o cemitério pronunciam acusações através das mortalhas. *Meu filho, na fraqueza de minha velhice você não estava aqui para me salvar. Meu marido, você deixou que eu fosse estuprada e assassinada. Meu pai, você me deixou morrer.*

Os sobreviventes da aldeia contam a história do massacre para os fugitivos que voltaram. Contam como alguns dos sérvios da aldeia vestiram fardas do exército sérvio e usaram seu conhecimento local para ajudar os matadores a encontrar e arrancar de seus esconderijos os aterrorizados albaneses. Não, diziam, não percam tempo de procurar naquela casa, não tem porão. Ah, mas esta casa tem um porão debaixo do tapete, estão escondidos lá.

Esses sérvios kosovanos fugiram agora. Mas Milosevic não os quer na Sérvia, onde são a prova viva de sua derrota. E o sr. Blair também quer que eles vão embora e sejam protegidos pela K-FOR [a força de paz da ONU em Kosovo]. Eles relutam em voltar, temendo vingança. E sabe de uma coisa? Têm razão. Têm razão, e Tony Blair com sua visão de uma nova Kosovo — "um símbolo de como deviam ser os Bálcãs" — está errado.

Eu apoiei a operação da OTAN em Kosovo, achando que os argumentos de direitos humanos em favor da intervenção eram poderosos e convincentes. Muitos escritores, intelectuais, artistas e bem-pensantes de tendência esquerdista pensaram diferente. Um desses argumentos era: por que Kosovo, e não o Curdistão? Por que não Ruanda ou Timor Leste? Estranhamente, esse tipo de retórica tem efeito oposto ao que espera atingir. Porque, se tivesse sido certo intervir nesses casos e o Ocidente estivesse errado em não fazê-lo, então de fato seria certo também defender os kosovanos, e os fracassos anteriores do Ocidente só servem para reforçar que desta vez, finalmente, eles — "nós" — acertamos.

A maior alegação dos partidários da antiintervenção era e é que a ação da OTAN na verdade precipitou a violência que tencionava impedir; que, digamos, os massacres eram culpa de Madeleine Albright. Isso me parece ao mesmo tempo moralmente repreensível — porque isenta os verdadeiros matadores — e comprovadamente errado. Deixe de lado as emoções e olhe para a logística fria do massacre de Milosevic. Fica logo evidente que a atrocidade foi cuidadosamente planejada. Não se fazem planos cuidadosos de eliminar milhares de pessoas só no caso de ser necessária uma rápida reação a um ataque ocidental. Planeja-se um massacre porque se tenciona realizar um massacre.

Verdade, a velocidade e a enormidade do ataque sérvio pegaram as forças da OTAN de surpresa (outra falta de imaginação). Isso não justifica que se culpe a OTAN. Assassinos são culpados dos assassinatos que cometem, estupradores de seus estupros.

Mas se "nós" estávamos certos em entrar e se a guerra foi efetivamente travada por motivos idealistas, o idealismo da atual política parece cada vez mais perplexo. A realidade, conforme relataram experimentados correspondentes estrangeiros que voltaram de Kosovo para dizer que nunca viram nada assim, é que sobram poucos sérvios em Kosovo e que provavelmente é impossível protegê-los. A velha e multicultural Sarajevo foi destruída pela guerra da Bósnia. A velha Kosovo desapareceu também, provavelmente para sempre. A Kosovo ideal do sr. Blair é um sonho. Ele e seus colegas deviam agora apoiar a construção da entidade etnicamente albanesa livre, que parece uma inevitabilidade histórica. O tempo que vem depois de uma guerra não é tempo de sonhar.

Outubro de 1999:
Edward Said

"Todas as famílias inventam seus pais e filhos, dão a cada um deles uma história, um caráter, um destino e até mesmo uma linguagem. Sempre houve algo errado com o modo como fui inventado[...]" Essa é a abertura de *Fora do lugar*, de Edward Said, uma das melhores memórias de infância e juventude publicadas em muitos anos, uma obra que leva o crítico a fazer suas mais elevadas comparações. A obra pode ser com justiça comparada ao ciclo de romances de Proust por causa de sua busca do tempo perdido; a Balzac pela clareza de suas percepções sociais e históricas; e a Conrad. O autor é um estudioso de Conrad, mas é também, como o Negro de *Narcissus*, um homem doente, porém decidido a viver até morrer. (Said sofre de CLL, uma espécie de leucemia.) Uma das muitas coisas ditas sobre esse livro é que constitui um exemplo heróico de escrever contra a morte.

Como já mostra em seu início, *Fora do lugar* tem aguda consciência de suas invenções, desfoques e vôos de imaginação, necessários para formar nosso sentido de nós mesmos e de nossa gente. Sabe tudo o que se pode saber sobre deslocamento, sobre enraizamento e desenraizamento, sobre sentir-se errado no mundo, e absorve o leitor precisamente porque essas experiências deslocadas estão no coração, ou perto do coração, do que é estar vivo em nossa época confusa, caótica. Que extraordinário, portanto, que um livro tão nuançado, tão transparentemente honesto, cada página falando da imensa honestidade e integridade de seu autor, venha a se tornar o centro de uma tempestade política intercontinental! Porque Said foi malevolamente acusado de fraude, de ter falsificado a história da própria vida e de ter baseado uma vida inteira de envolvimento político em "trinta anos de enganos cuidadosamente construídos": em resumo, de *não ser absolutamente um palestino*.

O autor desse ataque, Justus Reid Weiner, tem patrocinadores de mau gosto: o Centro de Negócios Públicos de Jerusalém, financiado primordialmente pelo Fundo da Família Milken. Sim, esse mesmo Michael Milken, o financista desonesto preso, isso mesmo, por fraude. Mas, mesmo ele afirmando ter passado três anos na trilha de Said, suas acusações são frágeis inconsistências. Weiner não pode negar que Said efetivamente nasceu em Jerusalém. Para "provar" que Said e sua família não merecem a condição de "refugiados" ou "exilados" palestinos, porém, Weiner chega a afirmar que ele não freqüentou a St. George School na zona leste de Jerusalém e que a casa da família nunca pertenceu a eles. Isso é tudo bobagem. Colegas de escola de Said manifestaram-se e confirmaram que ele realmente freqüentou a St. George e que os Said eram bem conhecidos como uma antiga família palestina. E pelo menos um desses estudantes contou isso tudo a Weiner, que convenientemente deixou de mencionar o fato em seu ataque.

A casa em Jerusalém estava em nome não do pai de Said, mas de parentes próximos. Usar isso como prova de alguma coisa é ignorar as realidades cotidianas das famílias gregárias. E, de qualquer modo, até que ponto se pode ser trivial? Será mesmo séria a proposição de que os primeiros anos deslocados da vida de Said, passados parte em Jerusalém, parte no Cairo, de alguma forma o desqualifiquem para falar como palestino? Se Weiner, um judeu norte-americano transplantado para Israel, pode falar como israelita, por que Said, um palestino reenraizado em Nova York, não pode falar como palestino?

Quando um bom escritor é atacado dessa maneira — quando seus inimigos se empenham não apenas em fazer-lhe uma crítica ruim, mas em destruí-lo —, sempre há algo mais em jogo do que a mera malícia cotidiana do mundo dos livros. A controvérsia não é estranha ao professor Said e, como recompensa por ser o mais incisivo e visível intelectual palestino dos últimos 25 anos, ele tem recebido a sua cota de ameaças de morte e abusos. Esse último ataque, porém, é algo novo. E, apesar de sua inconsistência, recebeu uma alta dose de crédito, primeiro na revista *Commentary*, depois em muitos jornais norte-americanos importantes e no *Daily Telegraph* britânico.

Mais estranho ainda é o fato de nenhum jornal americano publicar as réplicas de Said, que acabaram aparecendo, ironicamente, no jornal israelita *Ha'aretz*. A mídia isralense mostrou assim ser mais justa que os órgãos ocidentas que agem como defensores de Israel.

Said é um apaixonado defensor da reconciliação entre judeus e palestinos. Não é difícil concluir que seus inimigos não o são. O ataque a Said é também um ataque àquilo que ele representa, ao mundo que ele, há décadas, espera tornar realidade com suas discussões: um mundo em que os palestinos possam viver com honra em seu próprio país, sim, mas também um mundo em que, através de um construtivo esquecimento, o passado possa ser retrabalhado e depois deixado no passado, de forma que palestinos e judeus possam começar a pensar em um tipo diferente de futuro. Não é novidade que existem extremistas em Israel decididos a distorcer essa visão. Mas a imprensa ocidental oferecer a esses extremistas tão pronta colaboração é coisa que devia ser noticiada. Porque sem dúvida é um escândalo.

Novembro de 1999: Paquistão

O novo homem forte do Paquistão, Pervez Musharraf, prometeu purgar o Estado da corrupção antes de restaurar a democracia. Os observadores do Paquistão hão de lembrar que quando o ditador anterior — uma caricatura de ditador —, o general Zia, de bigodes encerados e olhos de guaxinim, estava em seu auge, ele costumava falar de limpar o país e depois realizar eleições. Zia prometeu e cancelou eleições tantas vezes que isso virou piada. Seu título naquela época era CMLA, que oficialmente indicava "Chief Martial Law Administrator" [Administrador Chefe da Lei Marcial], mas que as pessoas começaram a dizer que significava realmente "Cancel My Last Announcement" [cancele meu anúncio anterior]. Talvez temendo essa reação, o general Musharraf preferiu não anunciar nenhuma eleição. Mas isso dificilmente é um progresso.

Vamos ignorar por um momento o fato óbvio de que a recusa do general Musharraf em estabelecer um prazo para restaurar a democracia é, em si, um ato corrupto, o seu segundo desse tipo, sendo o primeiro o golpe que ele arquitetou. Em vez disso, vamos dar uma olhada no estado em que se encontram os estábulos que ele se propôs limpar. O governo Nawaz Sharif foi economicamente incompetente, desagradavelmente autocrático, profundamente impopular e, no geral, suspeito de muitas formas de corrupção, inclusive de maquiar eleições. Seus atos merecem a mais rigorosa investigação. Mas como pode o general Musharraf, que já acusou Nawaz Sharif de tentar assassiná-lo, e que chamou essa pretensa tentativa de "traidora", nos convencer de que as investigações de seu regime serão imparciais e críveis? Uma geração atrás, o general Zia executou o primeiro-ministro Z. A. Bhutto depois de um julgamento de fachada. As repercussões desse caso ainda podem ser ouvidas nos pronunciamentos de Musharraf sobre Nawaz e estão ficando mais ruidosas.

Benazir Bhutto, seu Partido do Povo e seu marido, Asif Zardari, têm igualmente muitas respostas a dar. Eles também são acusados de corrupção em larga escala, e Zardari, de estar envolvido no assassinato do próprio irmão de Benazir. Quando Nawaz Sharif era primeiro-ministro, Benazir pôde desmentir — e de fato o fez freqüentemente — essas acusações, tratando-as como parte da vingança política de Sharif contra ela. Não é de surpreender que ela tenha corrido a dar as boas-vindas ao golpe de Musharraf. Como o general Musharraf irá nos convercer de que a justiça será feita no caso Bhutto-Zardari também?

Basta olhar além dos partidos políticos para ver as causas reais do desastre social do Paquistão. Os campos de papoulas da fronteira noroeste vêm produzindo ópio desde que é possível lembrar. Hoje em dia, produzem grandes quantidades de heroína também. Para ser exportada, essa heroína tem de viajar 1600 quilômetros para o sul, até Karachi — tem de passar por unidades do exército e pontos de inspeção e de arrecadação de impostos sobre o consumo. Na opinião de todos os comentadores especialistas que conheço, a indústria de drogas do Paquistão simplesmente não poderia operar sem a ativa cooperação da burocracia e do exército. Se o general Musharraf quer nos fazer acreditar em sua plataforma anticorrupção, deve primeiro demonstrar que o exército pôs em ordem os próprios procedimentos. Como exatamente ele propõe fazer isso? E o que ele pretende fazer em Karachi, que é hoje um lugar aterrorizantemente violento e praticamente sem lei, nas garras não só de violentos sectários políticos, mas também de chefões das drogas e máfias criminosas? Os cidadãos de Karachi falam todos os dias da colaboração entre a força policial da cidade e o crime organizado. Qual o plano do general Musharraf para a redenção dessa que é a cidade mais importante de seu país?

Por baixo da superfície supurante há doenças mais profundas que um regime militar não sabe nem ao menos abordar. O Paquistão é um país em que as instituições democráticas — entenda-se instintos democráticos — nunca tiveram a oportunidade de se enraizar. Ao contrário, as elites do país — militar, política, industrial, aristocrática, feudal — se alternam no saque às riquezas nacionais, enquanto os mulás cada vez mais extremistas exigem a imposição de versões draconianas da *sharia*.

O governo de Nawaz Sharif foi ficando mais fanaticamente islâmico à medida que se enfraquecia. A determinação logo manifestada pelo general Musharraf de não permitir que os fundamentalistas tomem conta do Estado deve ser bem-vinda. Mas será que algum líder golpista pode esperar que se crie o Estado secular democrático em que golpes se tornam não apenas desnecessários, mas impensáveis? Pode-se acreditar em um elitista — e um homem que acredita ter o direito de assumir o controle de toda uma nação-Estado certamente é um elitista — quando ele anuncia seu desejo de lutar contra o elitismo?

Musharraf fez também movimentos conciliatórios na direção da Índia e retirou algumas tropas da fronteira. No entanto, ele é o responsável por planejar a catastrófica aventura militar deste ano na Caxemira e fez muitos comentários ultramilitaristas sobre a Índia no passado recente. Por que deveríamos confiar em sua nova linha suave se ele já mostrou todos os indícios de ter um dedo nervoso no gatilho — um dedo que agora paira sobre o botão nuclear do Paquistão?

O golpe de Musharraf é, atualmente, muito popular no Paquistão. Assim como os testes nucleares. Há relatos de que, depois desses testes, paquistaneses comuns foram aos locais das explosões e recolheram frascos de terra radioativa como suvenir patriótico. Ter esses frascos exibidos em lugar de honra em lares paquistaneses pode se revelar menos importante do que parece. Pode-se levantar a mesma hipótese a respeito do regime de Pervez Musharraf.

Dezembro de 1999:
O islã e o Ocidente

A relação do mundo islâmico com o Ocidente parece estar vivendo um dos famosos "interregnos" definidos por Antonio Gramsci, em que o velho se recusa a morrer, de forma que o novo não pode nascer, o que faz aflorar toda sorte de "sintomas mórbidos". Tanto entre os países muçulmanos e os ocidentais quanto no interior das comunidades muçulmanas que vivem no Ocidente, a velha e profunda desconfiança resiste, frustrando as tentativas de contruir novas e melhores relações e criando muita indisposição. Por exemplo, a desconfiança geral sentida por muitos egípcios comuns quanto às motivações norte-americanas criou uma atmosfera excitada, quase paranóica, em torno da investigação da queda do vôo 990 da EgyptAir. Agora, todas as informações que apontam para a responsabilidade do piloto Gameel al-Batouty pela queda fatal da aeronave são consideradas suspeitas, apesar dos indícios de que a) ele abusou da autoridade ao assumir os controles do co-piloto quando não era seu turno; e b) o murmúrio religioso agora notório ouvido imediatamente antes do íngreme mergulho da aeronave. Enquanto is-

303

so, teorias que exoneram de responsabilidade o piloto são propostas quase diariamente no Egito — foi mau funcionamento do Boeing, foi uma bomba, foi a cauda, foi um míssil, e em todos os casos foi erro dos americanos. Os muitos proponentes dessas teorias "antiamericanas" não vêem contradição em acreditar com grande fervor em idéias para as quais não há o menor vestígio de provas, aviltando o FBI por tentar tirar conclusões prematuras das provas que existem.

Faz-se necessária uma versão mais equilibrada dos acontecimentos. O FBI talvez seja excessivamente propenso a ver desastres aéreos como crimes mais que como acidentes. Isso sem dúvida foi um problema depois da queda do TWA 800. Naquela ocasião, foi a Junta Nacional de Segurança no Transporte que acabou determinando que uma falha nos sistemas havia causado a explosão em um tanque de combustível. Mas, desta vez, foi o exame preliminar da junta que levantou a possibilidade de suicídio do piloto.

Os muito criticados vazamentos dos corpos investigativos podem também ser considerados tranqüilizantes: com tantas línguas soltas por aí, no final a verdade aparecerá. Por outro lado, a imprensa controlada pelo Estado do Egito de Mubarak provavelmente refletirá a indisposição do governo nacionalista em aceitar a responsabilidade egípcia pelo desastre, o que pode prejudicar ainda mais os negócios turísticos.

Até agora, a insensatez e a emocionalidade politizaram totalmente as investigações. Vamos esperar que aqueles que temem um acobertamento dos Estados Unidos não criem uma atmosfera em que políticos e diplomatas americanos e egípcios efetivamente acobertem a verdade no interesse de suas relações bilaterais.

Os muçulmanos que vivem no Ocidente podem continuar a se sentir na defensiva, desconfiados e perseguidos. Colada nos calcanhares da tragédia da EgyptAir vem uma exigência da "Grã-

Bretanha de múltipla fé" para que todas as crenças religiosas, não apenas a Igreja anglicana estabelecida, sejam protegidas de qualquer crítica. A alegada "islâfobia" do Ocidente significa que as exigências islâmicas por novas leis são, de longe, as mais ruidosas.

É verdade que em muitas regiões do Ocidente os joelhos tremem diante do islã, o que leva a ondas de julgamentos antiislâmicos, de forma que a sensação de ofensa dos muçulmanos britânicos é muitas vezes justificada. Mas a solução proposta é o remédio errado, um remédio que pode deixar as coisas piores do que estão. *Porque a questão é defender as pessoas, não suas idéias.* É absolutamente certo que os muçulmanos — que todo mundo — devam gozar de liberdade de crença religiosa em qualquer sociedade livre. É absolutamente certo que protestem contra a discriminação sempre que a experimentarem. É também absolutamente errado eles exigirem que seu sistema de crença — qualquer sistema de crença ou pensamento — seja imune a críticas, irreverência, sátira e até a depreciação desdenhosa. Essa distinção entre o indivíduo e seu credo é uma verdade fundamental da democracia, e qualquer comunidade que procure apagá-la não estará fazendo a si mesma nenhum favor. A lei de blasfêmia britânica é uma ultrapassada relíquia do passado, caiu em desuso e deve ser abolida. Estendê-la seria um movimento anacrônico intensamente contrário ao espírito de um país cuja liderança gosta de usar como prefixo de tudo a palavra "novo".

A democracia só pode avançar através do choque de idéias, só pode florescer no agitado bazar da discordância. A lei não deve nunca ser usada para calar esses desacordos, por mais profundos que sejam. O novo não pode morrer para que o velho renasça. Isso seria, na verdade, um sintoma mórbido.

Mais uma vez, faz-se necessária uma forma mais clara de discurso. As sociedades ocidentais precisam encontrar meios efetivos de defender os muçulmanos contra o preconceito cego. E os porta-vozes islâmicos devem, da mesma forma, parar de dar a impressão de que o meio de melhorar as relações — o caminho para o novo — exige a criação de novas formas de censura, de vendas e mordaças legais.

Fevereiro de 2000:
Jörg Haider

Em abril de 1995, quando a Áustria comemorava cinqüenta anos de sua libertação do nazismo, uma extraordinária manifestação aconteceu na Heldenplatz, no centro de Viena. Debaixo da sacada de onde Adolf Hitler arengava à multidão ululante, artistas, intelectuais e políticos austríacos, assim como amigos e partidários de outras partes, se uniram para comemorar a queda de Hitler e, assim fazendo, limpar a velha praça de sua associação com o mal. Tive o privilégio de ser um dos oradores naquela noite, e para mim era claro que o propósito mais genuíno daquele evento era dar forma e voz à "boa Áustria", esse apaixonado e substancial eleitorado anti-Haider sobre o qual se ouve surpreendentemente pouco fora da própria Áustria. Os partidários de Jörg Haider entenderam isso também, e a manifestação transformou-se, como era de se esperar, no foco de grande menosprezo dos ultradireitistas.

Então, infelizmente, começou a chover.

Choveu pesadamente, incessantemente, implacavelmente. Era uma chuva neonazista, absolutista, intolerante, decidida a fa-

307

zer o que bem entendesse. Os organizadores da manifestação ficaram preocupados. O mau resultado seria comemorado pelos haideristas e todo o evento sairia pela culatra. Uma semana depois, ninguém se lembraria do tempo, mas ninguém conseguiria esquecer do escasso comparecimento do público. Porém não havia nada a fazer. A manifestação tinha de seguir em frente e a chuva caía a cântaros. Quando entrei no palco, porém, tive uma visão inesquecível. A Heldenplatz estava lotada, tão cheia quanto Times Square na Noite do milênio. A multidão estava encharcada até os ossos, alegre, gritando, jovial. A chuva caiu em cima daqueles jovens a noite inteira e eles não se importaram. Tinham vindo em multidão fazer uma declaração que lhes era importante e não iam deixar um pouco de água atrapalhar. Foi talvez a multidão mais comovente que já vi. O propósito dessas manifestações é fortalecer a esperança do povo. Com toda a certeza, fortaleceu a minha.

Essas lembranças da manifestação da Heldenplatz tornam ainda mais intolerável a notícia da ascensão ao poder de Jörg Haider — que faz lembrar, assustadoramente, a figura central da peça de Brecht *A resistível ascensão de Arturo Ui*. Em sua crescente popularidade, vejo a derrota daqueles jovens idealistas, ombro a ombro debaixo da chuva torrencial.

Mas não dá para descrever o triunfo de Haider apenas como uma vitória do mal sobre o bem. O sucesso de líderes extremistas está invariavelmente ligado a falhas no sistema que eles suplantam. A tirania do xá do Irã criou a tirania dos aiatolás. A preguiçosa corrupção da velha e secularista Argélia deu origem aos GIA [Grupos Islâmicos Armados] e à FIS [Frente Islâmica de Salvação]. No Paquistão, os abusos do poder de Nawaz Sharif possibilitaram os novos abusos perpetrados por seu sucessor, o general Musharraf. A incompetência e a corrupção do Partido do Congresso na Índia permitiram que o BJP nacionalista hindu e seus truculentos asseclas do Shiv Sena tomassem o poder. Foram os fracassos do velho Partido Trabalhista britânico que construíram o conservadorismo radical de Thatcher. E a duradoura "grande coalizão" da Áustria, esse arranjo do establishment folgazão e nepotista, desiludiu os eleitores a ponto de fazê-los voltar-se para Haider.

Hoje em dia os jornais estão cheios de histórias de corrupção dos ricos, e as revelações são um presente para um demagogo populista do tipo de Haider. (Quando os herdeiros do falecido Bettino Craxi encolhem os ombros e qualificam a história do caixa dois Kohl-Mitterrand-Craxi como irrelevante, eles só pioram as coisas. Quanto mais a Europa parece uma "grande coalizão" de arrogantes líderes para quem os fins facilmente justificam os meios, mais munição terão os Haiders da Europa.)

Assim como o chefão de Bombaim, Bal Thackeray, Haider disse que não vai entrar pessoalmente no governo — tão mais fácil conduzir as coisas através de testas-de-ferro e patetas, tão menos... exposto. Mas o apoio de Thackeray vem principalmente dos pobres urbanos e desprivilegiados. Haider, segundo o teórico político Karl-Markus Gauss, armou um truque muito mais europeu. Assim como Le Pen na França ou Bossi na Itália, ele conquistou o apoio da burguesia rica e bem-sucedida. O que essas pessoas detestam nos imigrantes, acredita Gauss, não é a raça, mas a pobreza. (É preciso reconhecer. O político que inventou esse truque, que permanceu no poder ao longo de toda a década de 80, persuadindo os empregados a votar contra os desempregados, não é outra senão a melhor amiga do general Pinochet, Margaret Thatcher.)

Este sistema é corrupto, dizem os cartazes dos manifestantes anti-Kohl na Alemanha. Eles têm razão, e a luta contra essa corrupção e a luta contra Jörg Haider são uma e a mesma. A União Européia tem de dedicar tanta energia em arrancar os artistas do caixa dois de suas próprias fileiras quanto em cerrar fileiras contra Haider e seu Partido da Liberdade.

No fim da peça de Brecht, o ator que faz Arturo Ui avança e dirige-se diretamente à platéia, alertando contra a complacência. Ui-Hitler pode ter caído, ele nos relembra, mas "a cadela que o pariu está no cio outra vez". A União Européia tem de colocar sua casa em ordem depressa, a menos que queira que a história a relembre como a última encarnação daquela canina frívola e promíscua.

Maio de 2000:
J. M. Coetzee

Só de vez em quando uma obra de literatura oferece a seus leitores uma compreensão mais profunda dos opacos acontecimentos que aparecem na imprensa e na televisão, cujas verdades matizadas à meia-luz o jornalisno não consegue iluminar. *Passagem para a Índia*, de E. M. Forster, nos ensinou que as grandes disputas públicas da história podem impossibilitar que indivíduos construam uma paz individual. A história impede a amizade entre o inglês Fielding e o médico indiano Aziz: "Não ainda, não ainda", Aziz protela. Não enquanto a grande injustiça do imperialismo estiver entre nós. Não enquanto a Índia não estiver livre.

Depois da Segunda Guerra Mundial, muitos poetas e romancistas alemães sentiram que sua língua havia sido reduzida a escombros pelo nazismo, tão completamente quanto as cidades devastadas por bombas. A "literatura do escombro" que criaram procurava reconstruir a escritura alemã tijolo a tijolo.

Agora, com a representação dos tempos pós-Império em uma fazenda de brancos no Zimbábue, enquanto o Quênia e a África do Sul assistem temerosos, o aclamado romance de J. M. Coetzee *De-*

sonra se propõe a ser uma dessas obras definidoras, uma lente através da qual podemos ver com maior clareza muita coisa que antes estava enevoada. *Desonra* é a história de David Lurie, um professor branco que perde o emprego depois de ser acusado de assédio sexual por uma aluna com quem teve uma série de encontros sexuais sem alegria. Lurie vai ficar com a filha Lucy em sua remota e pequena propriedade, onde são violentamente atacados por um grupo de negros. As conseqüências desse ataque abalam Lurie profundamente, obscurecendo sua visão do mundo.

Há algo em *Desonra* que ecoa tanto a visão forsteriana da luta indiana pela independência quanto a "literatura do escombro" dos alemães. Na aparente prontidão de Lucy em aceitar o estupro como a forma de os assaltantes processarem no corpo dela a necessária vingança da história, lemos um eco muito mais áspero e dissonante do "não ainda" do dr. Aziz. E Lurie acredita (assim como seu criador, pelo que somos levados a crer) que a língua inglesa não é mais capaz de expressar a realidade sul-africana.

A linguagem dura como osso que Coetzee encontrou para seu livro vem sendo muito admirada, assim como a inflexibilidade de sua visão. É inquestionável que o livro preenche o primeiro requisito de um grande romance: ele cria uma poderosa anti-utopia que se soma aos mundos imaginários à nossa disposição e, ao fazê-lo, expande nossas possibilidades de reflexão. Lendo sobre Lurie e Lucy em seu perigoso e isolado pedaço de terra, podemos captar com mais facilidade as condições dos fazendeiros brancos do Zimbábue quando a história cobra sua vingança. Assim como o Lúcifer — em cujo nome se encontram tanto Lurie quanto Lucy — de Byron, os protagonistas de Coetzee "agem por impulso, e a fonte de seus impulsos não lhes é clara". Coetzee talvez tenha um "coração louco" e acredite em algo que chama de "direitos do desejo". Isso o faz soar apaixonado, mas na verdade ele é frio e abstraído a um grau quase sonambúlico.

Esse distanciamento frio, que permeia também a prosa do romance, é o problema. A "literatura do escombro" não apenas descarnava a língua até os ossos. Ela colocava carne nova nesses ossos, talvez porque seus praticantes retinham a crença, talvez até o amor por essa língua e pela cultura em que sua língua renovada devia florescer. Desprovido dessa convicção amorosa, o discurso de *Desonra* soa sem coração e toda sua inteligência não consegue preencher o vazio.

Agir por impulsos cuja fonte a pessoa diz não entender, justificar os avanços sobre mulheres com os "direitos do desejo" é transformar lacunas psicológicas e morais em virtude. Porque uma coisa é um personagem se justificar dizendo não entender seus motivos; outra coisa bem diferente é o romancista ser conivente com essa justificativa.

Em *Desonra*, ninguém entende o outro. Lurie não entende Melanie, a estudante que seduz, nem ela a ele. Ele não entende Lucy, sua própria filha, e ela acha que os atos dele e o que o move estão fora de seu alcance. Ele não entende a si mesmo no começo, e não adquire nenhuma sabedoria ao final do romance.

As relações inter-raciais são conduzidas no mesmo grau de ignorância. Os brancos não entendem os negros e os negros não estão interessados em entender os brancos. Nenhum dos personagens negros do romance — nem mesmo Petrus, o "jardineiro e cão de guarda" que trabalha para Lucy, e certamente não a gangue de assaltantes — é desenvolvido em um personagem vivo, pulsante. Petrus chega perto disso, mas os motivos que o movem permanecem enigmáticos e sua presença vai ficando mais ameaçadora à medida que o romance se desenrola. Para os brancos do romance, os personagens negros são essencialmente uma ameaça — uma ameaça justificada pela história. Como historicamente os brancos sempre oprimiram os negros, sugere-se que nós devemos aceitar que os negros oprimirão os brancos. Olho por olho, até o mundo inteiro ficar cego.

Esta é, portanto, a visão reveladora aclamada nesse romance: a visão de uma sociedade de incompreensões conflitantes, movida pelos absolutos da história. Sem dúvida bem coerente — coerente ao privilegiar a incoerência, tentando transformar sua cegueira em uma espécie de *insight* metafórico.

Quando os seres criados por um escritor não são providos de entendimento, passa a ser tarefa do escritor fornecer ao leitor o *insight* que falta aos personagens. Se ele não o faz, a obra não acenderá uma luz nas trevas, mas meramente passará a fazer parte das trevas que descreve. É uma pena que essa seja a fraqueza de *Desonra*. Ele afinal não lança uma nova luz sobre os fatos. Mas os fatos ampliam nosso entendimento do livro.

Julho de 2000:
Esporte

A França é a nação mais poderosa da Europa e, no presente, provavelmente do mundo, embora o Brasil questione isso. Os alemães, geralmente tão organizados e eficientes, estão em uma confusão nada característica. Os holandeses são às vezes briguentos, mas, se levarmos em conta seus melhores aspectos, são de longe os europeus mais artísticos; a Bélgica, em comparação, é sem graça. A Espanha é altamente dotada, mas está constantemente abaixo de seus melhores níveis. Dinamarca, Noruega e Suécia parecem estar em declínio. Iugoslávia e Croácia são ambas culpadas (assim como a Argentina) de brutalidades ocultas. Turquia, Nigéria e as principais nações árabes estão rapidamente se aproximando da paridade com a Europa e a América do Sul, enquanto o Japão e os Estados Unidos permanecem em grande parte como nações de segunda classe. E os ingleses — ai, os ingleses! — são rasos, taticamente ingênuos e, é claro, são *hooligans*.

O mundo segundo o futebol, assim como todo o cosmos da página de esportes, difere um pouco do quadro da realidade que se encontra nas páginas de notícias, mas é imediatamente identificável, a não ser nos poucos cantos do globo que não têm futebol. E, em nossa era dominada pela declaração curta, os ásperos estereótipos nacionais gerados pelo esporte começaram a informar nossa maneira de olhar o mundo "real", assim como o campo mais estreito do esporte em si. Eles chegam a afetar a maneira como nós — inclusive aqueles não dotados de potência esportiva — olhamos para nós mesmos.

O sucesso nos esportes pode ter o mais incrível efeito social e mesmo político. Alguns anos atrás, muito se falou da perda de confiança cultural e nacional da França, de uma espécie de crise de identidade francesa. A vitória na Copa do Mundo dois anos atrás e o triunfo no Euro 2000 na semana passada silenciaram essas questões. E o gênio do superastro muçulmano francês Zinedine Zidane, que marcou o gol da vitória na Copa do Mundo, agora inspiração para os campeões europeus, fez mais em favor da atitude francesa com a minoria muçulmana e contra as aspirações políticas da ultradireita do que mil discursos políticos poderiam esperar conseguir.

O fracasso nos esportes igualmente gera ondas que vão muito além do campo de jogo. Assim a Inglaterra reagiu à mediocridade do seu time de futebol e à violência de seus torcedores mergulhando em uma crise de autocrítica do tipo o-que-está-errado-conosco que faz lembrar a sombria visão de mundo do imortal jumento Eeyore, de A. A. Milne. Não só os jogadores de futebol da Inglaterra não jogam futebol como seus tenistas não jogam tênis, e um deles até é canadense. Nesse espírito Eeyore, até as vitórias parecem formas menos extremas de derrota. O time de críquete inglês efetivamente vence uma partida Test de campeonato, mas o verdadeiro Eeyore observa que, quando a Inglaterra perde, que é o mais usual, é de lavada, e quando ganha, o que é raro, é por pouco. O time de rúgbi inglês bate a poderosa África do Sul; Eeyore reage, ah, mas não consegue fazer isso *regu-*

larmente, é só um golpe de sorte. O campeão de peso pesado do boxe é britânico, mas Eeyore observa que Lennox Lewis também fala com um sotaque transatlântico.

Uma coisa está clara para todos os comentaristas. A performance esportiva da nação, sua capacidade ou sua inaptidão, assim como o comportamento de seus fãs, têm origens muito distantes do universo fechado do esporte em si. Têm raízes profundas na cultura.

Cultura é o que agora usamos em lugar de ideologia. Vivemos uma época de guerras culturais, de grupos que usam autodefinições cada vez mais estreitas de cultura como escudo e como espada. A cultura é sensível. Use a palavra errada e será acusado de racismo por algum comissário cultural. (No magistral novo romance de Philip Roth, *A marca humana*, a palavra é *spooks* [assombração]; numa reportagem de Akron, Ohio, no *New York Times* da semana passada, era *niggardly* [mesquinho].)

Hoje em dia, tudo é cultura. Comida é cultura e religião é cultura, até jardinagem é cultura. Estilo de vida é cultura, política é cultura, e há uma proliferação de culturas sexuais, sem esquecer das subculturas também. O esporte, claro, é uma *importante* cultura. De forma que, quando brigões britânicos (e, em menor medida, outros) comportaram-se mal na Holanda e na Bélgica, a cultura deles é que é responsabilizada e ninguém enxerga a ironia de se usar o termo para explicar as atitudes de indivíduos tão profundamente incultos. Mas, se agora o hooliganismo também é cultura, a palavra então perdeu todo significado. Coisa que só importa se você pensa que cultura é outra coisa, algo que tem a ver com arte, imaginação, educação e ética, algo que amplia as percepções humanas em vez de estreitá-las, que nos permite ver, além dos estereótipos nacionais, uma complexidade mais rica da vida real, na qual nem todos os italianos são defensivos, nem todos os alemães são eficientes, e a Inglaterra, pobre Inglaterra, não é definida por seus esportistas, valentões e Eeyores; na qual *spooks* e *niggardly* não são palavras racistas, e a sutileza é mais valorizada do que breves declarações, e um jogo é apenas um jogo.

Maio de 2001:
O aborto na Índia

Sempre acreditei que tive muita sorte de vir de uma família indiana numerosa, dominada por mulheres. Não tenho irmãos, mas tenho muitas irmãs (três: pode crer, isso é muito). As irmãs de minha mãe são uma dupla de tias tão formidáveis e irresistíveis como as tias Dahlia e Agatha de Bertie Wooster. Em minha geração de primos, as meninas superam os meninos na proporção de duas por um. Enquanto eu crescia, as casas da família, na Índia e no Paquistão, eram cheias das instruções, querelas, risos e ambições dessas mulheres, poucas das quais se parecem com o estereótipo da mulher indiana acanhada, invisível. São pessoas opiniáticas, voluntariosas, inteligentes, engraçadas, que gesticulam — advogadas, educadoras, radicais, inquietas, agitadoras, matriarcais —, e para ser ouvido na presença delas é preciso não só levantar a voz, mas ter algo interessante a dizer. Se você não for interessante de ouvir, certamente não será ouvido.

O resultado é que me sinto, até hoje, perfeitamente à vontade na companhia de mulheres. Entre meus amigos próximos, as mulheres superam em muito os homens. Em minha escritura, tenho buscado repetidamente criar personagens femininas tão ricas e poderosas quanto essas que conheci. Os homens em meus livros raramente são tão expansivos quanto as mulheres. É assim que tem de ser: ou, pelo menos em minha experiência, foi assim no mais das vezes.

É portanto preocupante, para dizer o mínimo, que essas mulheres, ou melhor, suas potenciais sucessoras na geração indiana que está hoje sendo concebida, estejam rapidamente se transformando em uma espécie ameaçada. Apesar da ilegalidade da prática — e disfarçados de espúrios exames de saúde — os testes de ultra-som vêm sendo cada vez mais usados em toda a Índia para identificar, e depois abortar, uma quantidade obscena de fetos femininos saudáveis. A população está rapidamente se desequilibrando, pendendo para um predomínio numérico masculino a um grau genuinamente alarmante.

É uma difícil questão para o lobby pró-escolha sobre o aborto, do qual sempre fui um membro integrante. O que se deve fazer quando uma mulher usa seu poder sobre o próprio bebê para discriminar fetos femininos? Muitos comentaristas indianos dizem que, para os abortos que discriminam o sexo não mais ocorrerem, a recusa deveria partir das mulheres indianas. Mas as mulheres indianas querem filhos homens tanto quanto os maridos. Em parte, isso se deve à miríade de pressões de uma sociedade centrada no homem, inclusive as despesas com o sistema de dote. Mas fundamentalmente é resultado de se colocar a tecnologia moderna a serviço de atitudes sociais medievais. É claro que nem todas as mulheres indianas são tão emancipadas quanto aquelas entre as quais tive a sorte de ser criado. A Índia tradicional ainda existe e seus valores são poderosos. Mulheres temem mulheres: uma velha história, que recebe uma deprimente virada ginecológica.

Desde a tentativa de Indira e Sanjay Gandhi de introduzir o controle de natalidade obrigatório durante os excessos da vasec-

320

tomia forçada em meados dos anos 70, tem sido muito difícil fazer as massas indianas aceitarem a idéia de planejamento familiar. O ataque linha-dura de Madre Teresa à contracepção não ajudou nada. Ultimamente, nacionalistas hindus deixaram as coisas ainda mais difíceis ao sugerir que os muçulmanos do país estão se reproduzindo mais rapidamente que os hindus, colocando assim o hinduísmo "sob ameaça" (apesar de a maioria hindu constituir imensos 85% da população). O aborto, ao lado da contracepção, foi até agora anatemizado pelos líderes religiosos hindus. O resultado é que a população da Índia voou para a marca de 1 bilhão e calcula-se que superará a China dentro talvez de uma década. Mas agora, de repente, a interrupção da gravidez tornou-se aceitável para muitos indianos, pela mais repreensível das razões; e a discussão sobre as urgentes questões de controle populacional ficam ainda mais confusas. Há aqueles que afirmam que a nova onda de abortos é de fato benéfica, porque a preferência por meninos indica que os casais indianos que têm filhas continuarão tendo filhas até conseguir ter um filho, contribuindo assim para a superpopulação. O argumento é reforçado com a afirmação de que lhes permitir a escolha resultará não em uma escassez de meninas, mas sim garantirá que não haja um excesso delas. O problema com essa teoria é que as provas estatísticas sugerem que dentro do período de uma geração haverá realmente uma carência de meninas. E daí? Será que as meninas serão mais valorizadas então do que hoje, ou o masculinismo da sociedade indiana, reforçado pelo peso dos números, simplesmente criará mais e mais machões e mulheres cada vez mais oprimidas?

Nem todos os problemas têm soluções imediatas. Embora a nação se imagine como mulher — Bharat-Mata, Mãe Índia — e mesmo que no hinduísmo o princípio dinâmico da divindade, shakti, seja feminino, o escândalo das meninas desprezadas na

Índia só terminará quando e se a Índia moderna conseguir superar séculos de preconceito contra meninas.

Isso não significa que nada possa ser feito. O governo pode e deve dar duro em cima das clínicas de ultra-som que estão permitindo que as pessoas desafiem a lei. Deveriam ser oferecidos benefícios para famílias com filhas e talvez até mesmo impor, durante algum tempo, impostos penais a famílias com meninos. Políticos, educadores, grupos ativistas, até colunistas de jornal podem e devem combater os arraigados preconceitos que estão no cerne do problema. No final, a coisa se resume ao seguinte: a Índia está preparada para ser vista como o país que se livra de suas filhas porque acredita que são inferiores aos homens? Os pais que estão fazendo isso podem um dia se deparar com perguntas dos filhos que permitiram viver: "Onde estão minhas irmãs?". O que responderão então?

Junho de 2001:
Reality show

Consegui não ver os reality shows da televisão realidade até agora. Apesar de tudo o que se falou na Grã-Bretanha sobre Nick, o mau, e Mel, o maluco, ou nos Estados Unidos, sobre o gordo e filho-da-mãe Richard manipulando seu caminho até a vitória na ilha deserta, eu de alguma forma preservei minha pureza. Não reconheceria Nick nem Mel se cruzasse com eles na rua, nem Richard se ele estivesse parado na minha frente sem roupa. Me pergunte onde fica a casa do *Big Brother* ou como chegar à Ilha da Tentação e não vou saber responder. Eu me lembro, sim, do concorrente da *Survivor* americana que conseguiu fritar a mão a ponto de tirar a pele dos dedos como se fossem salsichas estouradas, mas isso porque ele foi parar no noticiário da noite. Além disso, me pergunte. Quem ganhou? Quem perdeu? Quem se importa?

O assunto reality show da televisão, porém, tem sido impossível de evitar. O sucesso deles é a grande história da mídia do novo século, ao lado do triunfo nas pesquisas dos grandes shows do milhão, como *Millionaire*. O sucesso desse gênero exige um exame, pois pode nos contar algumas coisas sobre nós mesmos, ou deveria contar.

E que espalhafatoso narcisismo é aí revelado! O aparelho de televisão, um dia considerado tão idealisticamente como nossa janela para o mundo, acabou se transformando num espelho de loja de um real. Quem precisa da rica alteridade do mundo quando pode assistir a esses tão familiares avatares de si mesmo — essas meias pessoas meio atraentes — encenando a vida de todo dia sob estranhas condições? Quem precisa de talento quando o desavergonhado exibicionismo dos sem-talento está constantemente em oferta?

Andei assistindo ao *Big Brother 2* (britânico), que conquistou o improvável feito de ocupar as primeiras páginas dos tablóides nos estágios finais da campanha para as eleições gerais. Isso, segundo o senso convencional, porque o show é mais interessante que a eleição. A "realidade" pode ser ainda mais estranha. Pode ser que *Big Brother* seja popular porque é ainda mais chato que a eleição. Porque o programa é o jeito mais chato e portanto mais "normal" de ficar famoso e, com um pouco de sorte ou esperteza, de ficar rico também.

"Famoso" e "rico" são agora os dois conceitos mais importantes da sociedade ocidental, e questões éticas são simplesmente obliteradas pela potência de seu apelo. Para ser famoso e rico é aceitável — na verdade é "bom" — ser dúbio. É "bom" ser exibicionista. É "bom" ser mau. E o que se sobrepõe à questão moral é a chatice. É impossível manter uma sensação de ultraje com gente sendo tão trivialmente voltada para si mesma durante tanto tempo.

Ah, que chatice! Aí as pessoas ficam famosas por dormir, por manter uma lareira acesa, por deixar o fogo apagar, por gravar em vídeo seus pensamentos clichês, por mostrar os seios de relance, por vadiar, por discutir, por ser sacana, por ser impopular e (isto é interessante demais para acontecer com freqüência) por beijar! Aí estão, em resumo, pessoas ficando famosas por não fazerem praticamente nada, mas fazendo isso onde todo mundo pode ver.

Adicione o exibicionismo dos competidores ao voyeurismo dos espectadores e você tem o quadro de uma sociedade doentiamente presa ao que Saul Bellow chamou de "glamour do evento". É tal o glamour desses eventos banais, mas intensamente iluminados, que qualquer coisa que lembre um valor real — modéstia, decência, inteligência, humor, desprendimento, faça sua própria lista — é transformada em redundante. Nesse universo ético invertido, o pior é o melhor. O show apresenta a "realidade" como uma batalha por um prêmio e sugere que na vida, como na televisão, vale qualquer coisa, e quanto mais deliciosamente desprezível for, mais nós gostamos. Ganhar não é tudo, como disse Charlie Brown uma vez, mas perder não é nada.

O problema com esse tipo de realismo construído é que, assim como toda moda, é provável que tenha vida curta, a menos que encontre maneiras de se renovar. A probabilidade é que nosso voyeurismo se torne mais exigente. Não bastará assistir as pessoas sendo perversas, ou chorando quando expulsas da casa do inferno, ou "revelando tudo" em programas de entrevistas posteriores, como se sobrasse alguma coisa mais para revelar.

O que está sendo reinventado aos poucos é o combate de gladiadores. O aparelho de TV é o Coliseu, e os competidores são ao mesmo tempo gladiadores e leões; a função deles é devorar um ao outro até sobrar apenas um vivo. Mas quanto falta, em nossa exausta cultura, para que leões "de verdade", perigos reais, sejam introduzidos nessas várias formas de ilhas da fantasia, para alimentar nossa fome por mais ação, mais dor, mais emoções substitutas? Aqui está uma idéia, originada na notícia de que o formidável Gore Vidal concordou em testemunhar a execução por injeção letal do bombardeador de Oklahoma, Timothy McVeigh. As testemunhas de uma execução assistem aos macabros procedimentos através de uma janela de vidro: uma tela. Isso é também uma espécie de reality show e — para fazer uma modesta proposta — pode representar o futuro de tais programas. Se estamos dispostos a observar as pessoas se esfaquearem pelas costas, será que não estaremos efetivamente dispostos a vê-las morrer?

No mundo fora da televisão, nossos sentidos amortecidos já exigem doses cada vez maiores de excitação. Um assassinato mal basta; só o assassino em massa chega à primeira página. É preciso explodir um edifício cheio de gente ou metralhar uma família inteira para chamar a atenção. Logo, talvez, será preciso matar toda uma espécie de vida selvagem ou soltar um vírus que elimine pessoas aos milhares, senão você é café pequeno. Estará nas páginas de dentro. E, tal como na realidade, assim também no reality show. Quanto falta para a primeira morte na tv? Quanto tempo até a segunda?

No final do grande romance de Orwell, *1984*, Winston Smith foi submetido a lavagem cerebral. "Ele amava o Big Brother." Como nós agora.

Agosto de 2001:
Arundhati Roy

Nargis, a deusa do cinema indiano dos anos 50, que depois fez carreira na política, uma vez denunciou o grande diretor de cinema Satyajit Ray por fazer filmes que passavam uma imagem negativa da Índia. Em seus filmes, dizia, ela sempre celebrava o positivo. Quando lhe pediram um exemplo, ela respondeu: "Represas".

Grandes represas (assim definidas quando têm mais de quinze metros de altura) são há muito uma parte integrante da iconografia tecnológica da Índia, e seu papel no fornecimento de água e energia elétrica à nação foi durante algum tempo inquestionado, até mesmo inquestionável. Ultimamente, porém, tem havido "um crescente conflito a respeito do papel desempenhado por essas grandes represas no desenvolvimento", para citar o presidente da Comissão Mundial de Represas (WCD), o ministro da Educação da África do Sul, professor Kader Asmal.

Uma das maiores novas represas em construção é o Projeto Sardar Sarovar no rio Narmada, no estado de Gujarat, com uma altura final prevista de 136,5 metros. Entre seus mais eloqüentes oponentes está a romancista Arundhati Roy. "Grandes represas", diz ela, "acabaram com este país." Ela se opõe ao deslocamento de mais de 200 mil pessoas por causa do aumento do nível da água, aos danos que provocará ao frágil ecossistema do vale do Narmada, e aponta, eloqüentemente, o fracasso de muitas grandes represas em realizar o que prometeram (a represa Bargi, da Índia, por exemplo, irriga apenas 5% da área prometida). Ela afirma ainda que, enquanto os pobres rurais são os que pagam o preço de uma represa, são os ricos urbanos que dela se beneficiam. "Das casas rurais, 80% [ainda] não têm eletricidade, 250 milhões de pessoas não têm acesso a água potável segura."

O recente relatório da WCD em grande parte confirma os argumentos de Roy. A WCD foi fundada pelo Banco Mundial e pela União Conservacionista Mundial e fundamenta seu relatório em análises de 125 grandes represas. (Misteriosamente, a permissão para visitar o Projeto Sardar Sarovar foi recusada pelo governo do estado de Gujarat.) O relato culpa as grandes represas pelo aumento de inundações, danos às terras aráveis, extinção de peixes de água doce. E concorda com a idéia de que os benefícios das represas vão em grande parte para os ricos, que muitas represas ficam aquém de seus objetivos e que, dos 40 milhões a 80 milhões de pessoas deslocadas devido à construção de represas em todo o mundo, poucas receberam a compensação que mereciam. Arundhati Roy e batalhadores do vale do Narmada há muito discutem os meios alternativos capazes de atender às necessidades de água de Gujarat; o relatório da WCD confirma essa posição, enfatizando a necessidade de focalizar energias renováveis, reciclagem, melhor irrigação e redução do desperdício de água.

A batalha em torno da represa Narmada tem sido longa e amarga. Porém, houve uma virada recente e surrealista. Arundhati Roy e membros importantes do movimento de protesto, Medha Patkar e Prashant Bhushan, foram acusados por cinco advogados de tê-los atacado com violência em 13 de dezembro de 2000, na frente da Corte Suprema de Delhi, durante um protesto contra a decisão da corte de permitir o prosseguimento do trabalho do Projeto Sardar Sarovar. Em princípio, Roy e Patkar teriam insuflado a multidão a matar os advogados e Bhushan teria agarrado um deles pelo cabelo, ameaçando-o de morte.

Tudo isso de alguma forma aconteceu debaixo dos indiferentes narizes de um grande destacamento de policiais. Curiosamente, o tumulto também não foi registrado pelo cineasta Sanjay Kak, que estava cobrindo a manifestação com uma câmera de vídeo. E foi depois revelado que o sr. Bhushan estava, na verdade, em outro local inteiramente diferente naquele momento.

Apesar do absurdo comprovável dessas acusações, porém, a Suprema Corte decidiu considerar a petição dos advogados e brindou os três ativistas com mandados de desacato criminoso. E ao fazê-lo ignorou as próprias regras e procedimentos. A petição dos advogados foi preenchida incorretamente e não recebeu, como deveria, o apoio escrito do promotor-geral. Mais importante, a Suprema Corte não tentou comprovar as alegações da petição, muito embora houvesse provas de vídeo e testemunhas oculares prontamente disponíveis.

Convocada ao tribunal, Arundhati Roy fez, como era de se esperar, uma vigorosa declaração juramentada na qual afirmou que a disposição da corte em convocar a ela e seus colegas com base em acusações tão frágeis "indica uma inquietante tendência por parte da corte de silenciar a crítica e amordaçar a diferença de opinião, de vexar e intimidar aqueles que discordam dela". A Suprema Corte insistiu com ela para retirar a declaração; ela recusou, e a corte está agora considerando acusá-la de desacato, o que a mandaria para a cadeia. Ela está, como disse a um jornalista britânico, "mergulhada até o pescoço".

A corte deve entender que, ao perseguir dessa forma Arundhati Roy, Medha Patkar e Prashnat Bhushan, estará se colocando diante do tribunal da opinião pública mundial. A Corte Suprema dos Estados Unidos acaba de se desgraçar internacionalmente ao praticar um golpe judicial que fez George W. Bush "presidente". (Dois livros novos e confiáveis de Alan Dershowitz e de Vincent Bugliosi não deixam dúvidas de que os juízes do Supremo norte-americano tomaram uma decisão de motivações políticas que já tem a aparência de péssima lei.) Será que a Suprema Corte da "maior democracia do mundo" vai imitar a do país mais poderoso do mundo e se revelar tendenciosa — nesse caso contra a liberdade de expressão — e disposta a agir como o "braço forte" de um grupo de interesses particulares — nesse caso a poderosa coalizão de interesses políticos e financeiros por trás da represa de Narmada?

Só abandonando a perseguição a Arundhati Roy e aos batalhadores do vale do Narmada pode a Suprema Corte escapar desse julgamento. E devia fazê-lo imediatamente.*

---

* Em 6 de março de 2002, Arundhati Roy recebeu uma condenação "simbólica" de um dia de prisão e uma multa de 2 mil rupias (aproximadamente cinqüenta dólares) por desacato à corte. A corte afirmou querer demonstrar que pode ser magnânima, levando em conta que Arundhati Roy era "uma mulher".

Março de 2002:
Deus em Gujarat

A imagem que define a semana é a de um braço de criança queimado e escurecido, os dedinhos crispados em punho, se projetando dos restos de uma fogueira humana em Ahmadabad, Gujarat. O assassinato de crianças parece ser uma especialidade indiana. Os rotineiros assassinatos diários de bebês indesejados do sexo feminino, o massacre de inocentes em Nellie, Assam, nos anos 80, e de crianças siques em Delhi por ocasião das horrendas represálias ao assassinato da sra. Gandhi atestam nosso dom particular de, sempre mais incrivelmente em evidência em épocas de inquietação religiosa, ensopar nossas crianças com querosene e tocar fogo nelas, ou de lhes cortar a garganta, ou de sufocá-las, ou de simplesmente espancá-las com um pedaço de pau de bom tamanho. Digo "nossas" porque escrevo como alguém nascido e criado na Índia, que ama profundamente esse país e sabe que o que um de nós faz hoje qualquer um de nós é potencialmente capaz de fazer amanhã. Se tenho orgulho das qualidades da Índia, então os pecados da Índia devem ser meus também.

Pareço zangado? Ótimo. Envergonhado e desgostoso? Espero que sim. Porque, agora que a Índia está atravessando seu pior ataque de derramamento de sangue hindu-muçulmano em mais de uma década, não há muita gente que pareça estar nem perto de zangada, envergonhada ou desgostosa. Os chefes de polícia desculpam a falta de disposição de seus homens em defender os cidadãos da Índia sem levar em conta a religião, dizendo que esses homens também têm emoções e estão sujeitos aos mesmos sentimentos da nação em geral.

Enquanto isso, os senhores políticos da Índia só estalam a língua e emitem as mesmas mentiras tranqüilizadoras, dizendo que a situação está sob controle. (Não escapa à observação de ninguém que o BJP no poder — o Partido Bharatiya Janata, ou Partido do Povo da Índia — e os extremistas hindus do VHP — Vishwa Hindu Parishad ou Conselho Mundial Hindu — são organizações irmãs, brotos da mesma planta-mãe.) Até mesmo alguns comentaristas internacionais, como o jornal britânico *Independent*, nos alertam a "evitar o pessimismo excessivo". A horrível verdade sobre o assassinato comunal na Índia é que estamos acostumados a ele. Acontece de quando em quando; depois pára. A vida é assim, amigos. Na maior parte do tempo, a Índia é a maior democracia secular do mundo; e se, de vez em quando, solta uma fumacinha de loucura religiosa, não devemos deixar que isso distorça o quadro geral.

Claro que existem explicações políticas. Desde dezembro de 1992, quando um batalhão do VHP demoliu uma mesquita muçulmana de quatrocentos anos, a Babri Masjid, em Ayodhya, que diziam ter sido construída no sagrado local de nascimento do deus Rama, os fanáticos hindus vêm esperando essa briga. Pena é que alguns muçulmanos estivessem prontos a aceitar a provocação. O ataque assassino ao trem lotado de ativistas do VHP em Godhra (com seus horrendos e atávicos ecos dos assassinatos de trens lotados de hindus e muçulmanos durante as manifestações da Partição em 1947) foi parar bem nas mãos dos extremistas hindus. O VHP evidentemente cansou-se do que considera como equívocos e radicalismo insuficiente do governo BJP. O primeiro-ministro Vajpayee é mais moderado que seu partido; ele também chefia um governo de coalizão e foi obrigado a abandonar muito da retórica mais extrema do nacionalismo hindu para manter harmônica a coalizão. Mas não está mais funcionando. Nas eleições estaduais por todo o país, o BJP está sendo batido. Isso pode ser a última gota para os agitadores do VHP. Por que engolir a traição do governo a seus ideais fascistas quando essa traição não resulta nem em sucesso eleitoral?

O fracasso eleitoral do BJP (usado pela turma do deixa-disso para mostrar que a Índia está se afastando da política comunalista) tem, portanto, toda a probabilidade de ser a faísca que acenderá o fogo. O VHP está decidido a construir um templo hindu no local da mesquita demolida em Ayodhya — daí vinham os mortos de Godhra — e existem, repreensivelmente, idiotamente, tragicamente, muçulmanos na Índia igualmente decididos a resistir a eles. Vajpayee insistiu que a justiça notoriamente lenta da Índia deve decidir os erros e acertos da questão de Ayodhya. O VHP não está mais disposto a esperar.

A conhecida escritora indiana Mahasveta Devi, em uma carta ao presidente indiano, K. R. Narayanan, culpa o governo de Gujarat (liderado por uma linha-dura do BJP) assim como o governo central por fazer "muito pouco, tarde demais" e coloca a culpa com firmeza nos "atos de provocação motivados e bem planejados" dos nacionalistas hindus. Porém, outro escritor, o prêmio Nobel V. S. Naipaul, falando na Índia apenas uma semana antes da erupção da violência, denunciou os muçulmanos do país em massa e louvou o movimento nacionalista. Os assassinos de Godhra devem realmente ser denunciados e Mahasveta Devi exige em sua carta uma "ação legal severa" contra eles. Mas o VHP e a outra organização a ele relacionada, o igualmente sinistro RSS (Rashtiya Swayamsevak Sangh, ou Associação Nacional de Voluntários, na qual tanto o BJP quanto o VHP buscam inspiração), estão decididos a destruir essa democracia secular de que a Índia tanto se orgulha publicamente e que tão pouco faz para proteger; e ao apoiá-los V. S. Naipaul se torna parceiro de viagem do fascismo e envergonha o prêmio Nobel.

O discurso político é importante e explica muita coisa. Mas há algo por baixo dele, algo que não queremos olhar de frente: na Índia, assim como em outras partes de nosso mundo que escurece, a religião é o veneno no sangue. Onde ela intervém, mera inocência não é desculpa. E no entanto continuamos rodeando essa questão, falando de religião na linguagem elegante do "respeito". O que há em tudo isso para se respeitar, ou em qualquer dos crimes sendo agora cometidos quase diariamente em todo o mundo no nome temido da religião? Com que capacidade, com que resultados fatais, a religião erige totens e até que ponto estamos dispostos a matar por eles! E, depois de fazermos isso bastante tempo, os sentimentos se embotam e se torna mais fácil fazê-lo de novo.

Então o problema da Índia passa a ser um problema de todo o mundo. O que aconteceu na Índia aconteceu em nome de Deus. O nome do problema é Deus.

PARTE IV
CRUZE ESTA LINHA
Discursos sobre valores humanos
nas Palestras Tanner, Yale, 2002

Cruze esta linha

I

A primeira fronteira foi a beira da água, e houve um primeiro momento, porque como poderia não haver esse momento, em que uma coisa viva saiu do oceano, atravessou essa fronteira e descobriu que conseguia respirar? Antes de essa primeira criatura respirar pela primeira vez, deve ter havido outros momentos em que outras criaturas fizeram a mesma tentativa e caíram ofegantes de volta nas ondas ou morreram sufocadas, debatendo-se como peixes, na mesma costa, e em outra, e em outra. Houve talvez milhões dessas tentativas não registradas, dessas mortes anônimas, antes do primeiro passo bem-sucedido através da linha-d'água. Quando imaginamos a cena dessa travessia triunfante — nosso vulcânico planeta jovem, o ar enfumaçado, sulfuroso, o mar quente, o brilho vermelho do céu, a entidade exausta ofegando na costa desconhecida, inóspita — não podemos deixar de ficar pensando nessas protocriaturas. O que as motivava? Por que o mar havia perdido tão completamente seu apelo a ponto de elas arriscarem tudo para migrar do velho para o novo? Que ímpeto nasceu dentro delas a ponto de superar até o instinto de sobrevivência? Como elas intuíram que o ar podia ser respirado — e como, vivendo debaixo d'água como viviam, conseguiram começar a desenvolver os pulmões que lhes permitiram respirar ar?

Mas nossos ancestrais mais remotamente pré-humanos não tinham "motivações" no sentido em que entendemos o termo, protesta o cientista na sala. O mar nem os atraía, nem os decepcionava. Eles não tinham intuição, mas eram impulsionados por imperativos ocultos em seus códigos genéticos não mapeados. Não havia naquilo nada de ousadia, nada de heroísmo, nada de espírito de aventura ou transgressão. Esses rastejadores da praia não viajaram da água para o ar porque estavam curiosos ou em busca de emprego. Eles nem escolheram, nem desejaram seus feitos. Mutações fortuitas e seleção natural foram as forças poderosas e impessoais que os dirigiram. Eram apenas peixes que por acaso aprenderam a engatinhar.

Mas também nós, de certa forma, somos assim. Nosso próprio nascimento espelha essa primeira travessia da fronteira entre elementos. Quando emergimos do líquido amniótico, do universo líquido do útero, também descobrimos que podemos respirar; também deixamos para trás uma espécie de mundo aquático para nos tornarmos habitantes da terra e do ar. Não é de surpreender, então, que a imaginação desafie a ciência e veja esse primeiro, antigo e bem-sucedido ser híbrido como nosso ancestral espiritual, atribuindo a essa estranha metamorfose a vontade de transformar o mundo. Em sua vitoriosa transição reconhecemos e celebramos o protótipo de nossas próprias travessias literais, morais e metafóricas, aplaudimos o mesmo impulso que fez os navios de Colombo rumarem para a beira do mundo, ou os pioneiros viajarem com seus carroções cobertos. A imagem de Armstrong dando o primeiro passo na Lua evoca os primeiros movimentos da vida na Terra. Em nossa natureza mais profunda, somos seres que atravessam fronteiras. Sabemos disso pelas histórias que contamos a nós mesmos; pois somos animais contadores de histórias também. Existe uma história de uma sereia, uma criatura híbrida, que desistiu de sua metade peixe pelo amor de um homem. É isso, então?, nos permitimos pensar. Era esse o ímpeto primordial? Teremos saído das águas por amor?

Há muitos e muitos anos, os pássaros fizeram uma conferência. O grande pássaro-deus, o Simorgh, enviou um mensageiro, uma poupa, para convocar os pássaros à sua legendária morada, muito longe, sobre a montanha circular de Qâf, que circundava a Terra. Os pássaros não se animaram muito com a idéia dessa viagem possivelmente perigosa. Inventaram desculpas — um compromisso anterior, um negócio urgente em algum outro lugar. Apenas trinta pássaros puseram-se em peregrinação. Deixar sua terra, atravessar a fronteira, cruzar aquela linha era, nessa história, um ato religioso, e sua aventura, um requisito divino, mais que uma reação a uma necessidade ornitológica. Foi o amor que impulsionou esses pássaros, assim como impulsionou a sereia, mas o amor de Deus. No caminho, havia obstáculos a superar, tremendas montanhas, abismos assustadores, alegorias e desafios. Em toda busca o viajante se confronta com apavorantes guardiães de território, um ogro aqui, um dragão ali. Até ali, e não além, o guardião domina. Mas o viajante tem de recusar a definição de fronteira feita pelo outro, tem de transgredir os limites que o medo determina. Ele cruza essa linha. A derrota do ogro é uma abertura do eu, uma expansão para o viajante naquilo que é possível ser.

E assim foi com os trinta pássaros. No fim da história, depois de todas as vicissitudes e superações, eles alcançaram o topo da montanha de Qâf e descobriram que estavam sós. O Simorgh não estava lá. Depois de tudo o que enfrentaram, era uma descoberta desagradável. Eles manifestaram seus sentimentos à poupa que havia começado a coisa toda, e diante disso a poupa explicou a eles o trocadilho etimológico que revelava o sentido secreto de sua jornada. O nome do deus se divide em duas partes: "si" quer dizer "trinta", e "morgh" quer dizer "pássaros". Ao atravessar essas fronteiras, superar esses terrores e atingir o objetivo, eles próprios eram aquilo por que estavam procurando. Haviam se transformado no deus que buscavam.

Era uma vez — "muito tempo atrás", talvez "em uma galáxia distante" — uma civilização avançada, livre, liberal, individualista, num planeta em que as calotas de gelo começaram a aumentar. Toda a civilização do mundo não conseguia deter o avanço do gelo. Os cidadãos desse Estado ideal construíram uma poderosa muralha que resistiria às geleiras durante algum tempo, mas não para sempre. E veio o tempo em que o gelo, indiferente, implacável, ultrapassou as linhas e esmagou-os. Seu último ato foi escolher um grupo de homens e mulheres para viajar pela camada de gelo até o outro extremo do planeta levando a notícia da morte de sua civilização, para preservar, de alguma maneira, o sentido do que ela havia sido — para ser seus representantes. Na difícil jornada pela calota polar, o grupo aprendeu que, para sobreviver, teria de mudar. Seus diversos individualismos teriam de se fundir em uma coletividade, e foi essa entidade coletiva — a Representante — que chegou ao extremo do planeta. O que ela representava, porém, não era aquilo que se propusera a representar. A jornada nos cria. Nós nos transformamos nas fronteiras que atravessamos.

* * *

A primeira dessas histórias é medieval: a *Conferência dos pássaros*, do poeta muçulmano sufi Fariduddin Attar. A segunda é um relato do romance de ficção científica de Doris Lessing *O planeta 8*, inspirado na fatal jornada ao Pólo Sul de Scott da Antártica e seus companheiros — mas também pelo grande interesse de Lessing pelo misticismo sufi. A idéia de superação, de romper as fronteiras que nos prendem e superar os limites de nossa própria natureza, está no centro de todas as histórias de busca. O Graal é uma quimera. A busca do Graal é o Graal. Ou, como sugere C. P. Kaváfis em seu poema "Ítaca", a finalidade da Odisséia é a Odisséia:

> *Ao partir na viagem para Ítaca,*
> *você deve rezar para que seja longa,*
> *cheia de aventuras e experiências.*
> [...]
> *Para estar bem velho ao ancorar na ilha,*
> *rico com tudo o que ganhou pelo caminho,*
> *e não esperar que Ítaca lhe dê riquezas.*
>
> *Ítaca lhe deu a sua bela viagem.*
> *Sem Ítaca você não teria partido.*
> *Ítaca não tem mais nada a lhe dar agora.*
>
> *Por mais pobre que a considere, Ítaca não enganou você.*
> *Sábio como se tornou com toda a sua experiência,*
> *você terá entendido o sentido de Ítaca.**

---

* Da tradução para o inglês de John Mavrogordato, em *Poems by C. V. Cavafy* (Chatto&Windus, 1971).

A fronteira é uma linha fugidia, visível e invisível, física e metafórica, amoral e moral. O mago Merlin é responsável pela educação de um menino chamado Artur, que um dia removerá uma espada da pedra e se tornará rei da Inglaterra. (O mago, cuja vida ruma para trás no tempo, sabe disso, mas o menino não sabe.) Um dia, Merlin transforma o menino em um pássaro e enquanto estão voando acima do campo ele pergunta a Artur o que está vendo. Artur observa as coisas normais, mas Merlin fala de uma coisa que não pode ser vista, pede a Artur que veja uma ausência: *Do ar, não há fronteiras.** Depois, quando Artur já possui a Excalibur e seu reino, ele descobre que magos nem sempre são sábios e que a visão do ar não tem muita utilidade na Terra. Ele luta sua cota de guerras de fronteira e descobre também que existem fronteiras que, sendo invisíveis, são mais difíceis de atravessar que as do tipo físico.

Quando o melhor amigo do rei, o campeão do rei, se apaixona pela esposa do rei, quando Lancelote do Lago invade o território da felicidade do rei, cruzou-se uma linha que destruirá o mundo. Na verdade a coletânea de histórias conhecida como *Matter of Britain* [Matéria da Grã-Bretanha] tem em seu âmago não um, mas dois amores ilícitos, transgressivos: o de Lancelote por Guinevere e sua imagem especular oculta, o incestuoso amor de Artur por Morgana, a fada. Diante do poder desses amantes que cruzam linhas, a Távola-Redonda nada pode. A busca do Graal não pode salvar o mundo. Nem mesmo Excalibur pode impedir o retorno das trevas. E no final a espada tem de ser devolvida à água e desaparece sob as ondas. Mas Artur, ferido a caminho de Avalon, está cruzando ainda mais uma linha. Está sendo transformado, tornando-se um dos grandes adormecidos que retornarão quando chegar o momento. Barba-Roxa em sua caverna,

---

* De *The sword in the stone* [A espada na pedra], de T. H. White.

Finn MacCool nas montanhas irlandesas, o *wandjina* australiano ou seus ancestrais nos locais de descanso subterrâneos e Artur em Avalon: são os nossos ex-reis e futuros reis, e a fronteira final que estão condenados a atravessar não é o espaço, mas o tempo. Atravessar uma fronteira é ser transformado. Alice nos portões do país das maravilhas, a chave para aquele mundo em miniatura a seu alcance, não pode passar pela pequena porta além da qual vê de relance coisas maravilhosas até alterar-se para caber em seu novo mundo. Mas a bem-sucedida atravessadora de fronteiras também está, inevitavelmente, no negócio da superação. Ela muda as regras de sua terra recém-descoberta: Alice no país das maravilhas, Alice de forma cambiante, aterroriza os nativos ao crescer demais para caber na casa. Ela discute com Chapeleiros Malucos e retruca a Lagartas e, no final, perde o medo da Rainha sedenta de execuções quando, por assim dizer, cresce. *Você não passa de uma caixa de baralho* — Alice, a migrante, finalmente enxerga através da charada do poder, não se impressiona mais, revela o blefe do país das maravilhas e ao desmantelá-lo descobre a si mesma de novo. Ela desperta.

A fronteira é um chamado para acordar. Na fronteira, não podemos evitar a verdade; as reconfortantes camadas do cotidiano, que nos isolam das realidades mais ásperas do mundo, são removidas e, de olhos arregalados, à luz fluorescente dos salões sem janelas da fronteira, vemos as coisas como são. A fronteira é a prova física do eu dividido da espécie humana, a prova de que a utópica visão aérea de Merlin é uma mentira. Eis a verdade: essa linha, diante da qual temos de parar até nos ser permitido ultrapassar e apresentar nossos documentos para serem examinados por um funcionário que tem o direito de nos perguntar mais ou menos qualquer coisa. Na fronteira, somos despidos de nossa liberdade — esperamos que temporariamente — e entramos no universo do controle. Mesmo a mais livre das sociedades livres não é livre no limite, onde coisas e pessoas saem e outras pessoas e coisas entram, onde apenas as coisas e pessoas certas devem entrar e sair. Aqui, no limite, nos submetemos ao escrutínio, à inspeção, ao julgamento. As pessoas que guardam essas linhas têm de nos dizer quem somos nós. Temos de ser passivos, dóceis. Agir de outra forma é ser suspeito, e na fronteira ser alvo de suspeita é o pior de todos os crimes possíveis. Estamos no que Graham Greene considerava o limite perigoso das coisas. É aí que temos de nos apresentar como simples, como óbvios: estou voltando para casa. Estou em viagem de negócios. Estou visitando minha namorada. Em cada caso, o significado de nos reduzirmos a essas simples declarações é: Não sou nada com que você deva se preocupar, não sou mesmo; não sou o sujeito que votou contra o governo, nem a mulher que está louca para fumar um baseado com os amigos esta noite, nem a pessoa que você teme, cujo sapato pode estar pronto para explodir. Sou unidimensional. De verdade. Sou simples. Deixe-me passar.

Todas as verdades secretas do mundo atravessam a fronteira livremente todos os dias. Inspetores cochilam ou embolsam dinheiro sujo, e os narcóticos e armamentos, suas idéias perigosas, todos os contrabandidos da época, os procurados, aqueles que têm algo a declarar mas não declaram, se esgueiram por ela; enquanto nós, que não temos muito a declarar, nos ataviamos em nervosas declarações de simplicidade, abertura, lealdade. As declarações do inocente enchem o ar, enquanto os outros, que não são inocentes, passam pelas fronteiras imperfeitas, lotadas, ou atravessam onde as fronteiras são difíceis de policiar, junto a fundas ravinas, por trilhas de contrabandistas, através de terras desertas sem defesa, fazendo sua guerra não declarada. O chamado a despertar da fronteira é também um chamado às armas.

É assim que estamos pensando agora, porque vivemos dias de dar medo. Há uma foto de Sebastião Salgado que mostra o muro entre os Estados Unidos e o México serpenteando pela crista dos montes, sumindo na distância, até onde o olho pode enxergar, parte Grande Muralha da China, parte Gulag. Há uma espécie de beleza brutal ali, a beleza da severidade. A intervalos há torres de vigia no muro, e nelas, chamadas de "torres do céu", há guardas armados. Na foto, vemos a minúscula silhueta de um homem correndo, um imigrante ilegal, perseguido por outros homens em carros. O estranho na foto é que, embora o homem correndo esteja claramente do lado americano, ele está correndo para o muro, e não se afastando dele. Ele foi visto, e tem mais medo dos homens que o perseguem em carros do que da vida pobre que pensava ter deixado para trás. Estava tentando voltar, tentando desfazer seu lance de liberdade. Então a liberdade agora tem de ser protegida, contra aqueles que são pobres demais para merecer seus benefícios, pelos edifícios e procedimentos do totalitarismo. Que tipo de liberdade é essa, então, que gozamos nos países do Ocidente — esses nossos enclaves exclusivos, cada vez mais bem guardados? Essa é a pergunta que o fotógrafo faz, e antes de 11 de setembro de 2001, muitos de nós — desconfio que muitos mais do que hoje — estariam do lado do homem que corre.

Mesmo antes das recentes atrocidades, porém, os cidadãos de Douglas, Arizona, ficavam felizes de proteger os Estados Unidos do que chamavam de "invasores". Em outubro de 2000, o jornalista britânico Duncan Campbell encontrou Roger Barnett, que tem um negócio de reboques e propano perto de Douglas, mas também organiza esquadrões de caça aos imigrantes ilegais que entram no país a nado.* Turistas podem se inscrever para um fim de semana caçando seres humanos. "Detenham a invasão", dizem os cartazes em Douglas. Segundo Campbell, Barnett é um personagem lendário nessa região. Ele acha que seria "uma idéia e tanto"

* De um artigo no *The Guardian*, 17 de outubro de 2000.

os Estados Unidos invadirem o México. "Tem uma porção de minas e grandes praias lá, tem terra arável e recursos. Pense no que os Estados Unidos podiam fazer num lugar desse — nossa, cara, eles não iam mais precisar vir para cá."

Outro cidadão de Douglas, Larry Vance Jr., acha que mexicanos são como as feras da África: caça para predadores. "Quando uma população nativa é diluída por invasores, isso só pode desembocar num banho de sangue. Abominamos a violência, mas achamos que as pessoas têm o direito dado por Deus de se defender." Talvez o homem que corre na foto de Salgado esteja sendo perseguido pelos caçadores de emoções do sr. Barnett, que não têm a menor dúvida de que são defensores do direito, ou por partidários da organização do sr. Vance, a Cidadãos Conscientes de Cochise County — com quatro Cs, não três Ks. Os mexicanos vêem as coisas diferente, como Campbell nos relembra:

> "Nós não atravessamos a fronteira, a fronteira é que nos atravessou" é uma frase muito repetida por mexicanos que conseguiram passar. Até certo ponto é verdade: o acordo da guerra entre México e Estados Unidos de 1846-8 rezava que, pela soma de 18,25 milhões dólares, toda a Califórnia, a maior parte do Arizona e do Novo México, partes de Utah, Colorado e Wyoming passavam para os Estados Unidos.

Mas a história, como dizem, é feita do ponto de vista dos vencedores, e ninguém pergunta hoje aos que pulam o muro e atravessam a nado qual o seu ponto de vista. E se, na trilha do horror terrorista, muito mais gente está preparada para aceitar um mundo-gulag fronteiriço com torres do céu e caçadores de homens; se, amedrontados, preferimos sacrificar um pouco do que significa a liberdade, então não deveríamos pensar no que estamos nos transformando? A liberdade é indivisível, costumávamos dizer. Todos pensamos em dividi-la, agora.

Pense um momento nessa imagem do homem correndo, um homem que não tem nada, que não constitui perigo para ninguém, fugindo da terra da liberdade. Para Salgado, assim como para mim, o migrante, o homem sem fronteiras, é a figura arquetípica de nossa era. Salgado passou muitos anos entre as pessoas deslocadas do mundo, os desenraizados e reenraizados, fazendo a crônica de sua ultrapassagem de fronteiras, seus campos de refugiados, seu desespero, seus engenhos: criou um excepcional registro fotográfico desse fenômeno contemporâneo da maior importância. As fotos mostram que nunca houve um período na história do mundo em que os povos estivessem tão misturados. Estamos tão inteiramente embaralhados uns com os outros, paus com ouros, copas com espadas, curingas por toda parte, que vamos ter de conviver com isso. Nos Estados Unidos isso já é uma velha história. Em outros lugares é nova, e nem sempre desce bem. Como migrante, eu mesmo sempre tive de frisar os aspectos criativos desses encontros culturais. O migrante, separado de suas raízes, muitas vezes transplantado para uma nova língua, sempre obrigado a aprender os modos de uma nova comunidade, é forçado a confrontar a grande questão da mudança e da adaptação; mas muitos migrantes, diante da pura dificuldade existencial de fazer essas mudanças, e também, muitas vezes, diante da pura alienação e hostilidade defensiva dos povos entre os quais se encontram, fogem dessas questões, deixando-as atrás dos muros da velha cultura que ao mesmo tempo trouxeram consigo e deixaram para trás. O homem correndo, rejeitado pelas pessoas que construíram altos muros para mantê-lo do lado de fora, salta para dentro de uma fortaleza pessoal.

Esse é o pior aspecto factual da fronteira do futuro: a Cortina de Ferro foi planejada para manter as pessoas do lado de dentro. Agora nós, que vivemos nos cantos mais ricos e desejáveis do mundo, estamos construindo muros para manter as pessoas do lado de fora. Como disse o prêmio Nobel professor Amartya Sen, o problema não é a globalização. O problema é uma justa distribuição de recursos em um mundo globalizado. E à medida que aumenta o abismo entre os possuidores e os despossuídos do mundo (e ele aumenta o tempo todo), e à medida que até o suprimento de coisas essenciais, como água potável, se torna mais escasso (e escasseia o tempo todo), a pressão no muro irá aumentar. Pense no gelo de Lessing avançando inexoravelmente. Se mandarmos representantes para contar ao futuro quem somos nós, que história eles terão de contar? Uma história, talvez, de pessoas cheias de jóias, pregadas à porta de seus tesouros, "usando pulseiras e todas aquelas ametistas e todos aqueles anéis nos dedos com esplêndidas esmeraldas coruscantes [e] nas mãos suas preciosas bengalas com castão de ouro e ornatos de ouro tão lindamente entalhados", esperando os bárbaros, como diz Kaváfis — Kaváfis de novo, esse mitômano borgesiano que é também um dos grandes poetas da miscigenação —

Porque os bárbaros chegarão hoje;
Coisas desse tipo deslumbrarão os bárbaros.

Na fronteira sempre existiu a ameaça ou, para uma cultura decadente, a promessa mesmo dos bárbaros.

O que estamos esperando todos reunidos no fórum?
Os bárbaros devem chegar hoje.
Dentro da casa do Senado onde há tanta inação?
Os senadores não fazem leis, por que estão sentados lá?
Porque os bárbaros chegam hoje.
Que leis deveriam os senadores fazer?
Quando os bárbaros chegam eles fazem as leis.
[...]

Por que essa inquietação tem de começar assim de repente,
E a confusão. Como ficaram sérias as caras das pessoas.
Por que todas as ruas e praças se esvaziam tão depressa?
E todos voltam para casa tão pensativos?
Porque a noite caiu e os bárbaros não vieram.
E algumas pessoas chegaram da fronteira;
Disseram que não existem mais bárbaros.

E agora o que será de nós sem bárbaros?
Essa gente era uma espécie de solução.

"O que será de nós sem bárbaros?" O romance de J. M. Coetzee intitulado *À espera dos bárbaros* fornece um brilho antiutópico ao poema de Kaváfis. Quem passa seu tempo em guarda, esperando a chegada dos bárbaros, no fim não precisa que nenhum bárbaro venha. Numa sombria variação do final da *Conferência dos pássaros*, eles próprios se tornam os bárbaros cuja chegada tanto temiam. E então não há solução.

"Por que essa inquietação tem de começar assim de repente?" Não faz tanto tempo, a fronteira dos Estados Unidos era um local de liberdade, não de inquietação. Não faz tanto tempo, Sal Paradise partiu para o México com seu amigo Dean Moriarty para começar aquela parte de sua vida que se pode chamar de vida *on the road* [com o pé na estrada]. Reler *On the road* agora é surpreender-se, em primeiro lugar, com sua durabilidade: sua prosa viva, mais seca e menos prolixa do que seria de esperar, sua visão intensa ainda brilhante. Sua celebração da estrada aberta e da fronteira aberta também. Atravessar para outra língua, para outro jeito de ser, e dar um passo na direção da beatitude, da bênção do mundo à qual aspira todo vagabundo do dharma.

Mentalmente sempre emparelhei *On the road* com uma outra história clássica moderna da fronteira Estados Unidos—México, o grande filme de Orson Welles *A marca da maldade*. O filme de Welles é a face sombria do livro de Kerouac. Assim como o romance, o filme toma por garantida a abertura da fronteira: sua história só é possível pelo não-policiamento da fronteira. Porém, os vagabundos do filme não são do tipo dharma. Seus personagens não são abençoados, nem estão procurando a iluminação. A fronteira de Welles é fluida, vigilante, mudando constantemente de foco e de atenção: em uma palavra, é instável. No famoso plano de abertura, que se passa sem um corte, minuto após minuto, os habitantes da zona de trânsito de Welles se envolvem em uma críptica dança da morte. A vida cotidiana da fronteira pode parecer banal, sem sentido e, acima de tudo, contínua, mas ela começa com a colocação de uma bomba e termina com a radical descontinuidade de uma explosão. Essa fronteira é anônima, desnaturante; ela desnuda a humanidade. Vida, morte. Nada mais importa muito, a não ser o álcool, talvez. Marlene Dietrich diz tudo quando pronuncia o epitáfio do herói aniquilado que bóia de bruços num canal raso: "Era um homem e tanto. O que interessa o que se diz das pessoas?".

Um homem e tanto. Esse policial desonesto tinha algo de bom dentro de si em algum lugar. Uma puta o amava, mais ou menos. E daí?, ele está morto. Um homem cruza uma linha, sofre o castigo. Esse homem safou-se durante um bom tempo e de repente não se safa mais. O que resta a dizer? A fronteira olha o vai-e-vem da vida. Não julga. Outro homem, antagonista do morto, um policial mexicano, vai para essa cidade de fronteira com uma loira americana. Ele também atravessou uma linha: a fronteira da pele, da diferença racial. A loira é sua transgressão, seu crime contra a ordem natural, na qual essas mulheres estão fora do alcance desses homens. Ela é, portanto, também sua fraqueza. Ele é um homem honesto, mas quando sua esposa é atacada — drogada, denunciada — ele deixa de ser policial, entrega a insígnia e se torna meramente um homem que luta por sua mulher. A fronteira o despe, e você então é o que é e faz o que faz. É assim que é. O que interessa o que se diz das pessoas?

O cansaço do mundo — o cansaço das *palavras* — em relação a tudo isso contrasta profundamente com o mundo empenhado, palavroso dos beats e o mundo correlato do restante da literatura, em que nada é mais importante do que o que se diz das pessoas, a não ser a forma como se diz. Com voz rouca, dando de ombros, Marlene Dietrich despedindo-se do morto Welles evoca e invoca a mais velha idéia americana de fronteira, o mundo lacônico onde ações falam mais alto que palavras, a Boot Hill, o O.K. Corral, o "buraco na parede", a fronteira fora da lei em que ainda pensamos talvez sempre que combinamos as palavras "fronteira" e "americana", a linha que se desloca para o oeste, primeiro com Natty Bomppo, depois com Davy Crockett — mas também com John Ford e o monossilábico John Wayne. O Oeste como chegou até nós é um mito de um mundo em grande parte pré-alfabetização, quase pré-verbal, um mundo de *kids* [moleques] — Sundance, Cisco — que mal precisavam de nomes, e de "Bills" — Wild, Buffalo — para quem um epíteto bastava, e de pelo menos um Bill, ou Billy, que conseguiu ser também um Kid. No entanto, a fama desses homens foi construída por escritores, cujos nomes não lembramos: Boswells fabulistas para os *desperados* Johnsons do Oeste bravio, glamourizadores da lenda impressa que chamavam a si mesmos de repórteres. O que importa o que se diz das pessoas? Muito, no fim das contas, se você está no negócio das lendas. A fronteira americana pretendia desprezar as palavras, mas era uma paisagem construída com palavras. E desapareceu agora, mas as palavras ficaram. Animais, ao passar pela paisagem, deixam para trás suas pegadas. Histórias são pegadas que deixamos.

A fronteira americana que existe de fato foi oficialmente declarada inexistente para sempre em 1890, quando o superintendente do censo observou: "Hoje [...] dificilmente se pode dizer que exista uma linha de fronteira. Na discussão de sua extensão, de seu movimento para oeste etc., ela não pode mais, portanto, ocupar um lugar no relatório do censo". Apenas três anos depois dessa oração fúnebre um tanto seca, nasceu a Tese da Fronteira. Em uma reunião da Associação Histórica Americana em Chicago, em 12 de julho de 1893, Frederick Jackson Turner, o filho de 32 anos do jornalista e historiador local de Portage, Wisconsin, apresentou seu trabalho "A significação da fronteira na história americana", que depois seria considerado "o texto mais importante de toda a história da História americana", e sofreu o destino tradicional dos pioneiros: quer dizer, suas idéias foram completamente ignoradas. Não por muito tempo, porém. A estrela dele logo subiu, e embora nunca tenha entregado os grandes livros baseados em suas idéias sobre a fronteira — livros para os quais ele, assim mesmo, assinou contratos e aceitou adiantamentos —, ele se mostrou um hábil carreirista acadêmico e, depois de ser cortejado por colegas de Berkeley a Chicago e Cambridge, terminou na faculdade de, se posso mencionar a palavra, Harvard.

De acordo com a tese de Turner,

a existência de uma área de terra livre, sua contínua recessão e o avanço da colonização americana para o oeste explicam o desenvolvimento americano [...] [que] exibe não apenas avanço ao longo de uma única linha, mas um retorno a condições primitivas numa linha de fronteira que avança continuamente, e um novo desenvolvimento para essa área. O desenvolvimento social americano vem começando continuamente na fronteira. Esse perene renascer, essa fluidez da vida americana, sua expansão para o oeste com novas oportunidades, seu toque contínuo na simplicidade da sociedade primitiva fornecem as forças dominantes do caráter americano.

Turner caracteriza a fronteira como "o ponto de encontro entre selvageria e civilização", uma formulação que não será bem-vista por uma platéia moderna culturalmente mais sensível. Menos controverso e mais interessante é quando diz que

de início, a fronteira era o litoral atlântico. Era a fronteira com a Europa em um sentido muito real. Ao se deslocar para o oeste, a fronteira foi ficando cada vez mais americana. Assim como sucessivas morenas resultam de sucessivas glaciações, também cada fronteira deixa seus traços para trás, e quando se torna uma área assentada, a região ainda apresenta as características de fronteira. Assim, o avanço da fronteira significou um movimento constante para longe da influência da Europa, um crescimento estável da independência em linhas americanas.

A fronteira, ele propõe, é uma expressão física da americanidade. "A disposição universal dos americanos de emigrar para as terras bravias do oeste a fim de aumentar seu domínio sobre a natureza inanimada é o resultado real de uma força expansiva que lhes é inerente." A fronteira é criada por essa americanidade inerente, mas também cria muito do que reconhecemos como quintessencialmente americano. "A fronteira promoveu a formação da nacionalidade compósita do povo americano." E: "O crescimento do nacionalismo e a evolução das instituições políticas americanas dependeram do avanço da fronteira [...] Nada funciona para o nacionalismo com o relacionamento interno da nação. A mobilidade da população é morte para o localismo". E também: "A fronteira é produtora do individualismo [...] [de forma que] o efeito mais importante da fronteira foi a promoção da democracia".

E isso resulta em nada menos que o caráter americano:

É à fronteira que o intelecto americano deve suas notáveis características. A aspereza e a força combinadas à agudeza e à curiosidade; a tendência prática, inventiva, ágil em encontrar expedientes; o hábil domínio de coisas materiais, carente de arte, mas muito capaz de atingir grandes objetivos; a energia inquieta, nervosa; o individualismo dominante, que funciona para o bem e para o mal e, além disso tudo, a alegria de viver e a exuberância que vêm com a liberdade — esses são os traços da fronteira. O povo dos Estados Unidos achou seu tom na incessante expansão que não só lhe foi aberta como lhe foi mesmo imposta [...] O movimento tem sido fator dominante [na América], e a menos que esse treinamento não tenha nenhum efeito sobre um povo, a energia americana exigirá continuamente um campo mais amplo para seu exercício.

A Tese da Fronteira fornece uma visão triunfalista do vir-a-ser da América com a qual é fácil discordar, e desde que Turner a apresentou, praticamente todas as suas idéias e conclusões foram contestadas. O mais gritante: será que um dia realmente existiu algo como uma fronteira de terra livre, um território virgem com o qual a América pioneira mediu forças? Que dizer, então, das tribos americanas nativas dominadas e até aniquiladas — mesmo antes do advento do politicamente correto, eu já achava estranho falar de "índios" no contexto americano — que lá estavam muito antes de a inexorável linha da fronteira começar a pisar sua terra?* Turner admite que o que os pioneiros encontraram na fronteira não era tábula rasa, mas seu evidente

---

* No filme *Pequeno grande homem,* o velho chefe cheyenne, que chama os cheyennes de "Seres Humanos", que parece ser o significado de "cheyenne", explica num lamento ao herói epônimo que não há como resistir ao avanço do homem branco porque parece haver um estoque inexaurível de homens brancos, enquanto só existe um número estritamente limitado de Seres Humanos.

desprezo pelos "selvagens" deslocados colore e distorce seu argumento, ou melhor, atribui a ele um significado mais sombrio do que ele tencionava. "A energia americana exigirá continuamente um campo mais amplo para seu exercício." Essa formulação otimista soa quase imperialista agora. Se os habitantes originais da América foram esmagados e postos de lado enquanto a fronteira serpenteava para o oeste, será que o resto do mundo, esse "campo mais amplo", não deve se sentir apreensivo com as intenções americanas?

Historiadores argumentaram depois que as grandes diferenças entre o Leste dos puritanos, o Sul manchado pela escravidão e o Oeste das corridas do ouro e das ferrovias tornam impossível sustentar qualquer teoria unificada de desenvolvimento da fronteira — cada uma dessas regiões é mais bem compreendida como uma região distinta, com sua própria dinâmica histórica. O pretenso efeito formativo da fronteira no caráter americano é questionado também. A terra engolida pela fronteira não foi de forma alguma entregue democraticamente em parcelas iguais aos primeiros pioneiros; e, no que tange à formação do caráter americano, foi um senso de comunidade, não um áspero individualismo que permitiu que grande parte do Oeste vicejasse e se desenvolvesse em estado. Um relato contemporâneo sugere que

a maior parte das caravanas de migrantes, por exemplo, era composta de extensas redes de parentesco. Além disso, quando o século XVIII ia terminando, o papel do governo federal e das grandes corporações foi se tornando cada vez mais importante. Investidores corporativos estabelecidos em Nova York estenderam as ferrovias; tropas do governo derrotaram as nações indígenas que se recusavam a desimpedir o caminho do destino manifesto; até os caubóis, entronizados na mitologia popular como solitários, eram geralmente pequenos empregados de grandes corporações pecuaristas, às vezes de propriedade estrangeira. O Oeste não foi a terra da liberdade e da oportunidade que tanto a história turneriana como a mitologia popular nos querem fazer acreditar. Para muitas mulheres, asiáticos, mexicanos que de repente se viram residentes nos Estados Unidos e, é claro, para o índios, o Oeste não era nenhuma terra prometida.*

Então parece que o pobre e velho Turner estava sempre errado. E no entanto ele pode, como Freud, estar errado do jeito certo. Historiadores medievalistas aplicaram a teoria da fronteira de Turner ao desenvolvimento da Europa na Idade Média e descobriram que suas idéias eram úteis. Na fronteira européia medieval, que se expandiu da Inglaterra para Gales e Irlanda; e através da Europa central; e ao pôr abaixo as grandes florestas da Rússia; e finalmente nos conflitos com o islã no Oriente das cruzadas e na Reconquista espanhola, pode-se ver, para citar um especialista do período, o professor C. J. Bishko, da Universidade da Virgínia, claramente "uma fronteira, uma unidade não em contigüidade geográfica, mas em sua expressão das mesmas forças profundas da dinâmica medieval e na similaridade básica de objetivos, técnicas e realizações".

"A fronteira", diz o professor Bishko,

criou para a história não apenas duas novas terras de cultura européia, mas novos povos — os portugueses, os castelhanos, os austríacos, os prussianos, os grandes russos, povos que se deslocaram depressa para dominar a história moderna de seus respectivos países. Isso produziu uma literatura de fronteira em [...] obras heróicas como *Lay of Igor's campaign* [A configuração da

---

* De Stephen Ives e Ken Burns em seu documentário *The West* [O Oeste].

campanha de Igor] ou o *Poema del Cid*. Criou uma abundância de novos tipos de homens e mulheres medievais — o nobre de fronteira, fosse chamado *bogatyr*, *caballero*, *lord marcher* ou *knight*; produziu as ordens militares que foram tão destacadas nas guerras de fronteira e na colonização; o sacerdote de fronteira, o bispo ou abade colonizador, o missionário, o padre na solitária paróquia de fronteira; o comerciante de fronteira e o cidadão de fronteira; o especulador de terra e o patrocinador colonial; acima de tudo o fazendeiro de fronteira, a manejar o machado, conduzir o arado e acompanhar o gado. São esses os homens de fronteira que empurraram os limites da civilização medieval, com ou sem o apoio de seus governantes; são esses os homens cujo ânimo guerreiro ou trato pacífico com não-europeus levantou pela primeira vez para os pensadores medievais as grandes questões dos direitos dos povos nativos e da legitimidade da justa guerra contra eles — o começo das controvérsias que no século XVI se ampliaram para abranger os índios do Novo Mundo e levaram teólogos e juristas espanhóis de cabeça medieval a estabelecer os fundamentos da lei e dos direitos internacionais do homem não europeu. Para muitos homens medievais, que nunca viram as ascendentes capitais reais, as movimentadas cidades mercantis, os antigos domínios feudais, nem os novos livros e universidades do Renascimento medieval, a fronteira medieval representava a melhor de todas as expectativas de vida, o chamado a robustas aventuras e aos riscos e recompensas da coragem e do empreendimento. E, como tantas coisas medievais, a fronteira não terminou em 1453, nem em 1492, nem em 1500, mas passou para a formação da civilização moderna.*

---

* *The frontier in medieval history* [A fronteira na história medieval], American Historical Association (1955).

Uma das grandes características das fronteiras é serem disputadas. Me dê uma linha traçada no meio do mundo e eu lhe dou uma discussão. Podemos concordar com as colocações de quase todas as críticas adversas a F. J. Turner — podemos concordar que a fronteira era formada de maneiras diferentes e significava coisas diferentes em diferentes partes da América; que muito do que acontecia na sociedade de fronteira era mais oligárquico que democrático; que o país para o qual ela se deslocava era "livre" apenas na medida em que os colonizadores brancos se recusavam a aceitar os direitos dos habitantes anteriores sobre a terra; e que valores comunitários, corporativismo e federalismo eram muito mais importantes do que Turner admite — em resumo, podemos reduzir a pó grandes faixas da tese e, mesmo assim, em meio às ruínas fumegantes, algo substancial se sustenta. Persiste a imagem de uma linha serpenteando para oeste através de um continente, mudando tudo ao avançar, construindo um mundo. Essa linha atua sobre nossa imaginação assim como atuou sobre a imaginação daqueles empenhados em resistir a seu avanço. Na literatura norte-americana de Twain a Bellow reconhecemos a ação daquele intelecto de fronteira cujas características Turner tão eloqüentemente estabeleceu e, no lado escuro da América moderna, em suas milícias que odeiam o governo, em seus Unabomber, reconhecemos aquele individualismo dominante, trabalhando para o mal, cuja existência ele tão bem compreendeu. Tire-se o tom triunfante e a tese de Turner parece prenunciar grande parte da história norte-americana desde o fechamento da fronteira: uma história de flutuações, em que há períodos de enérgico compromisso com o mundo, uma ampliação de fronteiras, uma expansão da esfera de influência dos Estados Unidos e depois períodos de retirada para trás das muralhas da fortaleza de uma fronteira que não possui mais o poder de movimento.

Os velhos poderes imperiais, como o britânico, tiveram dificuldade para se adaptar ao novo status diminuído no mundo pós-colonial. Para os britânicos, seu império era uma espécie de transcendência, uma forma não apenas de dominar nações, incluindo suas fronteiras nas fronteiras mais amplas da *pax* britânica, mas também de quebrar as fronteiras do *self*, jogando fora suas reticências e se transformando em um povo despachado, operístico, quente e amplo, se deslocando pelo grande palco do mundo em vez de ficar no apinhado tablado da terra natal. Terminado o império, foram empurrados de volta para sua caixa, a fronteira fechou-se sobre eles como uma prisão e a nova abertura de fronteiras políticas e financeiras na União Européia ainda é vista por eles com desconfiança. Os Estados Unidos, a coisa mais próxima que temos de um novo poder imperial, está experimentando esse problema ao contrário; à medida que sua influência se expande pelo planeta, a América ainda está batalhando para entender seu novo *self* pós-fronteira. Por baixo da superfície do século americano, com seus muitos triunfos, podemos discernir algo inconstante, uma inquietação acerca da identidade, uma incerteza recorrente sobre o papel que os Estados Unidos devem desempenhar no mundo e como desempenhá-lo.

É hora, talvez, de propor uma nova tese da pós-fronteira: afirmar que a emergência, na era da migração em massa, do deslocamento em massa, das finanças e indústrias globalizadas, desta nova, permeável pós-fronteira, é o traço característico de nossa época e, para usar a frase de Turner, que explica nosso desenvolvimento como nada mais é capaz. Apesar de toda a sua permeabilidade, as fronteiras que serpenteiam pelo mundo nunca foram de maior importância. Essa é a dança da história em nossa época: lento, lento, rápido, rápido, lento, para a frente, para trás e de um lado para o outro, cruzamos essas linhas fixas e cambiantes.

11

A incerteza não é uma maldição apenas americana. Todos nós agora encaramos o futuro com variados graus de inquietação. Em grande medida, quero sugerir, isso se deve à mudança na natureza da fronteira que ocorreu em nosso mundo globalizado. Da mais íntima das fronteiras, a do lar, à mais ampla, a escala pan-global, a nova permeabilidade da fronteira se tornou uma questão dominante. O terrorismo é a conseqüência mais pavorosa da fronteira permeável, mas o terrorismo, afinal, é apenas uma das forças que no mundo moderno rejeitam expressamente as fronteiras à maneira dos impérios do século passado e do anterior. Os mundos gêmeos dos negócios e das finanças fazem a mesma coisa, e as preocupações de muita gente com as conseqüências da economia globalizada não precisam ser analisadas aqui. Outros grupos — artistas, cientistas — sempre desdenharam as limitações que as fronteiras representam, bebendo livremente da fonte que bem entendiam, defendendo o princípio do livre intercâmbio de conhecimento. A fronteira aberta, criada ao se derrubarem os muros, foi e continua sendo um símbolo de outra abertura. Mas, se me permitem, vou citar uma passagem que escrevi dois anos atrás em um artigo que tratava, entre outras coisas, de rock,

A música de liberdade assusta as pessoas e libera toda sorte de mecanismos de defesa conservadores. Enquanto Orfeu fosse capaz de levantar sua voz em canto, as Mênades não podiam matá-lo. Então elas gritaram e sua aguda cacofonia submergiu a música dele, suas armas acharam o alvo, ele caiu e elas o dilaceraram membro a membro.

Gritando contra Orfeu, nós também nos tornamos capazes de assassinato. O colapso do Comunismo, a destruição da Cortina

360

de Ferro e do Muro deviam ter trazido uma nova era de liberdade. Em vez disso, o mundo pós-Guerra Fria, de repente sem forma e cheio de possibilidades, deixou muitos de nós duros de medo. Nos retiramos para trás de cortinas de ferro menores, construímos muralhas menores, nos aprisionamos em definições de nós mesmos mais estreitas, sempre mais fanáticas — religiosas, regionais, étnicas — e nos preparamos para a guerra.*

O livro mais precioso que eu possuo é meu passaporte. Assim como qualquer afirmação banal, isso deve soar como um exagero. Um passaporte, afinal, é um objeto comum. Você provavelmente não pensa muito no seu a maior parte do tempo. Importante documento de viagem, tente não perdê-lo, foto horrível, data de vencimento chegando logo: no geral, um passaporte exige um nível relativamente modesto de atenção e preocupação. E quando, ao final de cada jornada, você tem de apresentá-lo, você espera que ele cumpra seu papel sem muita confusão. É, sim, senhor, esse sou eu, tem razão, eu fico mesmo diferente de barba, obrigado, tenha um bom dia o senhor também. Um passaporte não é muita coisa. É manutenção baixa. É apenas identificação.

Sou cidadão britânico desde que tinha dezessete anos, de forma que meu passaporte tem efetivamente cumprido seu papel com eficiência e sem dar trabalho há já bastante tempo, mas nunca esqueço que nem todos os passaportes funcionam assim. O meu primeiro passaporte, indiano, por exemplo, era uma coisa horrível. Em vez de oferecer ao portador um abre-te-sésamo para qualquer lugar do mundo, ele declarava, na linguagem enfadonha da burocracia, que só era válido para viajar a uma lista especificada — e incomodamente curta — de países. Ao inspecioná-lo, logo se descobria que essa lista excluía quase todos os

---

* Ver "Rock-and-roll", pp. 281-282.

países para onde se podia querer ir. Bulgária? Romênia? Uganda? Coréia do Norte? Nenhum problema. Estados Unidos? Inglaterra? Itália? Japão? *Desculpe, sahib. Este documento não autoriza o senhor a entrar nesses portos.* A permissão para visitar países atraentes tinha de ser solicitada especialmente e deixavam claro que não seria concedida com facilidade. O dinheiro estrangeiro era um problema. A Índia estava sempre desprovida dele e relutava em resolver a questão. Problema maior é que muitos dos países mais atraentes pareciam pouco interessados na idéia de nos deixar entrar. Ele pareciam ter a surpreendente convicção de que se chegássemos poderíamos não querer mais ir embora. "Viajar" no sentido ocidental aventureiro, prazeroso, interessado, relaxante, era um luxo que não nos era permitido na Índia. Podíamos, se tivéssemos sorte, receber permissão para fazer viagens absolutamente necessárias. Ou, se não tivéssemos, nos seria negada a permissão, e azar nosso.

Em *Entre os fiéis*, o livro de V. S. Naipaul sobre suas viagens pelo mundo muçulmano, um jovem que está dirigindo o carro onde o autor viaja pelo Paquistão admite que não tem passaporte e, desejoso de viajar e ver o mundo, expressa sua vontade de ter um. Naipaul reflete, não pouco cáustico, que é uma vergonha que a única liberdade a interessar o jovem fosse a liberdade de deixar o país. Quando li essa passagem pela primeira vez, anos atrás, tive um forte impulso de defender o jovem do celebrado desprezo do celebrado escritor. Em primeiro lugar, o desejo de sair do Paquistão, mesmo que por pouco tempo, é um desejo com que a maior parte das pessoas concordará. Em segundo lugar, e mais importante, a coisa que o jovem deseja — liberdade para se deslocar e atravessar fronteiras — é, afinal de contas, uma coisa que o próprio Naipaul tem como garantida, é o que, de fato, permite que ele escreva o livro em que faz essa crítica.

Uma vez, passei um dia nas barreiras da imigração no aeroporto Heathrow, em Londres, observando como o pessoal da imigração tratava os passageiros que chegavam. Não me surpreendeu descobrir que a maioria dos passageiros que enfrentavam problemas para passar pelo posto de controle não era branca, mas negra ou de aspecto árabe. O que era surpreendente é que havia um fator que fazia com que se passasse por cima da negritude ou do aspecto árabe. Esse fator era a posse de um passaporte dos Estados Unidos. Apresente um passaporte americano e os funcionários da imigração ficam imediatamente cegos para a cor e acenam para você passar rapidamente, por mais suspeitas que sejam suas feições não caucasianas. Para aqueles a quem o mundo está fechado, essa abertura é altamente desejável. Aqueles que julgam que essa abertura é deles por direito talvez a valorizem menos. Quando se tem ar suficiente para respirar, não se sente falta de ar. Mas, quando o ar respirável está insuficiente, logo se começa a notar como ele é importante. (A liberdade é assim também.)

A razão de eu precisar de um passaporte indiano, por limitado que fosse seu alcance, foi que, oito semanas após meu nascimento, uma nova fronteira passou a existir e minha família foi cortada ao meio por ela. Meia-noite de 13 para 14 de agosto de 1947: a partição do subcontinente indiano e a criação do novo Estado do Paquistão ocorreu exatamente 24 horas antes da Independência do resto da antiga colônia britânica. O momento de libertação da Índia foi atrasado por conselho de astrólogos que disseram a Jawaharlal Nehru que a primeira data estava sob má estrela e que o atraso permitiria que o nascimento ocorresse sob um céu de meia-noite mais auspicioso. A astrologia, porém, tem suas limitações, e a criação da nova fronteira fez com que o nascimento de ambas as nações fosse duro e sangrento. Minha família indiana muçulmana teve sorte. Nenhum de nós foi ferido

363

nem morto nos massacres da Partição. Mas todas as nossas vidas se transformaram, até mesmo a vida de um menino de oito semanas e de suas irmãs ainda não nascidas, de seus primos existentes e futuros e de nossos filhos também. Nenhum de nós é o que teríamos sido se essa linha não tivesse marchado por nossa terra.

Um de meus tios, marido da irmã mais nova de minha mãe, era soldado. Na época da Independência, ele estava servindo como ajudante-de-ordens do marechal-de-campo sir Claude Auchinleck, oficial comandante do exército britânico que servia na Índia. Auchinleck, conhecido como Auk, era um soldado brilhante. Fora responsável pela reconstrução do Oitavo Exército Britânico no Norte da África depois de suas derrotas por Erwin Rommel, reconstruindo o moral do exército e transformando-o em uma formidável força de combate; mas ele e Winston Churchill nunca se deram bem, de forma que Churchill removeu-o do comando africano e enviou-o para supervisionar o pôr-do-sol do Império na Índia, deixando que seu substituto, o marechal Montgomery, arrebatasse a glória de todo o trabalho de Auchinleck, derrotando Rommel em El Alamein. Auchinleck foi uma raridade entre os marechais da Segunda Guerra Mundial, no sentido em que resistiu à tentação de publicar suas memórias, de forma que essa história chegou a mim através de meu tio, seu ajudante-de-ordens, que mais tarde se tornou general do exército paquistanês e foi durante algum tempo também ministro do governo paquistanês.

Meu tio general contava também uma outra história, que criou uma onda de interesse quando ele publicou suas memórias, no fim da vida. O Auk, disse ele, estava convencido de que era capaz de deter os massacres da Partição se lhe fosse permitido intervir, e consultou o primeiro-ministro britânico, Clement Attlee, pedindo permissão para isso. Attlee, certo ou errado, assumiu a posição de que o domínio britânico na Índia estava encerrado, que Auchinleck lá estava apenas numa função transitória, consultiva e que, portanto, não devia fazer nada. As tropas britânicas não deviam se envolver nessa crise puramente indo-paquistanesa. Essa inação foi o ato final dos britânicos na Índia. Não se sabe o que Nehru e Jinnah teriam sentido diante de um oferecimento de ajuda britânica. É possível que não tivessem concordado. É provável que nunca tenham sido consultados. Quanto aos mortos, ninguém consegue nem mesmo definir quantos foram. Cem mil? Meio milhão? Não se pode ter certeza. Ninguém estava contando.

Durante os anos de minha infância, meus pais, irmãs e eu viajávamos às vezes entre a Índia e o Paquistão — de Bombaim a Karachi —, sempre por mar. Os vapores que faziam essa linha eram duas velhas banheiras enferrujadas, o *Sabarmati* e o *Sarasvati*. A viagem era quente e lenta e, por razões misteriosas, os barcos paravam sempre durante horas na costa do Rann de Kutch, enquanto inexplicáveis carregamentos eram embarcados e desembarcados: contrabando, eu logo imaginava, ouro ou pedras preciosas. (Eu era inocente demais para pensar em drogas.) Quando chegávamos a Karachi, porém, entrávamos em um mundo muito mais estranho que o ambíguo e pantanoso Rann dos contrabandistas. Era sempre um choque para nós, crianças de Bombaim, acostumados como estávamos à fácil abertura cultural e à diversidade de nossa cidade cosmopolita, respirar o ar estéril de deserto de Karachi, que era uma monocultura muito mais cerrada, de visão estreita. Karachi era chato. (Isso foi, claro, antes de ela se tornar a metrópole em que se transformou agora, onde impera a lei das armas e na qual o exército e a polícia, ou os soldados e os policiais que não foram comprados, se preocupam com a possibilidade de os criminosos da cidade estarem mais bem armados que eles. Ainda é uma cidade chata, ainda não há aonde ir e o que fazer, mas agora é assustadora também.) Bombaim e

Karachi eram muito próximas geograficamente, e meu pai, assim como muitos de seus contemporâneos, estava acostumado a ir de uma para a outra cidade a vida inteira. Então, de repente, depois da Partição, elas se tornaram intensamente estranhas uma à outra. À medida que eu crescia, a distância entre as duas cidades aumentava, como se a fronteira criada pela Partição tivesse cortado a terra do Sul da Ásia da maneira como um arame esticado corta um queijo, literalmente separando o Paquistão da Índia, de forma que ele podia sair flutuando lentamente pelo mar Arábico, do jeito que a Península Ibérica se separa da Europa e sai flutuando no romance de José Saramago *A jangada de pedra*. Na minha infância, toda a família costumava se reunir, uma ou duas vezes por ano, na casa de meus avós maternos em Aligarh, no estado de Uttar Pradesh, no Norte da Índia. Essas reuniões familiares nos mantinham unidos; mas então meus avós se mudaram para o Paquistão, a família perdeu a casa de Aligarh, as reuniões terminaram e os ramos indiano e paquistanês da família começaram a se afastar. Quando encontrava meus primos paquistaneses eu descobria, mais e mais, como estávamos ficando diferentes uns dos outros, como eram diferentes as nossas convicções básicas. Ficara fácil discordar; mais fácil calar a boca para manter a paz familiar.

Como escritor, sempre achei que foi uma sorte, devido aos acidentes de minha família, eu ter crescido conhecendo um pouco tanto da Índia quanto do Paquistão. Muitas vezes me vi explicando atitudes paquistanesas para indianos e vice-versa, combatendo preconceitos que ficavam cada vez mais profundamente enraizados de ambos os lados à medida que o Paquistão ia se afastando mais e mais no mar. Não posso dizer que meu empenho tenha sido coroado de muito sucesso, nem que eu tenha sido um árbitro realmente imparcial. Detesto o modo como nós, indianos e paquistaneses, nos transformamos um no outro do outro, cada um vendo o outro como se fosse através de um espelho turvo, cada um atribuindo ao outro as piores intenções e as naturezas mais ardilosas. Detesto isso, mas em última análise fico do lado indiano.

Uma de minhas tias estava vivendo em Karachi, Paquistão, na época da Partição. Era muito amiga do famoso poeta urdu Faiz Ahmed Faiz (1911-84). Faiz foi o primeiro grande escritor que conheci e através de sua obra e de sua conversa ele me forneceu uma descrição do ofício de escritor que aceitei inteiramente. Faiz era um excepcional poeta lírico e muitos de seus *gazais*, musicados, conquistaram para ele literalmente milhões de admiradores, embora esses versos fossem, muitas vezes, serenatas estranhamente anti-românticas e desiludidas:

Não me peça, meu amor,
Aquele amor que um dia te votei...
Como você ainda é adorável, meu amor,
Mas estou desamparado também;
Porque o mundo tem outras tristezas além do amor,
E outros prazeres também.
Não me peça, meu amor,
Aquele amor que um dia te votei...

Ele amava seu país também, mas um de seus melhores poemas sobre ele assumiu, com lírico desencanto, o ponto de vista do exilado alienado. Esse poema, traduzido por Agha Shahid Ali, foi colocado em pôsteres no metrô de Nova York há alguns anos, para deleite daqueles que gostam da poesia urdu:

Você me pergunta daquele país cujos detalhes me escapam,
Não me lembro de sua geografia, nada de sua história.

E se o visitasse na memória,
Seria como visitar uma antiga amante,
Depois de anos, por uma noite, não mais inquieto de paixão,
Sem medo do arrependimento.
Cheguei àquela idade em que se visita o coração apenas por cortesia.

Poeta intransigente do amor romântico e do amor patriótico, Faiz era também uma figura política e um escritor muito popular, abordando as questões centrais de seu tempo tanto dentro como fora da poesia. Essa concepção dupla do papel do escritor, parte privado e parte público, parte oblíquo e parte direto, tornou-se minha também. Eu não concordava com suas convicções políticas, em particular seu apreço pela União Soviética, que lhe deu o Prêmio Lênin da Paz em 1963, mas com bastante naturalidade concordava com sua visão de qual é, ou deveria ser, a função do escritor.

Mas isso tudo foi muitos anos depois. Em 1947, Faiz não teria sobrevivido aos tumultos que se seguiram à Partição se não fosse minha tia.

Faiz era não só comunista, como também um desbocado ateu, duas características perigosas, mesmo para um poeta muito amado, nos dias que se seguiram ao nascimento do Estado muçulmano. Faiz foi à casa de minha tia, sabendo que um batalhão enfurecido estava procurando por ele e que se o encontrassem as coisas não ficariam bem. Debaixo do tapete da sala de estar havia um alçapão que levava ao porão. Minha tia mandou enrolar o tapete, Faiz desceu para o porão, o alçapão foi fechado, o tapete desenrolado de volta. E, quando o batalhão veio em busca do poeta, não o encontrou. Faiz estava seguro, embora continuasse provocando as autoridades e os fiéis com suas idéias e seus poemas — se alguém fizesse um risco na areia, Faiz se sentiria obrigado a passar por cima dele —, e o resultado foi que no começo dos anos 50 ele teve de passar quatro anos nas prisões paquistanesas, que não são as prisões mais confortáveis do mundo. Muitos anos depois, usei a lembrança desse incidente em casa de minha tia como inspiração para um capítulo de *Os filhos da meia-noite*, mas foi a história da vida real do poeta da vida real ou, de qualquer forma, a história na forma como me chegou pela via não inteiramente confiável da lenda familiar que deixou a impressão mais funda em mim.

Quando menino, criança demais para conhecer ou amar a obra de Faiz, eu amava a pessoa: o calor de sua personalidade, a grave seriedade com que ele prestava atenção às crianças, o sorriso torto de seu bondoso rosto de Vovô Monstro.* Na época me parecia, e ainda me parece, que eu me oporia enfaticamente a qualquer coisa que o colocasse em risco. Se a Partição que criara o Paquistão havia mandado aquele batalhão atrás dele, então eu era contra isso. Depois, quando tive idade para me aproximar de seus poemas, encontrei neles a confirmação. Em "A manhã da liberdade", escrito naquelas horas numinosas da meia-noite de meados de agosto de 1947, Faiz começa:

Esta luz manchada, esta alvorada mordida pela noite
não é a alvorada que sonhamos.

O mesmo poema termina com um alerta e uma exortação:

O tempo para a libertação do coração e da mente
ainda não chegou.
Prossiga em sua árdua jornada.
Insista, o destino ainda está longe.

---

* Personagem da série de terror cômico da década de 60 *Os monstros*, da emissora de televisão norte-americana CBS. (N. T.)

A última vez que vi Faiz foi no casamento de minha irmã, e a última e alegre lembrança dele é o momento em que, para horror dos mais ortodoxos — e portanto puritanamente abstêmios — crentes na sala, ele propôs um brinde aos recém-casados levantando alto um alegre copo cheio até a borda de uísque escocês on-the-rocks. Quando penso em Faiz e me lembro desse incidente divertido, mas bem deliberadamente transgressivo, ele me parece, mentalmente, uma ponte entre o mundo literal e o metafórico, ou um Virgílio mostrando a nós, pobres Dantes, o caminho através do Inferno. É tão importante, ele parece estar dizendo ao engolir seu blasfemo uísque, cruzar linhas metafóricas quanto cruzar linhas reais: não ser contido nem definido pela idéia de ninguém sobre o ponto em que uma linha deveria ser traçada.

A travessia de fronteiras, de línguas, geografia e cultura; o exame da fronteira permeável entre o universo das coisas e fatos e o universo da imaginação; o abaixamento das fronteiras intoleráveis criadas pelos muitos tipos de Policiais do Pensamento no mundo: essas questões sempre estiveram no cerne do projeto literário que me foi dado pelas circunstâncias de minha vida, mais do que escolhido por mim por razões intelectuais ou "artísticas". Nascido em uma língua, o urdu, construí minha vida e meu trabalho em outra. Qualquer pessoa que tenha atravessado uma fronteira lingüística entenderá de imediato que uma jornada dessas envolve uma mudança de forma ou uma tradução de si mesmo. A mudança de língua nos muda. Todas as línguas permitem formas ligeiramente variantes de pensamento, imaginação e jogo. Descubro que meu órgão da língua faz com o urdu coisas ligeiramente diferentes do que faço (para emprestar o título de uma história de Hanif Kureishi) "com sua língua em minha garganta".

O maior escritor a fazer uma travessia bem-sucedida da fronteira da língua, Vladimir Nabokov, enumerou, em seu "The art of translation" [A arte de traduzir], os "três graus de mal [que] podem ser discernidos no estranho mundo da transmigração verbal".* Ele falava da tradução de livros e poemas, mas quando, como um jovem escritor, eu pensava em como "traduzir" o grande assunto Índia em inglês, como permitir que a Índia em si realizasse o ato de "transmigração verbal", os "graus de mal" nabokovianos pareciam aplicar-se.

"O primeiro, e menor, compreende os erros óbvios devidos à ignorância ou conhecimento mal dirigido", escreveu Nabokov. "Isso é mera fragilidade humana e portanto desculpável." Obras de arte ocidentais que lidam com a Índia estão cheias desses erros. Para mencionar apenas dois: a cena no filme que David Lean dirigiu inspirado em *Passagem para a Índia*, na qual faz o dr. Aziz saltar para cima da cama de Fielding e cruzar as pernas *de sapatos nos pés*, uma impropriedade que faria qualquer indiano se arrepiar; e, ainda mais involuntariamente risível, a cena em que Alec Guinness, no papel de Godbole, se senta à beira do tanque sagrado de um templo hindu e *balança os pés dentro da água*.

"O próximo passo para o inferno", diz Nabokov, "é dado pelo tradutor que pula palavras ou passagens que não se dá ao trabalho de entender ou que podem ter parecido obscuras ou obscenas para leitores vagamente imaginados." Durante longo tempo, pelo menos me parecia, a quase totalidade da variegada realidade indiana era "pulada" desse jeito por escritores que não estavam interessados em nada além de experiências ocidentais da Índia — garotas inglesas se apaixonando por marajás, ou sendo atacadas, ou não sendo atacadas, por não-marajás em jardins noturnos, ou cavernas misteriosamente cheias de ecos — escri-

---

* Em *Lectures on Russian literature* [Palestras sobre literatura russa], 1981.

tas em um estilo ocidental classicamente distanciado. Mas é claro que a maior parte das experiências da Índia são experiências indianas do país e, se há uma coisa que não se pode dizer da Índia, é que seja distanciada e clássica. A Índia é quente e vulgar, eu pensava, e precisava de uma "tradução" literária condizente com sua verdadeira natureza.

O terceiro e pior crime da tradução, na opinião de Nabokov, era o do tradutor que procurava melhorar o original, "embelezando vilmente" o texto "de maneira a fazê-lo conforme às idéias e preconceitos de um público dado". A exotização da Índia, o "vil embelezamento", isso é o que os indianos menos gostam. Agora, por fim, esse tipo de falsificada glamourização está chegando ao fim e a Índia de elefantes, tigres, pavões, esmeraldas e garotas dançando descansa em paz. Uma geração de talentosos escritores indianos em inglês está colocando em inglês suas diferentes versões da realidade indiana, e essas muitas versões, tomadas em conjunto, estão começando a chegar a alguma coisa que se poderia chamar de verdade.

Nos sonhos começam as responsabilidades. A maneira como vemos o mundo afeta o mundo que vemos. Quando mudam nossas idéias sobre a beleza feminina, vemos diferentes tipos de mulheres como belas. Quando mudam nossas idéias de vida saudável, começamos a olhar diferente para as coisas que comemos. Nossos sonhos são nossos, e o futuro de nossos filhos molda os juízos diários que fazemos sobre trabalho, sobre pessoas, sobre o mundo que ou propicia ou obstrui nossos sonhos. A vida diária no mundo real é também uma vida imaginada. As criaturas de nossa imaginação se esgueiram para fora de nossa cabeça, atravessam a fronteira entre sonho e realidade, entre sombra e ato, e se tornam reais.

Monstros da imaginação fazem a mesma coisa. O ataque ao World Trade Center foi essencialmente um ato monstruoso de imaginação, com a intenção de agir sobre nossa imaginação, de dar forma à nossa própria imaginação do futuro. Foi um ato iconoclasta, no qual os ícones definidores do moderno, os aviões que encolhem o mundo e aquelas espigadas catedrais seculares, os altos edifícios, colidiram uns com os outros para enviar uma mensagem: que o mundo moderno em si era o inimigo e seria destruído. Pode nos parecer inimaginável, mas para aqueles que perpretaram esse crime as mortes de muitos milhares de pessoas inocentes era uma questão secundária. O assassinato não era o objetivo final. A criação de um sentido, esse é o objetivo. Os terroristas do 11 de setembro e os que planejaram os acontecimentos desse dia portaram-se como pervertidos, mas em outro sentido portaram-se como artistas performáticos brilhantemente transgressivos: odiosamente inovadores, chocantemente bem-sucedidos, usando um ataque de *low-tech* para atingir o próprio coração de nosso mundo *high-tech*. Nos sonhos começam as responsabilidades, sim.

Estou tentando falar sobre literatura e idéias, mas como vocês vêem acabo sendo puxado para a catástrofe. Como qualquer outro escritor do mundo, estou tentando achar um jeito de escrever depois de 11 de setembro de 2001, um dia que se transformou em algo como uma fronteira. Não só porque os ataques foram uma espécie de invasão, mas porque nós todos atravessamos uma fronteira nesse dia, uma fronteira invisível entre o imaginável e o inimaginável, e o resultado foi que o inimaginável era real. Do outro lado da fronteira, nos vemos diante de um problema moral: como deve uma sociedade civilizada — na qual, como em todas as civilizações, há limites, coisas que não fazemos ou permitimos que sejam feitas em nosso nome, porque consideramos que estão além do limite, são inaceitáveis — reagir a um ataque de pessoas para quem não há nenhum limite, pessoas que, literalmente, farão qualquer coisa — explodir os próprios pés, ou inclinar as asas de um avião no momento em que este vai se chocar com uma torre, para fazer com que atinja um número máximo de andares?

O mal que o homem faz sobrevive a ele,
O bem quase sempre é enterrado com seus ossos.

Não é de surpreender que a palavra "mal" tenha sido muito usada nos últimos meses; talvez demais. Os terroristas tornaram-se "os malfeitores", seu líder tornou-se "o demônio", e vem agora a descoberta desse estranho fenômeno, um "eixo do mal", contra o qual o presidente dos Estados Unidos ameaça fazer guerra. Trata-se de uma palavra estranhamente contraditória, "mal", carregada demais de sentido absoluto para constituir uma descrição adequada da confusa relatividade dos tempos atuais, muito esvaziada pelo excesso de uso para significar tudo o que deveria significar. O website cômico SatireWire.com revela que

amargurdas por terem sido esnobadas em sua pretensão de associar-se ao Eixo do Mal, a Líbia, a China e a Síria anunciaram hoje que formaram o Eixo dos Tão Maus Quanto que, afirmaram, será bem pior do que esse estúpido eixo Irã–Iraque–Coréia do Norte. Cuba, Sudão e a Sérvia afirmaram ter formado o Eixo dos Um Tanto Maus, forçando a Somália a juntar-se a Uganda e Myanmar no Eixo do Mal Ocasional, enquanto a Bulgária, a Indonésia e a Rússia estabeleceram o Eixo dos Não Tão Maus Realmente Mas Apenas Desagradáveis no Geral. Serra Leoa, El Salvador e Ruanda propuseram ser chamados Eixo dos Países Que Não São os Piores, Mas Que Certamente Não Serão Convidados a Sediar as Próximas Olimpíadas. Canadá, México e Austrália formaram o Eixo das Nações Que São Bem Boazinhas Mas Secretamente Têm Pensamentos Maldosos Sobre a América, enquanto Espanha, Escócia e Nova Zelândia estabeleceram o Eixo dos Países Que às Vezes Pedem que os Carneiros Usem Batom. "Não é uma ameaça, de fato, apenas algo que gostamos de fazer", disse o primeiro-ministro executivo escocês Jack McConnell.

Pessoalmente, eu gostaria que o presidente não tivesse prometido "livrar o mundo do mal" — é um grande projeto, uma guerra que ele provavelmente não conseguirá vencer. "Mal" é um termo que pode tanto confundir quanto esclarecer. Para mim, a maior dificuldade com ele é que a palavra des-historiciza esses eventos, despolitiza e mesmo os despersonaliza. Se o mal é obra do diabo, e nesta administração profundamente religiosa podemos concluir que muita gente em altos postos pensa que é, então, para minha maneira de pensar não religiosa, isso de fato isenta os terroristas. Se o mal é externo a nós, uma força que age de fora de nós mesmos, então nossa responsabilidade moral por seus efeitos é diminuída.

A coisa mais atraente na atitude de Shakespeare em relação ao mal é sua ênfase na responsabilidade humana, não divina. "O mal que *os homens fazem*", diz Marco Antônio, e esse é o único tipo de mal que interessa a Shakespeare. Os conspiradores em *Júlio César* são obcecados por presságios e augúrios. "Nunca até agora", diz Casca,

Passei por uma tal tempestade de fogo.
Ou está havendo uma guerra civil no céu
Ou então o mundo, insolente demais com os deuses,
Faz-lhes oferendas pedindo destruição.

E não é tudo.

Homens em chamas perambulam pelas ruas
E ontem o pássaro da noite pousou

Ainda ao meio-dia na praça do mercado,
Piando e guinchando. Quando esses prodígios
Assim se consorciam, que os homens não digam
"Isso é assim mesmo, são coisas naturais";
Pois, eu acredito, são coisas que agouram
O clima a que pressagiam.

Os conspiradores se convencem de que os presságios e augúrios, os sinais dos deuses, justificam, até tornam indispensável, o seu crime. A transcrição do videoteipe de Bin Laden chamado "arma-fumegante", o famoso vídeo "risonho" em que ele dá risada de seus crimes e da morte de seus próprios homens, deixa qualquer um perplexo pelas semelhanças entre o pendor da Al Qaeda e dos assassinos de César. A fita é cheia de menções a sonhos e visões proféticas. O próprio Bin Laden diz: "Abu al-Hasan al-Masri me disse um ano atrás: 'Vi você em um sonho, estávamos jogando uma partida de futebol contra os americanos. Quando nosso time apareceu no campo, eram todos pilotos!'. Ele disse que a partida corria e nós vencíamos. Então isso é um bom presságio para nós". E também: "Esse irmão chegou perto de mim e disse que tinha visto, em sonho, um alto edifício na América [...]. Fiquei preocupado que o segredo acabasse revelado se todo mundo começar a ver isso em sonho". Nesse ponto da fita, ouve-se uma outra voz contando mais um sonho sobre dois aviões que atingem um alto prédio.

Sonhos e presságios são desculpas de assassinos. Shakeapeare sabia do que estava falando. Mais uma vez, é Cássio, o Cássio assolado por presságios, quem diz: "O erro, caro Bruto, não está nas estrelas,/ mas em nós, que somos inferiores". Ele está falando da necessidade de um golpe. Mas, depois do assassinato, esquecemos a cláusula final; é a primeira parte dos dois versos, a parte sobre a responsabilidade pelos próprios atos, que tem sua verdade fixada em nós. "O erro, caro Bruto, não está nas estrelas,/ mas em nós." O gênio de Shakespeare coloca na boca de um assassino a própria idéia que irá arruiná-lo depois. Shakespeare não acredita na obra do mal. Na última cena de *Othelo*, quando o Mouro por fim descobre que foi enganado por Iago, ele diz: "Baixo os olhos para seus pés, mas isso é lenda". Não são cascos fendidos que saem da calça desse vilão. "Se és um diabo, não te posso matar." O mundo é real. Não existem demônios. Os homens já são bem demoníacos.

O mal que os homens fazem, em Shakespeare, é sempre algum tipo de excesso. Tem a ver com a negação de limites, o desejo de atravessar qualquer fronteira moral. Goneril e Regan, lady Macbeth, Iago: para eles, o fim justifica tudo. *Por qualquer meio necessário.* Enquanto Hamlet é o oposto: um homem tão assolado por tormentos morais que leva uma eternidade para agir. A grande questão da ação e das fronteiras da ação — até que ponto podemos ir? Onde é demais, onde ainda não basta? — está no cerne do mundo de Shakespeare; e, agora, também do nosso.

O problema de limites é considerado estranho por artistas e escritores, por mim mesmo, inclusive, devido à adesão e à insistência em uma posição de não-limites em nosso trabalho. A ausência de fronteiras da arte tem sido e continua sendo nossa inebriante ideologia. O conceito de arte transgressiva é tão amplamente aceito — "se não for transgressivo, não é *underground*" — a ponto de constituir, aos olhos de críticos conservadores, uma nova ortodoxia. Houve tempo em que o novo era chocante não porque se propusesse chocar, mas porque se propunha ser novo. Agora, com muita freqüência, o chocante *é* o novo; e o chocante, em nossa cultura exaurida, logo se esgota. Assim como as crianças no filme da Disney *Monstros e Cia.*, não nos assustamos com a mesma facilidade de antes. De forma que o artista que procura chocar tem de tentar cada vez mais duro, ir cada vez mais longe, e essa escalada pode ter se tornado o pior tipo de auto-indulgência artística. E, agora, na ressaca do horror, da construção de imagens iconoclasticamente transgressiva dos terroristas, será que artistas e escritores ainda têm o direito de insistir nas supremas e ilimitadas liberdades da arte? Será hora de, em vez de uma incessante inovação, penetrar no território proibido e causar confusão em geral, começar a descobrir que fronteiras podem ser necessárias para a arte, não uma afronta?

O autor (e advogado) britânico Anthony Julius aborda essas questões em um novo livro, *Transgressions: the offences of art* [Transgressões: os crimes da arte]. Tratando principalmente, mas não apenas, das artes visuais, ele nos lembra a chegada da palavra à Inglaterra do século XVI: "carregada de implicações escriturais negativas" e sua rápida aquisição de outras camadas de significado: "desobedecer regras, inclusive a violação de princípios, convenções, devoções e tabus; de praticar crimes sérios; e de exceder, apagar ou desorganizar fronteiras físicas ou conceituais". Ele examina a arte transgressiva de Edouard Manet nos anos 1860; em *Olympia*, quadro de uma prostituta a quem Manet deu um nome usado com freqüência pelas prostitutas da época, ele chegou à fronteira entre arte e "pornografia" — que literalmente significa "pintura de prostituta" e é outra palavra surgida na mesma época —, atravessou a fronteira entre o nu (uma idéia estética, não erótica) e a mulher nua, olhando direto do quadro com intenções francamente eróticas. No *Cristo morto com anjos*, Manet questiona a ressurreição, o que provocou grande escândalo. Mesmo o *Déjeuner sur l'herbe* foi acusado de "transgredir tanto as leis da perspectiva quanto da moralidade". Agora que o tempo instalou Manet e seus contemporâneos como grandes mestres, temos uma resposta para aqueles que querem re-impor limites à arte: o que é pornografia em uma era é obra-prima em outra. Em 1857, afinal de contas, *Madame Bovary* injuriou de tal forma as pessoas decentes e convencionais que Flaubert foi processado por ter escrito o livro. Guardiães da fronteira da moralidade pública devem estar sempre atentos para que a história não os faça parecer bobos.

Julius credita corretamente ao escritor francês do século XX Georges Bataille a formulação de grande parte de nossa idéia moderna de transgressão. É interessante observar, porém, que Bataille acreditava que o rompimento de tabus era ao mesmo tempo uma necessidade e uma "reinstalação" da fronteira violada. "Transgressões suspendem tabus sem suprimi-los." Julia Kristeva amplia isso: "A questão da ética aparece sempre que um código tem de ser abalado para dar lugar ao livre jogo de negatividade, necessidade, desejo, prazer e *jouissance*, antes de ser remendado de novo, embora temporariamente". Aqui está, portanto, uma segunda resposta possível para os pretensos censores de nossa nova e mais timorata época: obras de arte, ao contrário de terroristas, não mudam nada.

Nas cinco defesas que faz da arte, Julius é excelente: a defesa da Primeira Emenda; o "álibi estético" — "a arte é uma zona privilegiada em que se pode dizer aquilo que é indizível de outras formas"; a "defesa da alienação" (é função da obra de arte [...] nos alienar de nossos preconceitos, tornando o familiar estranho e o inquestionado problemático); a "defesa canônica" (obras de arte existem dentro de uma tradição dessas obras e devem ser julgadas e compreendidas em relação a essa tradição); e a "defesa formalista" (a arte tem seu próprio modo de existência e não deve ser confundida com obras cognatas, mas distintas, da imaginação, tais como a propaganda e a polêmica). Como alguém que tem tido alguma experiência em transgressões e suas conseqüências, já empreguei em diferentes ocasiões todas essas defesas que Julius fez a gentileza de sistematizar. Ele conclui, porém, que "o potencial estético da transgressão está esgotado". Nisso não tenho certeza se tem razão.

Mesmo antes dos ataques nos Estados Unidos, preocupava-me que, na Grã-Bretanha e na Europa, assim como nos Estados Unidos, as pressões sobre as liberdades artísticas e mesmo intelectuais estivessem aumentando — que essas forças políticas e institucionais cautelosas e conservadoras estivessem ganhando a partida e que muitos grupos sociais estivessem deliberadamente promovendo uma nova cultura que se ofende com facilidade e tem pavio curto, de forma que menos e menos coisas fossem dizíveis e mais e mais tipos de discurso fossem categorizados como transgressores. Fora do mundo ocidental — no mundo árabe, em muitos países africanos, no Irã, na China, na Coréia do Norte e em outras partes — escritores e intelectuais estão sob ataque em toda parte e mais e mais deles são forçados ao exílio. Se já era importante resistir a esse fechamento cultural antes do 11 de setembro, agora é duas vezes mais importante. As liberdades da arte e do intelecto estão intimamente relacionadas à liberdade geral da sociedade como um todo. A luta por liberdade artística serve para cristalizar a questão maior que foi feita a todos nós quando os aviões se chocaram com os edifícios: como vamos viver agora? Até que ponto vamos permitir que, em reação a um ataque tão bárbaro, nosso próprio mundo seja incivilizado?

Estamos vivendo, eu acredito, uma época fronteiriça, um dos grandes períodos axiais da história humana, em que grandes mudanças estão ocorrendo a grande velocidade. No lado positivo, o fim da Guerra Fria, a revolução na tecnologia de comunicações, as grandes conquistas científicas, como a conclusão do Projeto Genoma Humano; na coluna negativa, um novo tipo de guerra contra novos tipos de inimigos que lutam com terríveis armas novas. Todos seremos julgados pela maneira como nos portarmos nesta época. Qual será o espírito dessa fronteira? Daremos ao inimigo a satisfação de nos transformar em algo como sua imagem espelhada, intolerante e cheia de ódio, ou continuaremos, enquanto guardiães do mundo moderno, enquanto curadores da liberdade e ocupantes das terras privilegiadas da plenitude, a tentar aumentar a liberdade e diminuir a injustiça? Vamos nos transformar nas armaduras que nossos medos nos forçam a vestir, ou continuaremos a ser nós mesmos? A fronteira ao mesmo tempo molda nosso caráter e testa a nossa têmpera. Espero que passemos no teste.

Fevereiro de 2002

Agradecimentos

Além dos jornais e instituições já mencionados ao longo deste livro, tenho de agradecer particularmente a Gloria B. Anderson e sua equipe do *The New York Times*, que distribuíram todas as colunas coletadas na Parte II; a *The New Yorker*, onde seis destes textos foram publicados pela primeira vez: "Lá em Kansas" (também publicado como um livreto pelo British Film Institute, "O Mágico de Oz"); "Em defesa do romance, mais uma vez"; "Fios pesados"; "Desastre"; "Droga, é este o panorama oriental para você!" e "Um sonho do glorioso retorno". "Cruze esta linha" foi escrito e pronunciado nas Palestras Tanner sobre direitos humanos em Yale, em 2002. "U2" foi publicado pela primeira vez em *The Sunday Times*. "*Beirut blues*" apareceu em *The Independent on Sunday*. "Sobre ser fotografado" apareceu (em tradução francesa) no *Egoïste*. Muitos agradecimentos a Richard Avedon e a Nicole Wisniak, editora do *Egoïste*, por permitir que meu retrato de Avedon fosse reproduzido neste livro. E ao Article 19, especialmente Frances D'Souza e Carmel Bedford, que lideraram a Campanha em Defesa de Rushdie; a todos aqueles que participaram dos Comitês de Defesa de Rushdie em vários países, a todos os escritores, editores, donos de livraria, leitores, políticos, diplomatas, agentes de segurança e solidários que se juntaram à luta, apresento a gratidão mais profunda que as palavras podem exprimir.

Agradecimentos às seguintes instituições pela permissão de publicar material previamente editado:

Farrar, Straus, and Giroux, LLC: excerto de "Songs for a colored singer" de *The complete poems 1927-1979*, de Elizabeth Bishop. Copyright 1979, 1983, de Alice Helen Methfessel. Reeditado por permissão de Farrar, Strauss, e Giroux, LLC.

Grover Atlantic, Inc.: excerto de "What the doctor said", de *A new path to the waterfall*, de Raymond Carver. Copyright 1989, do Espólio de Raymond Carver. Usado por permissão da Grove/Atlantic, Inc.

Jalma Music: excerto de "Big in Japan", de Tom Waits. Copyright 1999 de Jalma Music (ASCAP). Reeditado por permissão de Jalma Music.

Andrew Marlatt: excerto de "Angered by Snubbing, Libya, China, Syria form axis of just as evil", de Andrew Marlatt da SatireWire.com. Copyright 2002, de SatireWire, LLC. Usado por permissão de Andrew Marlatt, oligarca da SatireWire e autor de *Economy of errors* (Broadway Books, 2002).

W. W. Norton & Company, Inc.: excerto de "First part, #7", de *Sonnets to Orpheus*, de Rainer Maria Rilke. Copyright 1942, de W. W. Norton & Company, Inc., renovado em 1970 por M. D. Herter Norton. Usado por permissão de W. W. Norton & Company, Inc.

W. W. Norton & Company, Inc.: "A Villanelle", de *The country without a post office*, de Agha Shahid Ali. Copyright 1997, de Agha Shahid Ali. Usado por permissão de W. W. Norton & Company, Inc.

The Orion Publishing Group: excertos de "The ancients of the world" e "Those others" de *Collected poems*, de R. S. Thomas, publicado por J. M. Dent, 1993. Reeditado por permissão de The Orion Publishing Group.

Rogers, Coleridge & White Ltd.: "Ithaca" e "Waiting for the barbarians", de *Poems*, de C. P. Kaváfis, traduzidos para o inglês por John Mavrogordato. Copyright de tradução 1951, de John Mavrogordato. Reproduzido por permissão de Rogers, Coleridge & White Ltd., 20 Powls Mews, Londres, W11 1 JN.

Sony/ATV Music Publishing: excerto de "Revolution", de Lennon e McCartney. Copyright 1968 (renovado) de Sony/ATV Music Publishing LLC. Todos os direitos administrados por Sony/ATV Music Publishing, 8 Music Square West, Nashville, TN 37203. Todos os direitos reservados. Usado com permissão.

Índice remissivo

aborto, 319, 320, 321
Achebe, Chinua, 84
Afeganistão, 179, 210
albaneses em Kosovo, 291, 292
Al-Batouty, Gameel, 303
Albright, Madeleine, 293
Alemanha, 72, 168, 237, 244, 245, 263, 309
Al-Fayed, Dodi, 120, 123, 124
Ali, Agha Shahid, 136, 367
Ali, Quddus, 254
All about H. Hatterr (Desani), 146, 147
Allen, Woody, 76
Al-Qaeda, 180
Al-Shaykh, Hanan, 61, 62, 64
Amado, Jorge, 84
Ambedkar, Bhimrao Ramji, 158, 167
Amis, Martin, 131
Anand, Mulk Raj, 144, 145
Ananthamurthy, U. R., 138

Anderson, Terry, 239
Andric, Ivo, 84
anti-americanismo, 304
Antonioni, Michelangelo, 30, 96
Appachana, Anjana, 152
Apuleius, Lucius, 93, 94
Arafat, Yasser, 239, 248
Aristóteles, 269
Arlen, Harold, 26, 33
Armstrong, Neil, 338
arte, fronteiras da, 377
Article 19, 238, 244, 246
Artur, a lenda de, 342, 343
Ascherson, Neal, 75
Asmal, Kader, 327
Attar, Fariduddin, 341
Attenborough, Richard, 165, 168
Auchinleck, Claude, 364, 365
Auermann, Nadja, 116
Austen, Jane, 71, 76, 89, 149

385

Auster, Paul, 77
Autobiography of an unknown indian, The (Chaudhuri), 146
Avedon, Richard, 113, 115, 116, 117, 118, 119
avestruz, criação de, 125, 126, 127, 129, 131
Azharuddin, Mohammed, 202, 208

Babaca do ano, 283, 284, 286
Babri Masjid, mesquita, 175, 176, 332
Babur, Zahirrudin Muhammad, 174, 175, 176, 177, 178, 179, 180, 181, 182
Baburnama, The (Babur), 174, 178, 179, 180, 182
Baker, James, 241
Bakhtiar, primeiro-ministro, 237
Bakker, Jim, 273
Baldwin, James, 143
Baldwin, Shauna Singh, 221
Ball, Colin, 187
Ballard, J. G., 120, 121
Balzac, Honoré de, 295
Banerjee, Bidhutibhushan, 138
Barnett, Roger, 345, 346
Basu, Jyoti, 140
Bataille, Georges, 379
Baum, L. Frank, 16, 17, 18, 19, 21, 23, 29, 40, 49
BBC, 133, 185
Beckett, Samuel, 74, 89, 143, 277
Bedford, Carmel, 238
Beirut blues (al-Shaykh), 61
Bellow, Saul, 65, 72, 325, 358
Bergman, Ingmar, 76
Berkeley, Michael, 107, 352
Bernhard, Thomas, 74

Bharatiya Janata, partido (BJP), 160, 186, 189, 332
Bhushan, Prashant, 328, 329
Bhutto, Benazir, 300
Bhutto, Z. A., 300
Bin Laden, Osama, 376
Birla, Ghanshyam Das, 164, 166
Bishko, C. J., 356
Bishop, Elizabeth, 85
Blair, Tony, 264, 274, 291, 292, 293, 294
Blake, William, 231
Bloody Chamber, The (Carter), 55, 58
Bock, Thea, 244
Bofors, o escândalo, 159
Boje, Nicky, 201
Bolger, Ray, 39, 40, 41
Bollywood, 14, 195, 223
Bombay Talkie (filme), 14
Bono, 106, 107, 108, 109, 110, 111
Boone, Pat, 280, 281
Borden, Lizzie, 58, 59
Borges, Jorge Luis, 143
Bósnia, 84, 255, 294
Branca de Neve e os sete anões (filme), 14
Brecht, Bertolt, 308, 310
Brontë, Charlotte, 71
Brown, Bill, 35, 325
Brundtland, Gro Harlem, 243
Bugliosi, Vincent, 330
Bukhari, imã, 185, 189, 219
Buñuel, Luís, 232
Burgess, Anthony, 72
Burke, Billie, 37
Bush, George W., 125, 241, 330
Butt, Uzra, 223

Calasso, Roberto, 75, 261
Calvino, Italo, 60, 72, 74, 93, 94, 95
Camões, Luís de, 83
Campbell, Duncan, 345
Camus, Albert, 74
Canadá, 193, 245, 246, 247, 374
Carlsson, Ingvar, 245
Carter, Angela, 35, 51, 52, 53, 54, 55, 56, 57, 58, 59
Cartier-Bresson, Henri, 117
Carver, Raymond, 60, 231
Cassim, Hamid "Banjo", 208
Caxemira, 136, 200, 209, 287, 288, 289, 290, 302
censura, 62, 67, 79, 81, 120, 132, 210, 235, 306
Chakravati, Aruna, 193
Chão que ela pisa, O (Rushdie), 95, 109, 194
Charles, príncipe de Gales, 122, 255
Chatterjee, Bankim Chandra, 138, 145
Chatterjee, Upamanyu, 152
Chatwin, Bruce, 60
Chauddhuri, Amit, 153
Chawla, Sanjiv, 201, 208
Chidambaram, P. S., 191
Chrétien, Jean, 247
Churchill, Winston, 162, 364
Cidade do México, 277
Cilada para Roger Rabbit, Uma (filme), 22
Clinton, Bill, 126, 189, 190, 199, 204, 205, 247, 269, 270, 271, 273, 274, 275
Cobham, Catherine, 64
Coetzee, J. M., 222, 311, 349
Columbine High School, Colorado, 284

Comissão Mundial de Represas (WCD), 327, 328
Commonwealth para Escritores, Prêmio, 187, 201, 219, 222
Comunismo, colapso do, 279
Conferência dos pássaros (Attar), 341, 349
Conferência Internacional sobre a Liberdade de Expressão, 227
Conrad, Joseph, 94, 295
Conselho Nórdico, 243, 244
Cook, Robin, 201
Copa do Mundo, 316
Corbijn, Anton, 108
Corbusier, Le, 212
Cosic, Bora, 285
Craxi, Bettino, 309
criação, mitos da, 262
críticos literários, 72, 139, 141, 143, 150, 176, 377
Cronenberg, David, 120
Cronje, Hansie, 201, 202, 203, 204, 207, 208

D'Souza, Frances, 238
Daily Mail, 253, 255, 256
Dalai Lama, 164, 170, 253
Dallas (série de televisão), 29
Darwin, Charles, 271
De Sica, Vittorio, 96, 145
Declaração dos Direitos e Garantias, 239
DeLillo, Don, 91
democracia, 159, 160, 273, 299, 305, 330, 332, 334, 353
Dershowitz, Alan, 330
Desai, Anita, 89, 149
Desai, Kiran, 153

387

Desani, G. V., 146, 147, 148, 166
Deserto Vermelho (filme), 30
Deshpande, Shashi, 222
Desonra (Coetzee), 311, 312, 313, 314
Devi, Mahasveta, 138, 333
Devi, Rabri, 194
Dia da República (Índia), 155
Diana, princesa de Gales, 120, 121, 122, 123, 124
Dickens, Charles, 89, 90, 128
Diderot, Denis, 75, 230
Dietrich, Marlene, 350, 351
Dinamarca, 70, 242, 315
"*Ding dong, the witch is dead*" (Arlen), 33
Dionísio, 140
Disney, Walt, 14, 22, 26, 31, 49, 377
Dostoiévski, Fiódor, 231
Doyle, Major, 32
Duval, Jeanne, 58
Dylan, Bob, 232, 280, 281

E o vento levou... (filme), 19
Edge, 108
EgyptAir, vôo da, 303, 304
Einstein, Albert, 170
Eliot, T. S., 43
Enzensberger, Hans Magnus, 285
Erwitt, Elliott, 117
Espanha, 72, 242, 315, 374
Espera dos bárbaros, À (Coetzee), 349
esportes, 160, 315, 316
Estados Unidos: ataques de 11 de setembro, 179, 345, 373; anti-americanismo, 304; Corte Suprema dos, 330; influência dos, 358
"Eu vou! Eu vou!" (Disney), 26
européia, fronteira, 356

fábulas, 53, 62, 88, 94, 153
Faiz Ahmed Faiz, 367
Farrakhan, Louis, 133
fatwa, 184, 185, 227, 228, 233, 237, 239, 242, 245, 246, 247, 248, 250, 251, 252, 261, 263, 264, 265, 276
Faulkner, William, 88, 89, 91, 92, 146
Fellini, Federico, 96
Fields, W. C., 40
Filhos da meia-noite (filme), 185
Filhos da meia-noite (Rushdie), 90, 113, 135, 184, 193, 196, 221, 369
Finkielkraut, Alain, 285
Fireworks (Carter), 53
Fitzwater, Marlin, 241
Flaubert, Gustave, 72, 379
Fleming, Victor, 19
Ford, John, 59, 351
Forster, E. M., 311
fotografia, 42, 99, 113, 115, 117, 118, 121, 122, 214, 236
Fouda, Farag, 251
Franklin, Aretha, 132, 280
Freed, Arthur, 18, 19
French, Patrij, 168
Freud, Sigmund, 356
fronteira, 85, 91, 110, 139, 153, 158, 229, 288, 300, 301, 337, 338, 339, 342, 343, 344, 346, 347, 348, 349, 350, 351, 352, 353, 354, 355, 356, 358, 359, 360, 363, 366, 370, 371, 372, 373, 377, 378, 379, 380; 11 de setembro, ataque de, 380; atravessar a, 339; como local de liberdade, 349; da Europa, 74; da língua, 371; disputa de, 358; do eu dividido, 343; do oeste dos Estados Unidos, 351; e a Partição, 157; e individualismo, 353; guerras de,

342, 357; migrantes e a, 347; tabus da, 257; Tese da Fronteira, 352, 354

fundamentalismo, fundamentalistas, 132, 242, 251, 260, 269, 273, 301

Gable, Clark, 42
Galbraith, John Kenneth, 162
Gale, Dorothy, 23, 31, 39
Galileu, 229
Gallant, Mavis, 143
Gandhi (filme), 165
Gandhi, Indira, 31, 158, 169, 170, 192, 216, 320
Gandhi, Mohandas K. (Mahatma), 31, 145, 156, 157, 158, 163, 164, 165, 166, 167, 168, 169, 170, 191, 192, 195, 204, 215, 216, 252, 288, 331
Gandhi, Rajiv, 156, 159, 184, 191, 192
Gandhi, Sanjay, 159, 320
Gandhi, Sonia, 191
Gangopadhyay, Sunil, 193
Gansel, Norbert, 244
García Márquez, Gabriel, 143
Garland, Judy, 12, 19, 25, 40, 42
Gauss, Karl-Markus, 309
Geórgicas (Virgílio), 95
Ghalib, Mirza, 138
Ghosh, Amitav, 153, 177
Gibbs, Herschelle, 201
Gilliam, Terry, 22
Gingrich, Newt, 269
Ginsberg, Allen, 240
globalização, 280, 348, 360
Goethe, Johann Wolfgang von, 83
Gogol, Nicolai, 160
Gokhale, Namita, 221
Gordimer, Nadine, 82

Govender, Sadha, 207
Grady, Bill, 32
Gramsci, Antonio, 303
Granny Takes a Trip (butique), 97
Grass, Günther, 67, 72, 74
Greene, Graham, 72, 74, 143, 344
Grimm, contos de fadas dos irmãos, 23, 58
Grimus (Rushdie), 197
Guerra Fria, 282, 290, 361, 380
Guinness, Alec, 371
Gujral, I. K., 160
Gupta, R. S., 219, 220

Ha'aretz, 297
Haidar, Salman, 192
Haider, Jörg, 307, 308, 309
Haider, Qurratulain, 138
Haile Selassie, 74
Haley, Jack, 39
Halliday, Fred, 251
Hamilton, Margaret, 31, 37, 39, 40
Handke, Peter, 283, 284, 285, 286
Harburg, Yip, 18, 26, 27, 33, 34, 35
Hardy, Oliver, 14
Hariharan, Githa, 152
Harmetz, Aljean, 26
Haroun e o mar de histórias (Rushdie), 22, 92, 94, 109, 196
Harris, Eric, 283
Havel, Vaclav, 279
Hawthorne, Nathaniel, 92
Hellman, Lillian, 67
Helms, Jesse, 111
Hemingway, Ernest, 143
Heston, Charlton, 283, 284, 285, 286
Hibbert, Arthur, 249
Hitler, Adolf, 284, 307, 310
Holiday, Billie, 61

Hollywood, 16, 23, 26, 32, 35, 45, 49, 59
Hume, John, 111
Hurd, Douglas, 234
Hussein, Saddam, 269, 271, 274

Ibrahim, Dawood, 201
Iluminismo, 229, 230, 264
Incrível mágico de Oz, O (Baum), 16, 17
Independência, Dia da (Índia), 156
Independent, The, 126, 127, 129, 332
Índia: aborto na, 319, 320, 321; assassinato de crianças na, 331; Ayodhya, mesquita, 175; BJP na *ver* Bharatiya Janata, partido, 322; cidadania na, 289; como Bharat-Mata, 321; como democracia secular, 332; Congresso da, 157, 160, 166, 184, 191, 194, 216, 241; cultura da, 73, 146; de eleições diretas na, 169; democracia na, 159, 160, 332; diáspora da, 209; e a Caxemira, 136, 200, 209, 287, 288, 289, 290, 302; e a Partição, 139, 157, 158, 184, 196, 210, 333, 363, 364, 366, 367, 368, 369; escândalos na, 156; exotização da, 372; independência da, 90, 185; indústria cinematográfica na, 14, 195, 223; Intocáveis da, 167; língua inglesa na, 137, 138, 139, 141, 142, 144, 145, 153, 221; línguas oficiais da, 137; literatura indiana, 135, 139, 140, 142, 149, 152, 221; população da, 321; propriedade tomada na, 210; qüinquagésimo aniversário da, 155, 156, 157, 158, 159, 160, 161, 162; religião na, 108, 334; represas na, 327, 328; seca na, 205, 206; sonho de glorioso retorno à, 183, 184, 186, 187; Suprema Corte da, 329, 330

Inglaterra, 11, 12, 72, 96, 98, 143, 148, 183, 197, 202, 234, 237, 316, 317, 342, 356, 362, 378
Internet, 128, 205, 285
Intérprete dos males (Lahiri), 209
intimidação atômica, teoria da, 290
Iqbal, Muhammad, 138
Iqbal, Shoaib, 219
IRA, 216
Irã, 79, 187, 201, 238, 242, 243, 244, 245, 246, 247, 251, 254, 255, 262, 263, 264, 265, 308, 374, 380
Iraque, 270, 274, 374
Irlanda, 108, 141, 356
Irlanda do Norte, 216
islã, 179, 249, 250, 258, 259, 289, 303, 356
Ivory, James, 14, 149

Jackson, Samuel, 76
Jagger, Mick, 97
Jaitley, Arun, 193
Jalloun, Tahar Ben, 248
James, Henry, 71, 143
Jehan, Shah, 171
Jerusalém, 296
Jesus Cristo, 129, 130, 229, 272
Jha, Raj Kamal, 221
Jhabvala, Ruth Prawer, 149
Jinnah, M. A., 157, 166, 215, 365
Jones, Paula, 270
Jordan, Neil, 57, 109
Jorgensen, Anker, 242
jornalismo, 127, 128, 129, 130; notí-

cias *versus*, 128; Novo Jornalismo, 74
Joshi, Suresh, 138
Joyce, James, 76, 89, 139, 143, 145
Júlio César (Shakeaspeare), 375
Julius, Anthony, 378, 379

Kadare, Ismail, 84
Kafka, Franz, 91, 94
Kak, Sanjay, 329
Kalra, Rajesh, 201
Kanga, Firdaus, 148
Kansas, 11, 13, 17, 18, 19, 20, 23, 24, 25, 28, 29, 31, 32, 35, 38, 46, 49
Kanthapura (Rao), 145
Kapur, Geeta, 190, 198
Kapuscinski, Ryszard, 74
Kaur, Ravel, 191
Kendal, Kennifer, 14
Kenny, Mary, 253, 254, 255, 256
Kerouac, Jack, 350
Khaliqi, Mohammed Din, 210
Khalra, Rajesh, 208
Khomeini, aiatolá Ruhollah, 94, 184, 185, 228, 233, 243, 248, 249, 250, 263
Khoury, Elias, 62
Kinkel, Klaus, 245
Kis, Danilo, 74, 82
Kissinger, Henry A., 190
Klebold, Dylan, 283
Kleist, Heinrich, 94
Kolatkar, Arun, 138, 144
Koshay, Bobbie, 41, 42
Kosovo, 284, 285, 291, 292, 293, 294
Krishan, Kulbir, 217, 218
Krishna, Senhor, 176, 177
Kristeva, Julia, 379
Kumar, Akshey, 203, 212, 214, 218

Kumar, Kishen, 208
Kundera, Milan, 74, 77, 147, 258
Kureishi, Hanif, 370
Kyd, Thomas, 176

Lahiri, Jhumpa, 209
Lahr, Bert, 27, 43
Lahr, John, 32
Lal, B. B., 216
Langley, Noel, 18
Lanois, Daniel, 110
lar, 18, 21, 24, 25, 49, 63, 157, 199, 221, 222, 259, 278, 360
Lategan, Barry, 117
Leahy, Patrick, 241
Lean, David, 371
Lee, Spike, 250
Lennon, John, 97, 104, 279
Leroy, Mervyn, 19
Lessing, Doris, 74, 341, 348
Lévy, Bernard-Henri, 255
Lewinsky, Monica, 190, 270
Lewis, Chris, 202
Lewis, Lennox, 317
liberdade: artística, 380; ceticismo e, 133; de expressão, 80, 133, 227, 235, 239, 240, 241, 247, 251, 254, 256, 260, 264, 330; intelectual, 78, 79; literária, 277
Liga Muçulmana, 157
literatura, 54, 62, 65, 69, 70, 71, 72, 73, 77, 78, 80, 83, 84, 87, 89, 91, 94, 96, 128, 135, 136, 139, 140, 141, 142, 143, 144, 147, 149, 152, 154, 182, 197, 203, 221, 251, 257, 276, 277, 311, 312, 313, 351, 356, 358, 373; "do escombro", 311, 312, 313; de viagem, 74; impor-

tância cultural da, 77; tirania confrontada na, 257

literatura indiana: contemporânea, 135, 152; influência da, 12, 87, 88, 89, 91, 92, 93, 94, 96; língua inglesa na, 137, 138, 139, 141, 144, 145, 221; tradições poéticas da, 144, 379; traduções da, 88, 138

Livingston, Robert, 273

Llosa, Mario Vargas, 143, 258

Lloyd Webber, sir Andrew, 126, 127

London Review of Books, 93

Luard, Clarissa, 197

Luther King Jr., Martin, 170

Lyttle, John, 233

MacDougall, Barbara, 247

Madame Bovary (Flaubert), 72, 379

Mahal, Mumtaz "Taj Bibi", 171

Mahapatra, Jayanta, 138

Mailer, Norman, 82

Making of the representative for Planet 8 (Lessing), 341

Malcolm X, 250

Malik, Amita, 221

Malik, Salim, 202

Malouf, David, 87, 95

Mandelstam, Osip, 257

Manet, Edouard, 378

Manto, Saadat Hasan, 138, 139

Maquiavel, Nicolau, 181

Maruti, o escândalo, 159

Marvell, Andrew, 52

Marx, Irmãos, 43, 44

Marx, Karl, 145

McGuinness, Paul, 110

McVeigh, Timothy, 325

Mehta, Deepa, 192, 193

Mehta, Gita, 152

Mehta, Ved, 169

Melville, Herman, 94

México, 345, 346, 349, 374

MGM, 14, 23, 28, 31, 33, 40, 42

milênio, 272, 273, 275

Mill, John Stuart, 229

Miller, Arthur, 65, 66, 67

Milne, A. A., 316

1984 (Orwell), 326

Milosevic, Slobodan, 283, 284, 292, 293

Milosz, Czeslaw, 258

Milton, John, 231

Mishra, Pankaj, 142

Mistry, Rohinton, 152, 203

Mitterrand, François, 131

Moby Dick (Melville), 72, 128

Montaigne, Michel de, 75

Montgomery, sir Bernard Law, 364

Moqtadaei, Morteza, 246

Moraes, Dom, 138

Morante, Elsa, 74

Morgan, Frank, 40, 45

Morrison, Van, 109

Mothers of Invention, 103

Moynihan, Daniel Patrick, 241, 242

Mubarak, Hosni, 304

Mughal-e-Azam (filme), 30

Mukherjee, Meenakshi, 140

Musharraf, gen. Pervez, 189, 299, 300, 301, 302, 308

Nabokov, Vladimir, 74, 143, 371, 372

Nações Unidas, 243, 247, 265

Naidu, Sarojini, 166

Naipaul, V. S., 70, 73, 74, 85, 136, 149, 150, 151, 152, 215, 333, 334, 362

Nanak, Guru, 176, 177, 178
Narasimhaiah, C. D., 144
Narayan, J. P., 169
Narayan, R. K., 135, 146, 147, 149
Narmada, 327, 328, 330
Nasrin, Taslima, 258
Nepal, 213
Newman, Randy, 104
Nicholas Nickleby (Dickens), 128
Nixon, Richard, 269
Noruega, 243, 247, 315
notícia: fofoca como, 130; imaginária, 126; opinião como, 128; sobre a notícia, 128; valor de entretenimento da, 130
Nova York, 45, 82, 185, 190, 239, 241, 265, 297, 355, 367
Novo Jornalismo, 74

Ocampo, Victoria, 88
On the road (Kerouac), 349
11 de setembro, ataque aos Estados Unidos em, 179, 345, 373, 380
Oriente Médio, 237, 246
Orwell, George, 71, 78, 326
OTAN, 283, 284, 293
Out of place (Said), 295
"Over the rainbow" (Rushdie), 11
Ovídio, 80, 83, 95, 257

Padgaonkar, Dilip, 223
Paquistão: Afeganistão, fronteira com, 210; centro terrorista no, 210; desejo de deixar o, 362; e a Caxemira, 136, 200, 209, 287, 288, 290, 302; e a Partição, 139, 157, 158, 166, 184, 196, 210, 333, 363, 364, 366, 367, 368, 369;

Expresso Samjhauta para o, 212; política no, 289
Partição, 139, 157, 158, 166, 184, 196, 210, 333, 363, 364, 366, 367, 368, 369
Pasolini, Pier Paolo, 96
Passagem para a Índia (filme), 371
Passagem para a Índia (Forster), 311
passaportes, 83, 210, 257, 361, 362, 363
Patel, V. J., 166
Pather Panchali (filme), 138
Patkar, Medha, 328, 329
Paul, K. K., 203, 207
PEN, 67, 82, 242, 243, 245, 246
Pepys, Samuel, 71
Perchard, Colin, 200
Perera, Padma, 152
perfil, uso da palavra, 130
"Pescador e sua mulher, O" (Grimm), 23
Pilot, Rajesh, 191
Píndaro, 69
Pinochet, Augusto, 269, 271, 272, 309
Pinter, Harold, 89
Poe, Edgar Allan, 58, 59
Prabhakar, Manoj, 202
Premchand, 138, 150, 151
Presley, Elvis, 12, 280
Primary colors, 128
Primeira Emenda, 132, 133, 379
Príncipe, O (Maquiavel), 181
Pritam, Amrita, 138
Proust, Marcel, 295
Pynchon, Thomas, 31

Rae, Bob, 246
Rajagopalachari, C., 169
Rajaram, N. S., 176, 177, 178

Ram, Govind, 212, 214
Rama, Senhor, 159, 175
Ramanujan, A. K., 138
Ranganathan, Suman, 190
Rao, P. V. Narasimha, 160
Rao, Raja, 145
Ray, Satyajit, 76, 138, 149, 327
reality shows, 323, 324, 326
Reed, Lou, 279
religião: como veneno, 334; consolo
e inspiração na, 248; e fanatismo,
79, 108, 252, 260, 270, 276; e histórias de criação, 262; e moralidade, 164, 230, 262; e secularismo, 15, 215, 252; e teologia, 177;
na Índia, 108, 334
Renoir, Jean, 76
Resistível ascensão de Arturo Ui, A
(Brecht), 308
respeito, conceito de, 132, 133
Rilke, Rainer Maria, 80
Robinson, Mary, 247
rock and roll, 104, 279, 280, 282
romance: morte do, 70, 80
Rommel, Erwin, 364
Rossellini, Roberto, 145
Roth, Philip, 317
Roy, Arundhati, 153, 203, 327, 328,
329, 330
Rushdie, caso: como teste de valores
democráticos, 222; e a liberdade
de expressão, 125, 240, 241, 247,
251, 254, 256, 260, 264, 330; e a
soberania nacional, 247; proteção do Ramo Especial, 232, 233,
251, 254; reféns e, 233, 234, 238;
terrorismo estatal e, 254
Rushdie, Anis Ahmed, 11, 12, 183,
210, 211, 221, 366

Rushdie, Milan, 211
Rushdie, Zafar, 186, 187, 188, 189,
195, 196, 197, 201, 203, 204, 205,
206, 207, 208, 211, 212, 213, 214,
218, 219, 221
Ryerson, Florence, 18

Sahgal, Nayantara, 145, 221
Sahitya, Akademi, 138
Said, Edward, 62, 295, 296, 297
Salgado, Sebastião, 344
Sanei, aiatolá, 246
Sarajevo, 283, 294
Saramago, José, 366
Sardar Sarovar, Projeto, 327, 328, 329
SatireWire.com, 374
Savonarola, Girolamo, 94
Scarpetta, Guy, 72
Schwarzenegger, Arnold, 22, 240
Scindia, Madhavrao, 191
Sealy, I. Allan, 148
secularismo, 15, 215, 252
Segal, Kiran, 223, 224
Segal, Zohra, 223
Self, Will, 75
Seth, Roshan, 221, 224
Seth, Vikram, 89, 135, 152, 153, 203
Shakespeare, William, 55, 59, 83, 375,
377
Shame (Rushdie), 95, 196
Shankardass, Vijay, 186, 188, 190, 192,
210, 224
Sharif, Nawaz, 157, 189, 300, 301, 308
Sher-Gil, Amrita, 196, 199
Shiv Sena, 169, 185, 308
Siddiqui, Kalim, 248
Sidhwa, Bapsi, 152, 153
Simla, Conferência, 215
Simon, Paul, 100, 104

Simorgh, 339, 340
Singer, Leo, 32
Singh, Rajendra, 216
SinnFein, 216
Snowdon, Lord, 117
Soames, Sally, 117
"Sobre a liberdade" (Mill), 229
Sobre fotografia (Sontag), 116
Sociedade Americana de Editores de
    Jornais, 125
Sócrates, 229
Solan, 210, 211, 213, 217, 219
Solzhenitsyn, Aleksandr, 74, 222
Sondergaard, Gale, 41
Sonho de uma noite de verão (Shakespeare), 35, 57, 71
Sontag, Susan, 116, 285
Sorriso do jaguar, O (Rushdie), 106, 107
Soyinka, Wole, 83
Spark, Muriel, 143
Spielberg, Steven, 22
Spring, Dick, 247
Sri Lanka, 209
Starr, Kenneth, 269, 274
Stein, Gertrude, 143
Steiner, George, 69, 70, 71, 72, 73, 74, 75, 76, 77, 78, 80
Strydom, Pieter, 201
Sudarshan, K. S., 216
Suécia, 245, 315
Suetônio, 95
Suleri, Sara, 153
Sundaram, Vivan, 193, 198
Supremes, 112
Süssmuth, Rita, 245
Swift, Graham, 91

Tagore, sir Rabindranath, 83, 88, 137, 138

Taj Mahal, 122, 171, 172
talebãs, 180
Tarantino, Quentin, 76
technicolor, 31, 35
Temple, Shirley, 28
Tendulkar, Sachin, 208, 209
Teresa, Madre, 164, 321
terrorismo, 192, 209, 229, 240, 254, 258, 287, 289, 360
Thackeray, Bal, 185, 309
Thackston, Wheeler M., 182
Thatcher, Margaret, 254, 271, 309
Thomas, R. S., 81
Tik-Tok man of Oz (musical), 17
Travolta, John, 76
Tripp, Linda, 269
turismo, 196
Turner, Frederick Jackson, 352, 353, 354, 356, 358, 359
TWA 800, desastre do, 304
Twain, Mark, 358

U2, 106, 107, 108, 109, 110, 111
Ulisses (Joyce), 72, 139
Último suspiro do mouro, O (Rushdie), 159, 184, 196
UNESCO, 138
União Européia, 263, 264, 309, 310, 359
Updike, John, 82

Vajpayee, Atul Behari, 193, 205, 215, 216, 218, 333
Vakil, Ardashir, 153
Valentim, São, 278
Van Dyke, Dick, 45
Vance Jr., Larry, 346
Varma, Pavan, 187
Velvet Underground, 279
Verma, Nirmal, 138

Versos satânicos, Os (Rushdie), 92, 95, 184, 185, 186, 220, 222, 223, 228, 229, 232, 237, 240, 241, 243, 247, 249, 250, 252
Vidal, Gore, 325
Viena, 223, 307
Vijayan, O. V., 138
Villapalos, Gustavo, 243
Virgílio, 95, 370
Visconti, Luchino, 96
Vishnu, 175, 176
Vishwa Hindu Parishad (VHP), 332
Voltaire, 229
Vonnegut, Kurt, 122
Vovó Vai Viajar (butique), 97

Waite, Terry, 234
Waits, Tom, 104
Waldegrave, William, 234
Warne, Shane, 202
Wayne, John, 351
"We're off to see the wizard" (Arlen), 33, 34
Weiner, Justus Reid, 296, 297
Welles, Orson, 349, 350, 351
Welty, Eudora, 88
Wembley, Estádio de, 107
Wenders, Wim, 110, 111, 112
West, Nathanael, 41
Westerberg, Bengt, 245
Wilson, Edward O., 271
Windsor, Casa de, 120, 123, 124, 183

Winogrand, Garry, 116
Wise children (Carter), 35, 52, 55, 58
Wizard of Oz, The (filme): anedotas sobre, 39; canções de, 19, 26, 27, 33, 34, 39, 47; conceito de lar em, 18, 21, 24, 25, 49; cor em, 17, 18, 26, 30; coreografia de, 33; geometria em, 24; mito arquetípico de, 28; moral de, 25, 36; Munchkins em, 15, 25, 32, 35, 36, 38, 39, 44, 47; o poder das mulheres em, 37; paralelismo de personagens em, 35; sapatinhos de rubi em, 13, 18, 38, 41, 42, 48, 49
Wolfe, Tom, 74, 271
Woolf, Edgar Allan, 18
Woolf, Virginia, 72, 139
World Trade Center, Nova York, 372
Wylie, Andrew, 240
Wynn, Ed, 40

Yadav, Laloo Prasad, 160, 194
Young, sir Rob, 200
Yourcenar, Marguerite, 74

Zappa, Frank, 103, 104, 105
Zardari, Asif, 300
Zidane, Zinedine, 316
Ziegfeld, Flo, 37
Zimbábue, 311, 312
Zizek, Slavoj, 285
Zola, Émile, 71

ESTA OBRA FOI COMPOSTA PELO ACQUA ESTÚDIO EM MINION E IMPRESSA PELA
GEOGRÁFICA EM OFSETE SOBRE PAPEL PÓLEN SOFT DA SUZANO PAPEL E CELULOSE
PARA A EDITORA SCHWARCZ EM MAIO DE 2007